JN115374

博物館が語る
奄美の自然・歴史・文化

ケナガネズミ

アマミノクロウサギ

オーストンオオアカゲラ

アカヒゲ

アマミイシカワガエル

ルリカケス

フェリエベニボシカミキリ

バーバートカゲ

イボイモリ

ハブ

アマミエビネ

アマミセイシカ

グスクカンアオイ

博物館1階展示室　黒潮に育まれた奄美

夜光貝匙（国指定重要文化財「小湊フワガネク遺跡出土品」）

兼久式土器（国指定重要文化財「小湊フワガネク遺跡出土品」）

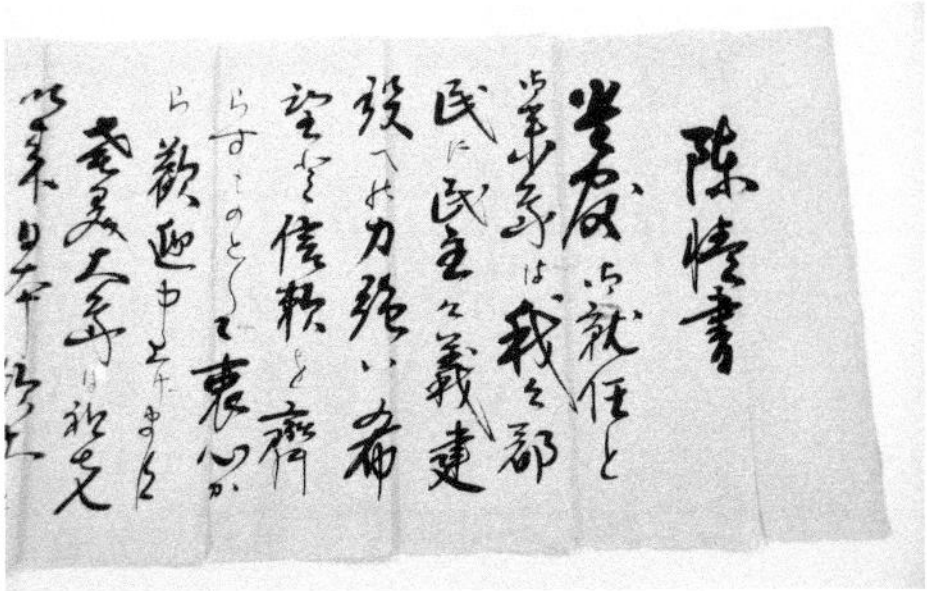

泉芳朗 直筆陳情書

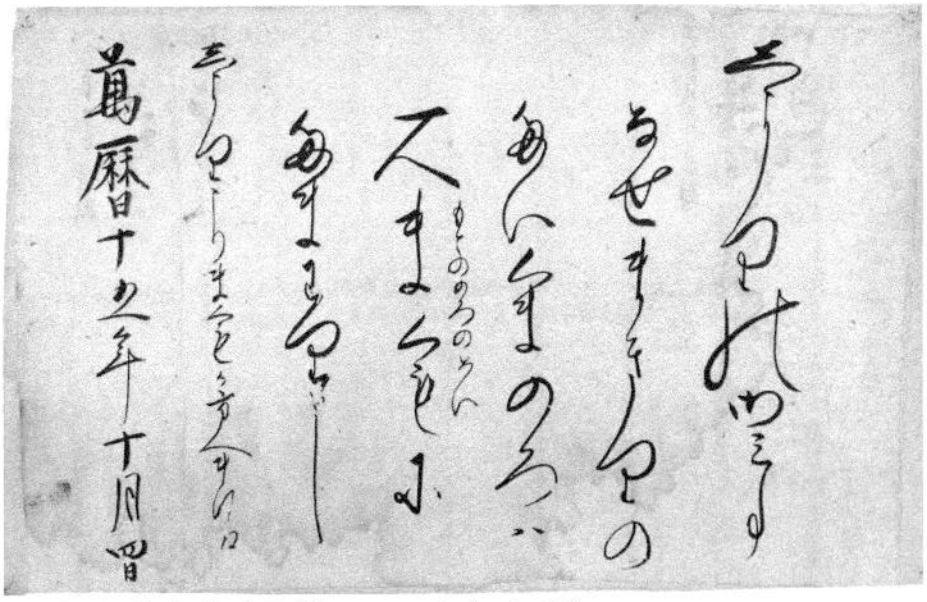

古琉球辞令書（大熊シャントネ文書）

神扇（鹿児島県指定文化財「奄美ノロ祭祀関係資料」）

【『南島雑話』に描かれた奄美】

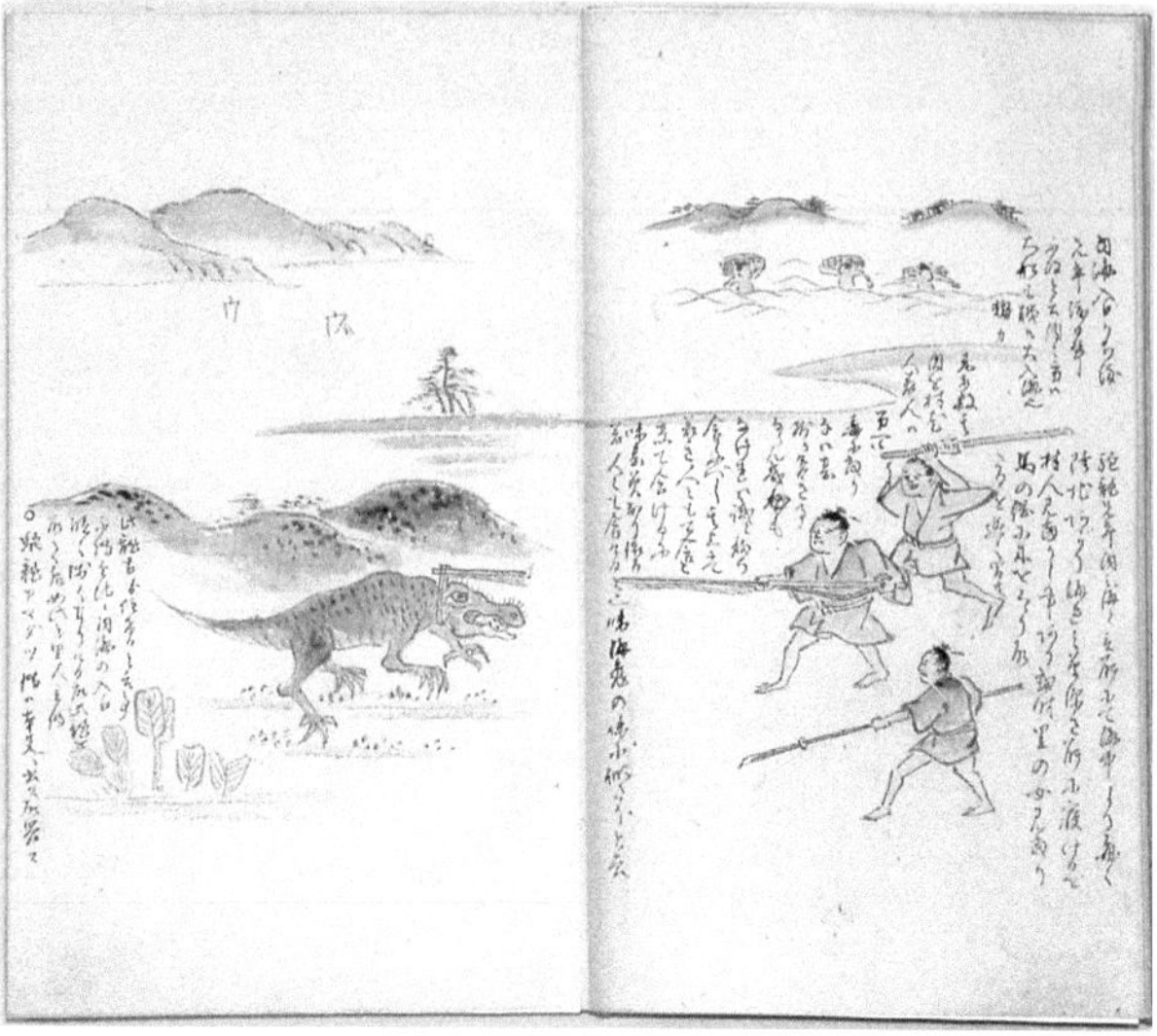

内海で発見されたワニ騒動

リュウキュウコノハズク

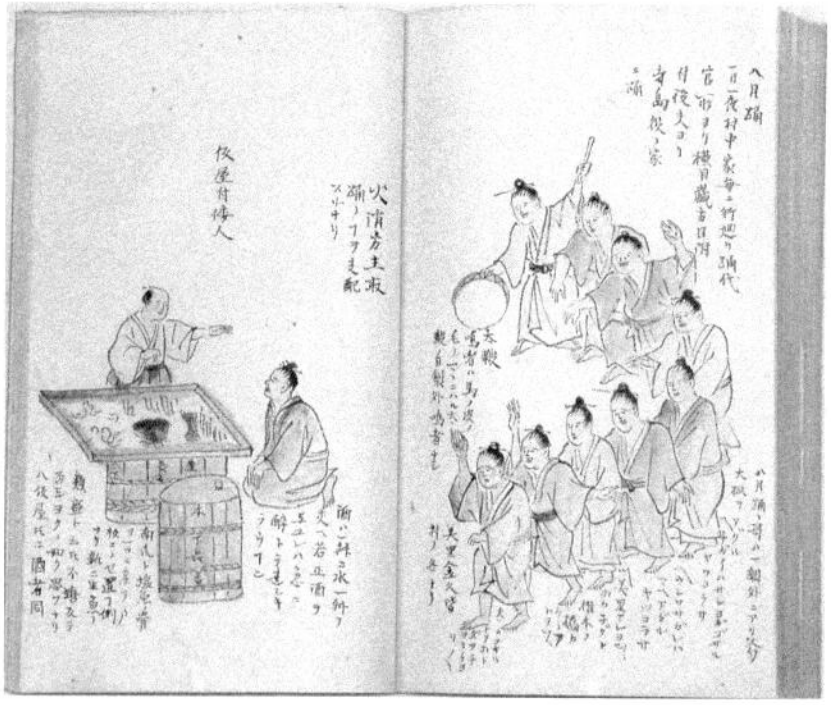

八月踊り

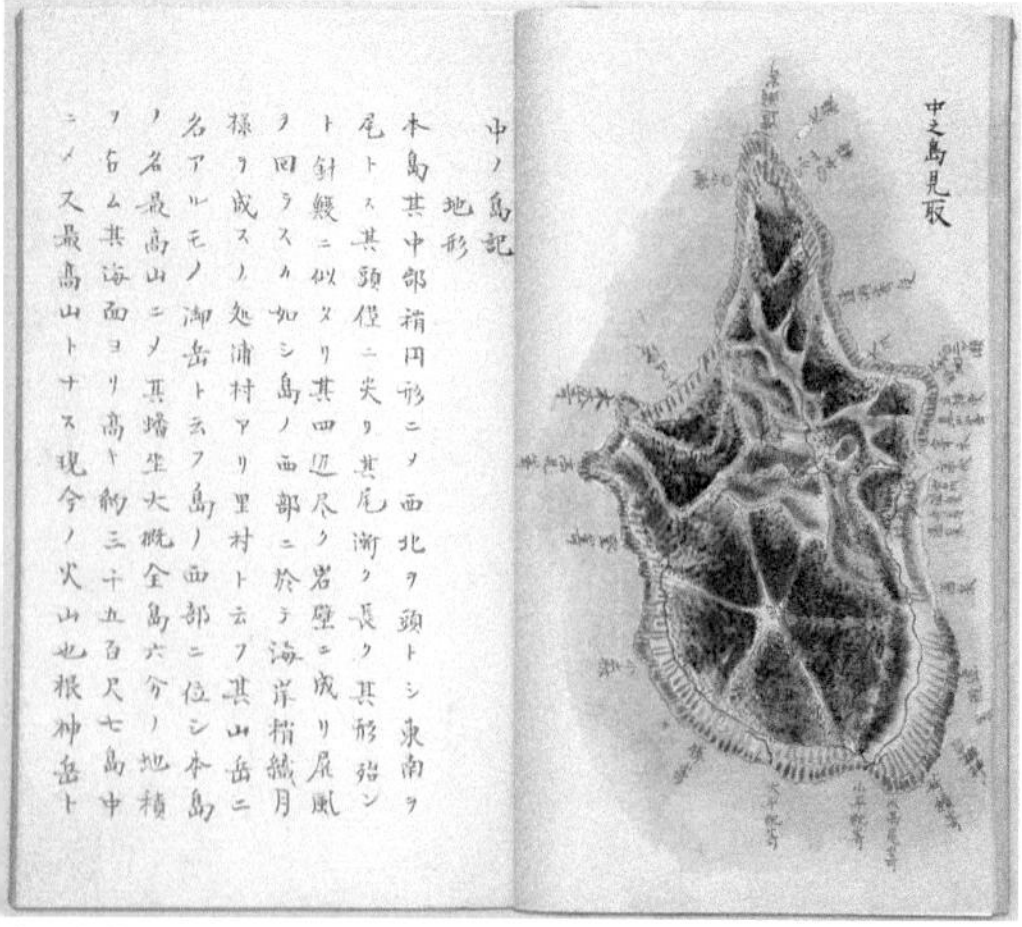

中ノ島『川辺郡七島記』

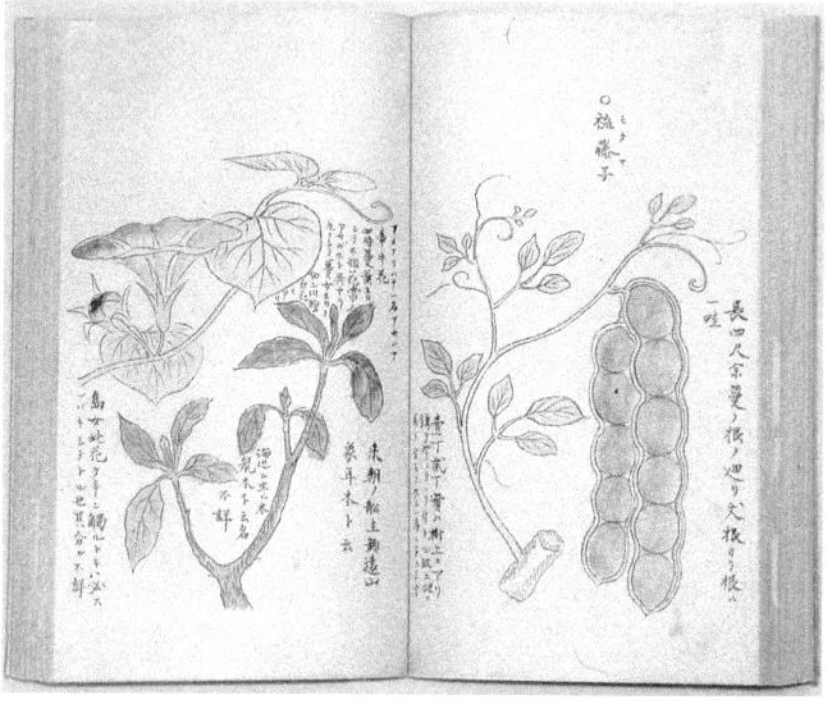

モダマ

奄美博物館公式ガイドブック

博物館が語る 奄美の自然・歴史・文化

奄美市立奄美博物館編

久 伸博／高梨 修
山下 和／平城達哉

南方新社

発刊挨拶

奄美市立奄美博物館は、昭和六二年（一九八七）七月の開館以来三十余年にわたり、奄美群島の自然・歴史・文化の理解を図るため、調査研究や資料の収集保存、展示公開、教育普及の拠点施設として活動を続けてまいりました。

この三十余年を振り返りますと、奄美振興会館と共に開館し現在に至るまで関わっていただきました歴代の博物館運営委員会委員、文化財保護審議会委員の先生方をはじめ、自然や歴史、文化に関する御指導をいただいた民間団体の皆様、歴代の館長・課長・職員の皆様、そして御来館いただいた大勢の皆様方等、多くの方々の御理解と御協力、御指導があってこそ博物館の管理運営や諸活動が推進できたものと、改めて感謝を申し上げる次第です。

さて、奄美群島の奄美大島と徳之島、琉球諸島の沖縄島と西表島の四島は、世界自然遺産の候補地として選定され、登録を目指した取り組みが進められています。平成二九年（二〇一七）三月、自然保護に加え、人々の暮らしを視野に入れた「環境文化型国立公園」という新しい概念が付与された「奄美群島国立公園」が誕生いたしました。

当館では、こうした情勢に鑑みて、また、開館から三〇年以上にわたる調査研究の蓄積を反映させて、展示の一新を図るべく全面リニューアルを行いました。奄美博物館展示リニューアル事業につきましては、奄美群島振興交付金として国及び県の補助を活用させていただき、展示設計・施工では、株式会社学研プラス様の豊富な経験と卓越した技術を遺憾なく発揮していただきました。厚く御礼を申し上げます。

展示内容につきましては、「環境文化」の概念を根幹に据え、奄美の自然、歴史、文化の体系的な整理を行い、「環境文化博物館」をめざした総合的な展示構成とし、ベテラン学芸員と若い学芸員が一緒になって、専門的な力を発揮してくれました。人びとの自然環境利用だけにとらわれがちな環境文化の概念に、歴史的な視点も加えた斬新な展示となっています。

館内には、シマグチやシマ唄の聞き比べ、奄美群島の日本復帰、奄美の伝統行事の映像機器を使った体験コーナーも各階に設置して、令和元年（二〇一九）八月二四日にリニューアルオープンいたしました。

リニューアルオープン後は、大勢の方々に御来館いただき、様々な御意見や御提言を頂戴いたしましたが、その中で展示図録に代わるような「ガイドブック」的な刊行物の作成を求める意見も多かったことから、この度の刊行となりました。

現在、「地方の時代」とか「地方創生」がスローガンに掲げられ、地域の自然・歴史・文化や産業を活用した地域振興、地域活性化、観光振興等の取り組みが進められる時代になってまいりました。私たち自身も地域の自然・歴史・文化やシマ（集落）を見つめ直す機会が多くなっています。奄美博物館の展示及びこの「ガイドブック」をとおして、沖縄や鹿児島との類似や相違、そして独自性を意識しながら、地域を考える際の参考等にしていただけましたら幸いです。

最後になりますが、今後とも皆様方の御指導と御鞭撻をお願いするとともに、博物館の発信する情報が皆様方の地域やシマの発展並びに活性化に繋がっていきますよう、御祈念を申し上げまして、発刊の御挨拶といたします。

令和三年（二〇二一）三月吉日

奄美市教育委員会　教育長　要田　憲雄

はじめに

現在、奄美群島では、奄美大島・徳之島の世界自然遺産登録に向けて、環境省を中心に鹿児島県と関係市町村が一体となって、エコツアーガイド・地域通訳案内士の養成、観光情報の多言語発信、観光施設の整備等、さまざまな取り組みが進められています。また、自然だけではなく、歴史や文化に対しても住民の関心が非常に高まってきていて、教育現場でも幼稚園から高等学校まで、郷土教育が多角的に進められています。令和元年度に実施された奄美市立奄美博物館の展示リニューアル事業は、そうした情勢の中で行われたものです。

新しい博物館をご見学いただいた市民のみなさんから、この展示内容が読めるようなものがほしいというご要望を多数いただきました。そこで、「展示図録」に代わるものとして、本書の出版を企画した次第です。

本書は、令和元年度にリニューアル・オープンした奄美市立奄美博物館の展示解説を基本として、それらに加筆、編集を行い、書籍化したものです。奄美群島には、どのような自然的環境や地理的環境があり、どのような歴史を辿り、どのような文化が醸成され、社会が営まれてきたのか、そうした概要について奄美大島を中心に解説した内容になっています。特に鹿児島県における奄美群島という地域が持つ自然・歴史・文化について、その基本的理解に欠かせないと考えられる項目を中心に、できるだけ多数の項目を体系的に取り上げるようにしました。

奄美群島を対象としたものとしては、これまでありそうでなかった種類の概説書かもしれません。奄美群島出身のみなさんにとっては、自分たちが生まれ育った島の相対的な位置づけを確認していただく入口として、観光で来島される方や観光業に従事されている方たちにはガイドブックとしてご利用いただけるのではないかと思います。また、人事異動等によって奄美群島に赴任された行政・学校・医療・警察・金融・電力関係等のみなさんには、「奄美入門」になるかもしれません。

ただし、本書は、あくまでも輪郭を掴むための概説に留まるものです。内容にもの足りなさを感じられる方もいらっしゃると思います。そうした方は、巻末に約四〇〇点の奄美関係書籍・論文等を収録した「引用参考文献」を掲載しているので、図書館等でさらなるご研鑽を深めていただければ幸いです。

当館は、奄美市教育委員会「文化財課」が所管する公立博物館です。当館では、博物館業務だけではなく文化財保護業務や庶務業務も、すべて学芸員が兼務しています。そのため、余裕のないあわただしい毎日が続いていますが、学芸員たちは、地域博物館の使命を果たすため、博物館業務に心血を注いで取り組んでおります。今回の展示リニューアル事業も、そうした日頃の活動の集大成として、基本計画の策定から展示解説執筆、写真撮影まで、すべて学芸員たちが行いました。拙い展示ではございますが、ご高覧いただき、ご指導賜りますようよろしくお願い申し上げます。

当館の開館当時の展示はほとんど一新され、最新研究成果から描き出されたダイナミズム（内に秘めた力）あふれる奄美群島の姿が展示されています。それは、博物館建設準備委員会の委員長を務められた楠田豊春氏（故人）をはじめ、いつも当館を見守り、私どもをご指導くださった先生方、先輩方の学恩の上にできあがったものです。あらためて深く感謝申し上げます。

本書で、奄美群島及び奄美市立奄美博物館をご案内させていただくのは、当館の学芸員たちです。奄美群島の自然・歴史・文化の解説が、博物館展示に沿いながら一冊にまとめられています。奄美観光にも、奄美の郷土学習にもご利用いただける内容となっています。ご関心のあるページから開いていただいて、読む奄美旅を楽しんでいただきたいと思います。

奄美市立奄美博物館　館長　高梨　修

博物館が語る奄美の自然・歴史・文化——目次

終　章　シマに育まれた奄美　253

序　章　奄美へのいざない

1　環境文化博物館として歩む奄美博物館

（1）奄美市立奄美博物館の概要

令和元年（二〇一九）八月二四日、奄美市立奄美博物館がリニューアルオープンした。当館は、昭和六二年（一九八七）七月一日、名瀬市立奄美歴史民俗資料館としてオープン、平成二年（一九九〇）、名瀬市立奄美博物館に名称を変更、平成一八年（二〇〇六）に現在の名称となり、三二年を経て展示リニューアル事業となった。

立地している長浜地区は、旧名瀬市市街地の人口増加に対応するため、小浜地区や佐大熊《さだいくま》地区とともに昭和四六年（一九七一）頃から埋め立て事業が開始された。奄美文化センターの立地場所は、市街地内の四つ目の小学校建設予定地であったが、人口増加の収束、交通状況の改善等により、小学校建設計画から文化施設建設計画に変更された。

奄美博物館と奄美振興会館の総称が奄美文化センターで、奄美群島民が集い・語り合い・学びあう拠点施設として設計・建設された。その設計はコンペ方式で行われ、奄美の自然・歴史・文化の中で構築されてきたシマ（集落）の構造・骨格を再現する

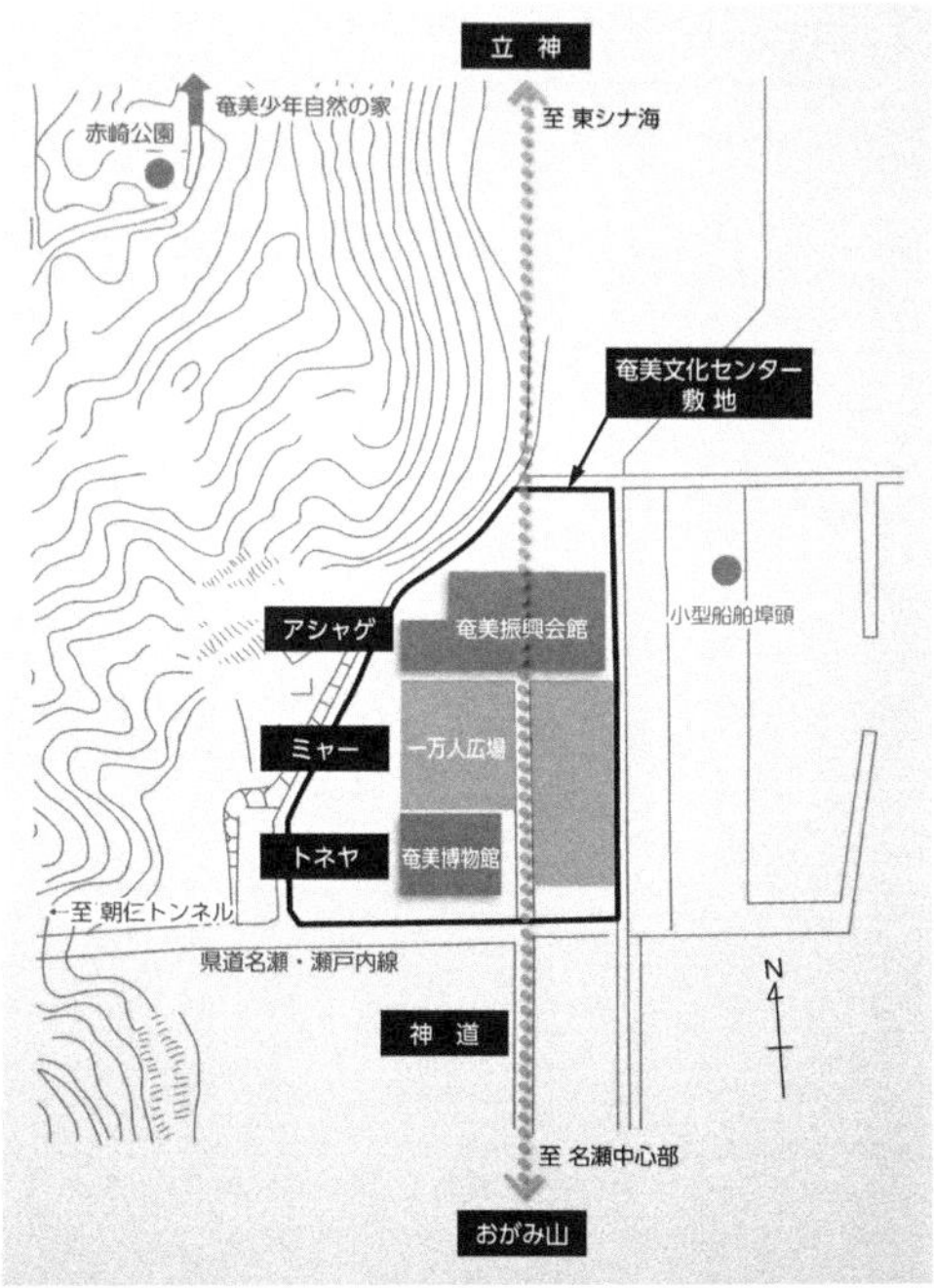

奄美文化センター（奄美振興会館・奄美博物館）の設計概念

ものが採用された。

奄美文化センターの北には、海の彼方のネリヤ・カナヤから神々が立ち寄る場所といわれる「立神」がある。人々が集い、すぐれた芸術や文化を鑑賞し、地域文化の活性化を図るための奄美振興会館をシマの「アシャゲ」、地域の自然・歴史・文化の遺産を鑑賞する奄美博物館を「トネヤ」、一万人広場を「ミャー」、奄美文化センターから中心市街地にまっすぐ伸びて「おがみ山」に向かう道路を「神道《かみみち》」として設計・建設されている。（第三章4（5）参照）

奄美博物館の設置目的は、「市民の文化活動及び学術研究に寄与するため」と記載されており、その業務は、資料の収集保存活動、調査研究活動、展示活動（常設・企画展示）、教育普及活動（講座・講演会等）を主とし、博物館運営委員会や文化財保護審議会、民間団体、研究者の方々の指導や協力をいただきながら、これらの諸活動を継続・推進してきた。

長年の資料の収集や諸活動を通した情報の蓄積、研究の進展、これまでの企画展示の成果と反省等が大きな礎となり、プロポーザル選定業者との綿密な協議・調整を行い、短期間での展示設計が可能となった。その展示設計にあたっては、平成二九年（二〇一七）三月に奄美群島が国立公園に指定された際、新しいコンセプトとして取り入れられた「環境文化」を強く意識するとともに、世界自然遺産登録への期待を視野に入れたものとした。

当館が所蔵する『南島雑話』を解読・解説し、各所のテーマに沿った画像を使い、季節ごとの動植物と地域の伝統行事や人々の暮らしとを結びつけながら展示構成を図っているのも特徴の一つである。また、他施設との区別化を図るため、民具の展示を大幅に削減し、奄美群島の非常に複雑な歴史を理解していただくように整理・充実化が図られたものと思う。

それぞれの専門職員が来館者に、奄美群島の自然・歴史・文化を正しく理解してもらいたいという強い気持ちが展示構成や解説、展示画像に出ている。（久）

（２）奄美市立奄美博物館の展示リニューアル事業

「奄美」という場所について、理解しようとした時、その手がかりとなる資料は、自然・歴史・文化の分野を問わず、さまざまな資料がある。奄美博物館は、そうした資料を集積し、半恒久的に保存しながら、それらの資料が語る情報を公開していく施設である。鹿児島県・沖縄県における市町村立の公立博物館としては、かなりの規模を有する総合博物館である。

地域住民や出身者、研究者、関係機関等からご指導・ご協力をいただきながら、三〇年以上にわたり資料収集、調査研究を続けてきた結果、膨大な奄美資料群を所蔵するに至り、国内最大級の奄美情報の集積・発信拠点へと成長することができた。一方、展示に関しては、昭和六二年（一九八七）の開館以来、当初の展示空間を継続してきた。そのため、増大を続ける博物館の収集資料群や調査研究成果について、必ずしも公開活用ができているとは言い難い課題を抱えてきた。そうした課題の解決、改善に向けて、今回、開館から三二年の歳月を経て、初めて展示リニューアル事業が行われることになったのである。博物館の建物改修は行わず、展示のみの全館リニューアルである。

当館は、開館当時から自然分野の独立した展示室（三階）を有していた。今回、最も腐心したのが、その三階展示室の展示構想である。今後の登録が期待される世界自然遺産を見据えて、自然分野の展示をさらに充実させる方向性も当然考えられた。しかし、既に国がガイダンス施設の整備計画を表明していたので、当館の展示リニューアル事業の予算規模から考えて、自然分野の展示充実を単純に推し進めたとしても、中途半端な結果を招く可能性が高いと思われた。

試行錯誤の末、たどり着いたのは、平成二九年（二〇一七）に「奄美群島国立公園」が登録された際に示された「環境文化型国立公園」の概念である。「環境文化」概念の詳細は、第三章に記載しているが、歴史的な風土の上に、四季折々の自然の恩恵を受けながら営まれてきたシマ（集落）の伝統的な暮らしこそが環境文化の形を示すものであり、その一年間の移り変わりについて、季節感に注目しながら展示を構成する「シマの一年―受け継がれる自然と暮らし―」としてリニューアルの展示計画をまとめていったのである。

それは、奄美博物館が開館以来、調査研究や資料収集等で、継続的に取り組んできた中心となる得意分野でもあり、その基本となるコンセプトは、博物館が毎年発行している「奄美旧暦行事カレンダー」に既に整えられていた。このカレンダーには、一年間の自然界の推移、それに呼応しながら行われる旧暦行事、食材の収穫と行事料理等の情報が満載されている。そうした情報に基づきながら、季節を基軸とした展示を構成したのである。

もちろん、琉球文化、そして薩摩文化が奄美に重層していく過程で醸成されてきた歴史的環境をふまえることにも配慮した。特に、奄美の歴史については、奄美史の特徴を理解していただけるように、本格的な通史の展示にも取り組んでいる。奄美群島一二市町村には、地域の自然・歴史・文化に関するガイダンス施設がある。そこには、地域の歴史の縮約として「歴史年表」が掲示されている。しかし、年表にまとめられた歴史的事件の羅列から、歴史のストーリーを豊かに思い描ける人は決して多くはない。だから、今回のリニューアルでは年表をあえて使用せず、奄美群島の歴史的事件をストーリーとして叙述するように努めている。

また「奄美の衣」「奄美の食」「奄美の住」「奄美の信仰」「シマ（集落）の空間構造」等の暮らしに関わるトピック展示等も幅広く設けて、展示項目は「奄美事典」となるように網羅的に工夫してある。三階展示室にとどまらず、全館を「環境文化博物館」として統一的にまとめあげ、自然・歴史・文化がひとつに繋がり醸成されてきた奄美の人びとの暮らしに触れていただけるように展示を構成している。

そして「環境文化」を基軸とした展示構想と、奄美大島の自然・歴史・文化について記された『南島雑話』の内容は、整合的でよく合致しているので、全館の壁面には当館所蔵『南島雑話』の挿絵をふんだんに使用した。当館独自の展示空間を演出できたのではないかと思う。

リニューアルされた奄美博物館には、奄美の自然・歴史・文化に親しみ、理解を深めるための視点が、あちこちにちりばめられている。シマッチュのみなさんも観光で来島されたみなさんも、奄美博物館を見学していただいて、新しい視点や情報を携えながら、あまくま奄美旅を楽しんでいただきたいと願う。（高梨）

［コラム1］村松　健『みずのしま』

奄美博物館に入ると、一階正面に大型映像「奄美へのいざない」が設置されている。再生すると印象的なピアノの旋律が聴こえてくる。「ピアノの吟遊詩人」と呼ばれる音楽家・村松　健氏の二〇一九年にリリースされたアルバム『みずのしま』のタイトル曲である。全一〇曲が収録されている本アルバムは、奄美大島における水の循環を主題としてまとめられたコンピレーションアルバムだ。村松氏による過去の楽曲のセルフカヴァーやオマージュを含んでいるので、名曲が並んだベストアルバムの趣もある。

村松　健『みずのしま』、2019年

本書の第三章1は、本アルバムを底流するコンセプトの理解の一助になるかもしれない。収録曲「妖精の森に行ったことあるかい？」は、副題に「北緯二八度の森のものがたり」と緯度表示があり、示唆的である。奄美大島が中緯度乾燥帯の緯度に位置しながら世界的にも珍しい亜熱帯湿潤気候の島であり、島を覆う森こそが水の循環の物語の舞台であるというご理解が示されている楽曲だからである。吟遊詩人は、優れた理論家でもある。

年間降水量が三〇〇〇㎜に達する亜熱帯の島は、雨が島を覆う森を潤し、その森が保水の役割を果たしている。森からあふれ出る幾筋もの細い流れは、ひとつに結ばれて豊かな清流となり海に繋がっていく。奄美大島は、雨、川、滝、波等、水の音が絶えない「みずのしま」だ。

本アルバムは、そうした水の循環から亜熱帯の島の大自然を読み解き、その壮大な物語を表現された作品集である。奄美大島の自然を敬い、その中で感性を研ぎ澄まされ、進化を続けられている村松氏の新しい演奏（一九二七年ニューヨーク製スタインウェイで！）にぜひ耳を傾けていただきたい。大型映像「奄美へのいざない」は、ナレーションも村松氏にご担当いただき、アルバムでは「みずのしま（奄美博物館オリジナルムービーテーマ曲）」とクレジットをいただき、光栄なかぎりである。奄美市立奄美博物館がいただいたこの宝物を大切にしていきたい。（高梨）

2　奄美のシマグチ・シマウタ

(1) シマグチについて

奄美大島の多くの集落は、三方を険しい山に囲まれ、一方が海に開いた小さな平地に立地している。半ば閉ざされた空間のなかで集落特有の言葉が継承されてきた。

奄美大島では、集落を「シマ」と呼び、そこの言葉をシマグチやシマユムィタと呼んでいる。奄美群島の他の島々でもシマユミタやシマムニ、シマフトゥバ等と呼んでいる。

一般的な日本語は、あ（a）・い（i）・う（u）・え（e）・お（o）の五母音であるが、奄美方言では、あ（a）・

い（ｉ）・う（ｕ）・い（ｉ）・う（ｕ）の三母音を原則としている。琉球方言における重要な音韻の特徴である。

明治維新後、日本の近代化をめざすなかで、標準語（共通語）化教育が進められ、昭和時代の戦前から戦後にも標準語（共通語）化教育が行われてきた。特に奄美・沖縄地域では方言禁止教育が徹底して行われたこと等もあり、五〇代以下の方言使用が脆弱となり、平成二一年（二〇〇九）にユネスコが、両地域の言語・方言は絶滅の危機にあると指摘した。近年、地域の特性や多様性を見つめ直し、その価値を評価する動きも出てきており、シマグチ（シマユムィタ）の保存と継承に努める活動が行われている。

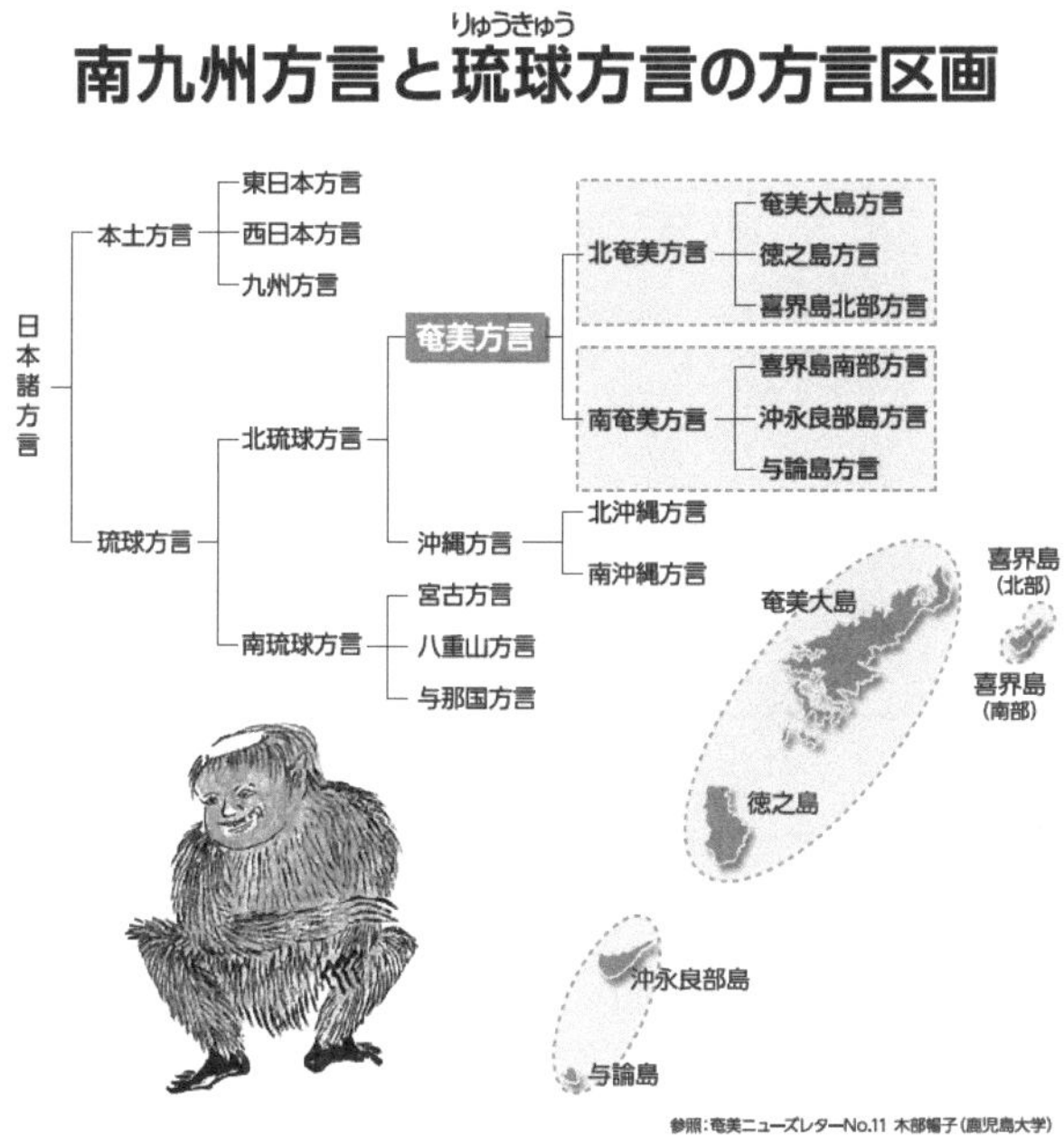

「シマグチばききんしょれ」の展示コーナー

(2) シマグチばききんしょれ―シマグチ会話集―

奄美市教育委員会が発行している「シマグチ教訓カレンダー」は、シマグチの教訓文やあいさつ言葉、日常的な会話等を三一日分掲載しているものである。博物館一階展示室奥の左側にある「シマグチばききんしょれ」のコーナーでは、これらを、奄美市の笠利町佐仁《さに》集落の言葉（サンユムィタ）、名瀬の言葉（ナゼユムィタ）、住用町市《いち》集落の言葉（イチユムィタ）の音声で紹介している。奄美市内三地域の言葉の特性や多様性をぜひ聞き比べてみていただきたい。

奄美《あまみ》方言　標準語発音との比較《ひかく》

■五十音「オ」の段の発音

標準語
お　こ　そ　と　の　ほ　も　よ　ろ

北奄美【奄美大島(北部)・奄美大島(南部)・徳之島・喜界島(北部)】
う　く　す　とぅ　ぬ　ふ　む　ゆ　る

南奄美【喜界島(南部)・沖永良部島・与論島】
う　く　す　とぅ　ぬ　ふ　む　ゆ　る

■五十音「エ」の段の発音

標準語
え　け　せ　て　ね　へ　め　れ

北奄美【奄美大島(北部)・奄美大島(南部)・徳之島・喜界島(北部)】
ぃ　くぃ　すぃ　とぃ　ぬぃ　ふぅぃ　むぃ　るぃ

南奄美【喜界島(南部)・沖永良部島・与論島】
い　き　し　てぃ　に　ひ　み　り

■五十音「は」行の発音

標準語
は　ひ　ふ

喜界島・与論島
ぱ　ぴ　ぷ

沖永良部島
ふぁ　ふぃ　ふ

		雨	色	音	親	金	肝	黄金	今年	鳥	鼻	花	羽根	船	骨	胸	目
標準語		あめ	いろ	おと	おや	かね	きも	こがね	ことし	とり	はな	はな	はね	ふね	ほね	むね	め
北奄美	奄美大島(北部) 奄美大島(南部) 徳之島 喜界島(北部)	あむぃ	いる	うとぅ	うや	かねぃ	きむ	こがぬぃ	くとぅし	とぅり	はな	ぱな	はぬぃ	ふぬぃ	ふぬぃ	むぬぃ	むぃ
南奄美	喜界島(南部) 沖永良部島 与論島	あみ	いる	うとぅ	うや	はに	ちむ	くがに	ふとぅし	とぅい	ぱな	ぱな	ぱに	ぷに	ぷに	むに	みー

出典:「島唄から学ぶ奄美のことば」(奄美市教育委員会)

奄美方言の発音

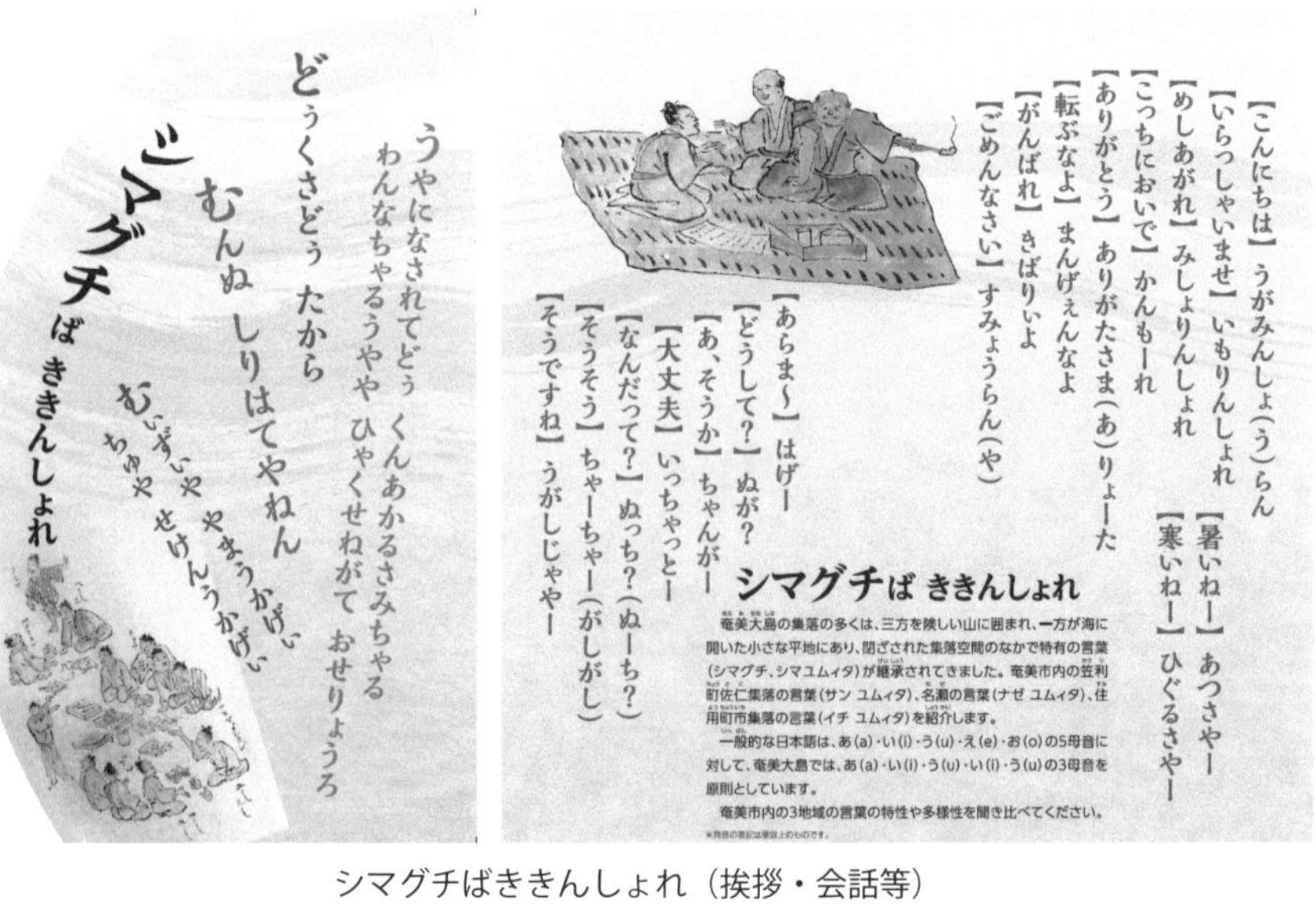

シマグチばききんしょれ（挨拶・会話等）

（3）シマウタについて

①奄美のシマウタ

シマウタは、ノロやユタ神が祝詞のように唱える「神唄」、子守や遊戯の際に唄う「童唄」、仕事や娯楽、行事等で唄われる「民謡」に大別される。唄には、教訓や労働の厳しさ、民話や伝説、恋愛や社会風刺、シマ（集落）の人々の喜怒哀楽や神への祈願・感謝等、生活そのものが表現されている。教訓的な唄が多いために、「唄半学」という言葉もある。それぞれのシマで唄い継がれてきたが、シマグチ（シマユムィタ）の衰退と共にその継承が危ぶまれている。現在は、シマウタ教室があちこちで開催され、習い事としても定着しつつある。

かつてはそれぞれの地域特有のシマウタが存在していたが、昭和三〇年代に奄美大島の北部と南部に突出したウタシャ（唄者）が輩出されたことから、北部の唄を「カサン唄」、南部の唄を「ヒギャ唄」と二分して総称するようになった。昭和五〇年代以降、奄美から民謡日本一が三名誕生し、シマウタ出身者が歌手としてメジャーデビューする等、奄美のシマウタは注目され、その価値を再評価する動きもある。

②掛け唄—唄あしび—

かつての奄美では、人が寄り合い集まると、自然と「うたあしび（唄遊び）」が始まった。唄い手であり聞き手である。参加者全員が、三線が打ち出されて唄が始まると、主に男

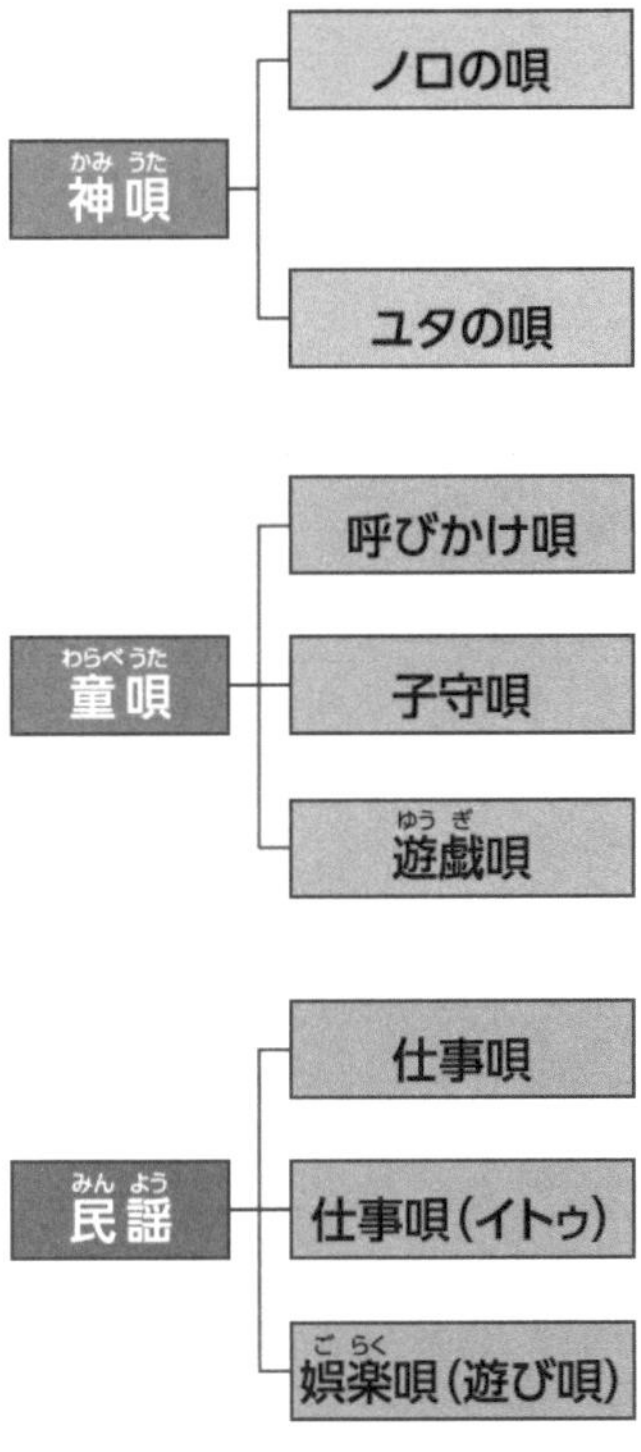

出典：「島唄から学ぶ奄美のことば」（奄美市教育委員会）

シマウタの分類

女の間で一節ずつ問答しあい（掛け合い）、この方式を「掛け唄（唄掛け）」と呼んでいる。元来、即興で唄っていたが、次第にその歌詞は定型化し、場所・場面・雰囲気等に応じて既成の歌詞の中からふさわしいものを選択して唄っている。

（4）シマウタばききんしょれ―シマウタ名曲集―

唄あしびの様子を見る機会が少なくなっているが、結婚式や歓迎会、祝賀会等の宴席では、現在でも必ずといっていいほどシマウタの「祝い唄」で場を清め、宴席を祝う。

『南島雑話』に描かれている「掛歌の図」

博物館一階展示室奥の右側にある「シマグチばききんしょれ」のコーナーでは、奄美大島北部の唄「カサン唄」と南部の唄「ヒギャ唄」を奄美島唄保存伝承事業実行委員会編『歌い継ぐ奄美の島唄』から十五曲を抜粋して音声で紹介している。同じ曲目について、「カサン唄」と「ヒギャ唄」で紹介しているので、そ

糸繰り節
しわじゃ しわじゃ いとくり しわじゃ
（スラヨーイ ヨーイ）
いとぬ きりりば スラヤヌヤー むすばりゅり
（トコヤヌ スラヤーヌ バイドゥガ ドイドイ）
ヨイスラ節
ふにぬ すぅとぅどぅもに ヨーイスーラ
ふにぬ すぅとぅどぅもに ヨーイスーラ
しらとぅりぬ いしゅり
（スラーヨーイ スーラヨーイ）
しらとぅりや あらぬ ヨーイスーラ
シマウタば ききんしょれ
シマウタば ききんしょれ
祝い唄
きゅうぬ ふくらしゃや
いつぃよりむ まさり
いつぃむ くぅぬ ぐぅとぅに
あらち たぼれ
朝花節
ヨーハレ まれまれ なきゃ うがでぃ
（シマイチ バンヨ ムライチ バンヨ）
なま うがめば いちごろ うがむかい

シマウタばききんしょれ

れぞれの特徴等をぜひ聞き比べていただきたい。

番号	曲　目	地　域	唄
1	朝花節	北部・カサン唄	南政五郎
		南部・ヒギャ唄	武下和平，森チエ
2	長朝花節	北部・カサン唄	池野無風，伊集院リキ
	朝花節〜長朝花節	南部・ヒギャ唄	武下和平，森チエ
3	誇《ほこ》らしゃ節《ぶし》	南部・ヒギャ唄	富島甫
4	朝顔節	北部・カサン唄	清正芳計
		南部・ヒギャ唄	福島幸義
5	俊良《しゅんじょ》主《しゅ》節	北部・カサン唄	塩崎サスミ
		南部・ヒギャ唄	坂元豊蔵
6	黒《くる》だんど節	北部・カサン唄	清正芳計，萩原キミエ
		南部・ヒギャ唄	稲田栄利，中村宏
7	やちゃ坊節	北部・カサン唄	当原ミツヨ
		南部・ヒギャ唄	茂木幸生
8	ヨイスラ節	北部・カサン唄	重村隆喜
		南部・ヒギャ唄	中野末子
9	らんかん橋	北部・カサン唄	福山清一
		南部・ヒギャ唄	古澤奈那美
10	イトゥ	北部・カサン唄	満本實
		南部・ヒギャ唄	義永秀親
11	糸繰り節	北部・カサン唄	当原ミツヨ
		南部・ヒギャ唄	中野律紀
12	むちゃ加那節	北部・カサン唄	石岡春代
		南部・ヒギャ唄	中野律紀
13	嘉徳《かどく》なべ加《か》那《な》	北部・カサン唄	内田シズヱ
		南部・ヒギャ唄	元ちとせ
14	かんつめ節	北部・カサン唄	南政五郎・山田フデ
		南部・ヒギャ唄	元ちとせ
15	行きゅんにゃ加那節	北部・カサン唄	里アンナ
		南部・ヒギャ唄	久田博法

「シマウタばききんしょれ」曲目リスト

（5）シマウタの楽器について

シマウタは、三線（サンシン）のみ、あるいはチヂンと呼ばれるクサビ締めの太鼓の演奏で行われる。また、ハトと呼ぶ指笛で調子をとったり、場を盛り上げたりする。

①奄美の三線

三線の由来は、一五世紀中頃から一六世紀頃に中国から琉球国に入り、奄美群島にも伝わり、一六世紀の中頃には大阪に三味線として伝わったとされている。琉球王府の保護の下で、三線打匠夫（三線製作者）の指導が行われ、次々と名工が現れ、競って名品が作られた。三線の良し悪しは、棹《さお》といわれており、黒檀《こくたん》や紫檀《したん》の木の芯で作られたものを最上級としている。三線の棹を家宝としている人も多く、戦時中は棹を持って避難した。戦後の物資不足の際には、胴体の代わりに空き缶を取り付けた「カンカラ三線」も登場した。

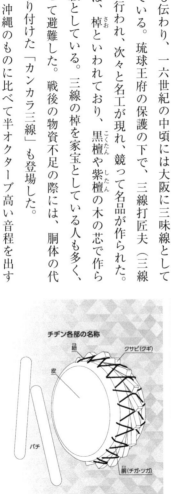

奄美の三線は、沖縄のものに比べて半オクターブ高い音程を出すために、細い弦を使用する。三本の弦のうち一番太い弦が、沖縄の三線の一番細い弦と同じくらいである。三線を弾くバチは、沖縄は牛あるいは水牛の角を使用するが、奄美では竹を細く平らに削ったものを使用する。沖永良部島と与論島は沖縄と同じ様式の三線を使用している。

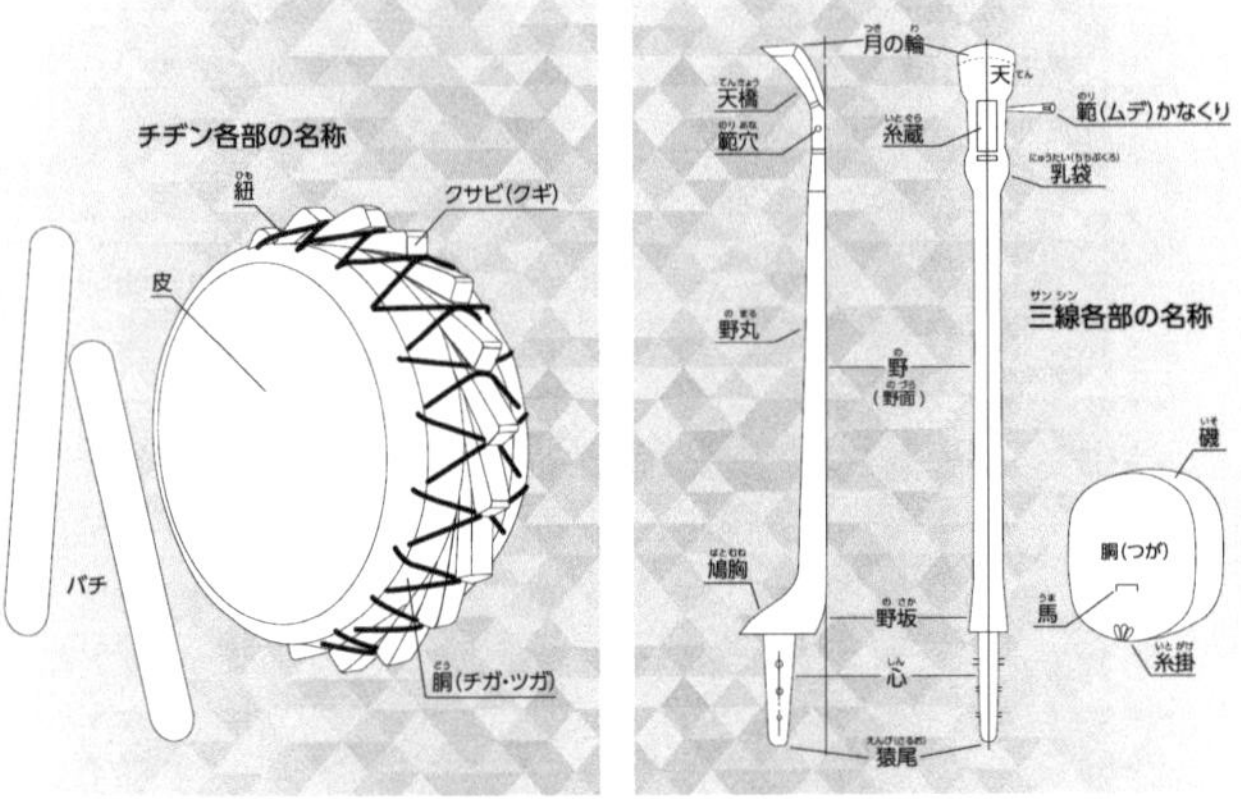

サンシン（三線）とチヂンの部位名称

②奄美のチヂン

全国的に鋲留めの太鼓が主だが、奄美の太鼓は胴の両側に張った皮を紐で結び締め、紐の間に多数のクサビを打ち込んで音を調節する国内では非常にめずらしい太鼓が使われてきた。これを「チヂン」と呼んでいる。チヂンは、「鼓（つづみ）」が語源ともいわれている。両側に張る皮は、山羊や牛、馬の皮を使用している。片腕の内側に抱きかかえるように持ち、バチで叩く。八月踊りや六調で使用する。奄美大島北部では女性が叩き、南部では男性が叩いて曲や踊りをリードする。

（6）奄美市のシマグチ伝承活動

方言・シマグチは、奄美の文化遺産であり、この文化遺産は私たちの世代で絶やしてはいけない、方言を大事にして後世に残さなければ消滅してしまう等の危機感は、多くの人々が共通して思っていることである。このような認識から大島地区文化協会連絡協議会は、平成二〇年（二〇〇八）、二月一八日を「方言の日」と制定し、ポスターを作成、小中学校や各自治体に配布をして、啓発を促している。

この「方言の日」については、与論町がすでに「フトゥバ」の語呂で二月一八日と制定していたため、この日を「方言の日」として統一したものである。それぞれの島、地域での言い方で、「シマユムタの日」、「シマクトゥバの日」、「シマユミタの日」、「シマグチの日」、「シマムニの日」、「ユンヌフトゥバの日」と呼ぶこととなった。

平成二一年（二〇〇九）二月、ユネスコ（国連教育科学文化機関）が、世界で二五〇〇に上る言語が消滅の危機にあると指摘した。日本国内でも八つの言語・方言がその中に含まれ、奄美の方言・言語も危険な

シマグチ伝承活動（シマグチことわざカルタ大会・東城小中学校）

状況と指摘された。

奄美市教育委員会では、平成二七年度から「子供たちの情操育成事業」として、「歌声の響く学校づくり・地域づくり」、「花づくり・花いっぱい運動」、「伝統文化の継承」の三つの柱を掲げて取り組んでいる。特に「伝統文化の継承」において、その根幹をなす「シマグチ（シマユムィタ）」の伝承活動を重点に、幼稚園から小学校、中学校において、地域との連携を図りながらその取り組みを推進している。

令和二年（二〇二〇）二月二二・二三日の両日、文化庁・鹿児島県主催で「危機的な状況にある言語・方言サミット」奄美大会が奄美市で開催された。全国の危機的な状況にある地域の現状と取り組みについての報告や聞き比べ等が行われ、危機意識を持つとともに伝承活動への意識醸成を図った。両日の参加者は、一三五〇人を超し、それぞれの地域で伝承活動を推進していくことを確認する大きな機会となった。（久）

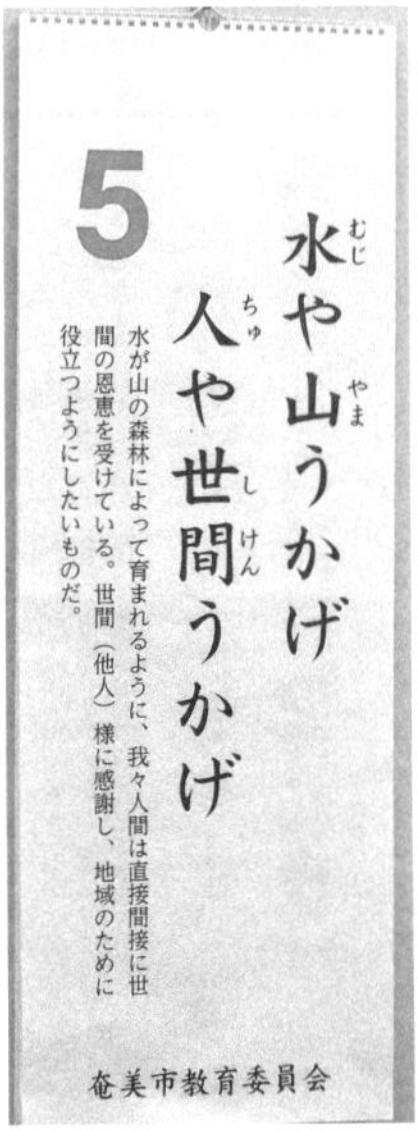

シマグチ
教訓カレンダーと
音声 CD

「危機的な状況にある言語・方言サミット」奄美大会

第一章　黒潮に育まれた奄美

1　奄美のサンゴ礁と人

（1）奄美群島のサンゴ礁

「サンゴ礁」とは、造礁サンゴに代表される造礁生物が造り出した地形をさす言葉である。造礁サンゴは、小さな藻が共生していて、光合成により石灰質（炭酸カルシウム）の骨格を生成して成長する。そのため、生息には光が届く浅い海が必要で、なおかつ水温一八～三〇度ぐらいの暖かい海でなければならない。造礁サンゴの成長に伴い、石灰質の骨格が重なり、海岸に沿って堆積岩（石灰岩）ができあがっていく。それがサンゴ礁である。

　サンゴ礁地形は、①波の浸食に耐えられる堅牢な抵抗性があり、②海面すれすれまで礁原《しょうげん》が発達し、急勾配の礁斜面が形成された防波的構造を持ち、③海岸線に沿って帯状に形成される等の特徴がある。

　南西諸島におけるサンゴ礁は、北緯三〇度に位置する種子島を北限とするが、薩南諸島（鹿児島県）と琉球諸島（沖縄県）では、その様相にかなりの相違がある。北緯二七～二九度に位置する奄美群島では、総じて礁原の幅は狭く、イノー（礁池《しょうち》）もあまり発達していない。それに対して、北緯二四～二七度に位置する琉球

海岸に沿いながら帯状に形成されるサンゴ礁（干潮時、奄美市名瀬根瀬部）

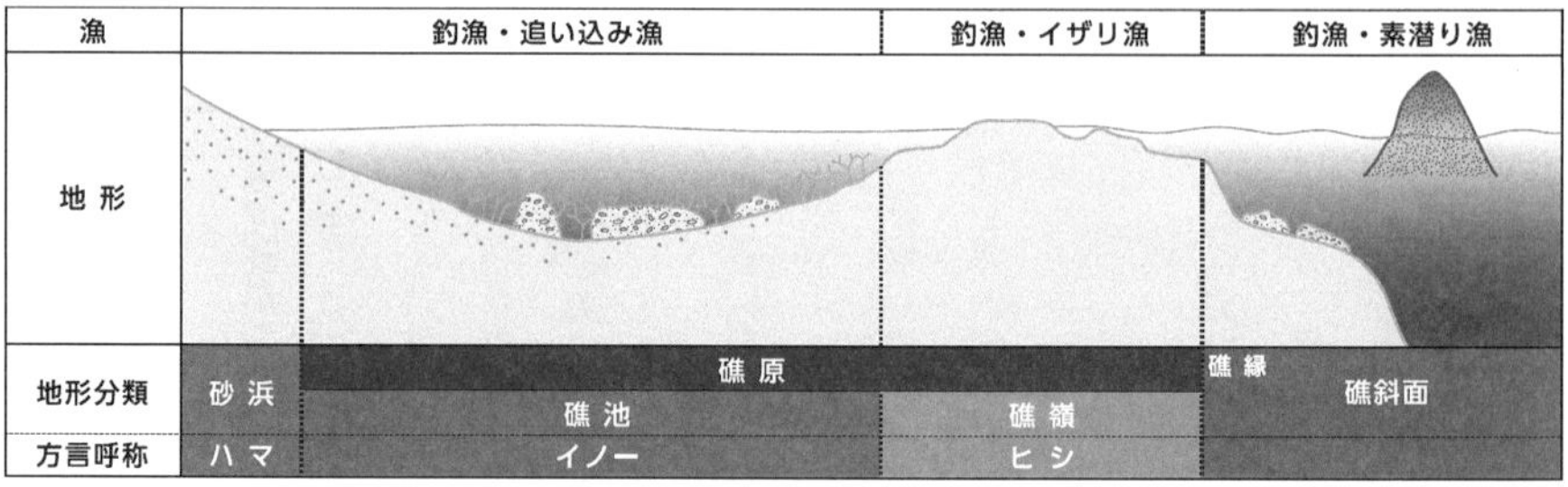

サンゴ礁地形の分類（奄美大島）

サンゴ礁海岸に発達した海岸砂丘（写真右側）（干潮時、奄美市笠利町用）

諸島では、海岸から礁縁《しょうえん》まで幅が一kmを超えるような礁原が発達するようになる。緯度が高くなるほど表面の海水温が低くなるので、水温勾配に比例してサンゴ礁の形成規模も縮小していくのである。

サンゴ礁海岸には、白砂の美しいビーチが形成されている。本土地域の海岸では見られない南の島の象徴的な景観である。この白砂は、サンゴ破片・貝殻破片・有孔虫殻等から構成されている。サンゴ礁に生息するブダイ科の魚類は、サンゴ表面の藻類をサンゴごとかじりとり排泄するので、サンゴ破片の重要な供給源となっている。

(2) サンゴ礁と暮らし

奄美群島と琉球諸島におけるサンゴ礁の相違は、漁労活動にも反映さ

大潮の干潮時に広大な陸地が現れる海（奄美市名瀬崎原）

大潮の干潮時に広大な陸地が現れる海（奄美市笠利町土盛）

れてくる。

　イノー（礁池《しょうち》）の規模が大きければ、干潮時に礁原はほとんど陸化しない。一方、奄美大島のように礁池があまり発達していないサンゴ礁は、礁池の水深が浅く、大潮の干潮時には、礁原が広範囲に陸化するのである。礁池の規模が大きくなることは、礁原が陸化しなくなることを意味している。「陸化する海」は、奄美群島北部の島嶼に顕著に認められ、北限のサンゴ礁地域における特徴的な地形のひとつである。

「陸化する海」では、多様な漁労活動が行われている。採集型の個人漁が中心で、貝類、魚類、エビ・カニ類タコ・イカ類等のさまざまな獲物が採られている。特に、大潮の干潮時には、ヒシ・シーバナ（礁嶺《しょうりょう》）等に沿って歩きながら、貝類を中心に漁が行われている。それは、畑から作物を収穫するように、獲物をみつけては採っていく楽しい漁で、みなさん、大潮になるのを心待ちにされている。夜の干潮が大きくなる冬期には、照明を持ちながら礁縁《しょうえん》を歩く「イザリ漁」が行われている。

　これらの採集型漁労に従事しているのは女性が中心

干潮時に陸化したサンゴ礁の縁を歩いて漁をする（龍郷町安木屋場）

で、「イショシャ（磯者）」等と呼ばれる男性漁師（専業にしている人は少ない）はほとんど行わない。ただし、礁湖における追い込み網漁や礁縁における釣り漁、素潜り漁等は、男性が中心に従事している。

南西諸島の先史考古学では、礁池の大きさ＝食料の豊かさと考えられがちであった。しかし、礁池が発達していない「陸化する海」は、悪天候でも漁ができる漁労活動の日常性が高い豊かな海であり、暮らしに欠かせない食料供給の場所であった。

奄美群島北部の島嶼における「陸化する海」の漁労民俗調査は、「サンゴ礁の漁労活動」等として奄美・沖縄でひと括りにされてしまい、それほど十分に記録、分析されているわけではない。「陸化する海」は、知られざるサンゴ礁である。サンゴ礁の環境条件を十分ふまえた生業活動の理解が必要である。（高梨）

（3）奄美のウミガメ

①奄美大島のウミガメと産卵

世界中に生息する七種のウミガメのうち、奄美大島で記録のあるウミガメは四種である。主にアカウミガメ・アオウミガメ・タイマイの三種であるが、オサガメの産卵が記録された日本唯一の島でもある。

アカウミガメの成体は甲長七〇～一〇〇㎝ほどに成長し、大きな頭が特徴で甲殻類や貝類を殻ごと食べるほどの強い顎を持つ。アオウミガメの成体は甲長八〇～一一〇㎝ほどに成長し、小さくて丸い頭が特徴でウミガメの仲間では唯一草食性で、海藻や海草類等を食べる。

アカウミガメは五～六月頃、アオウミガメは六～七月頃に産卵のピークを迎え、一度の産卵で卓球ボールほどの大きさの卵を三〇～一六〇個ほど産む。砂浜に上陸した後、アカウミガメは植生部分よりも海側、アオウミガメは植生部分まで入り込んだ場所で産卵することが多い。産卵から二カ月ほど経過する頃に卵が孵化し、やがて子ガメは地上へ出て海に向かって移動する。

子ガメの性別は、卵の時の温度によって決まり、二九度より高い場合はメス、低い場合はオスになる割合が高くなることが知られている。

また、アカウミガメとアオウミガメの足跡には、明確な違いが見受けられる。アカウミガメは手足を交互に動かして前進するため、足跡は左右非対称に残るが、アオウミガメは両足を同時に動かして前進するため、足跡は左右対称に残る。

②ウミガメの大移動

奄美大島の砂浜で産まれたアカウミガメの子ガメは、黒潮の流れに沿って太平洋を横断し、多くはアメリカの

アカウミガメ

アオウミガメ

タイマイ

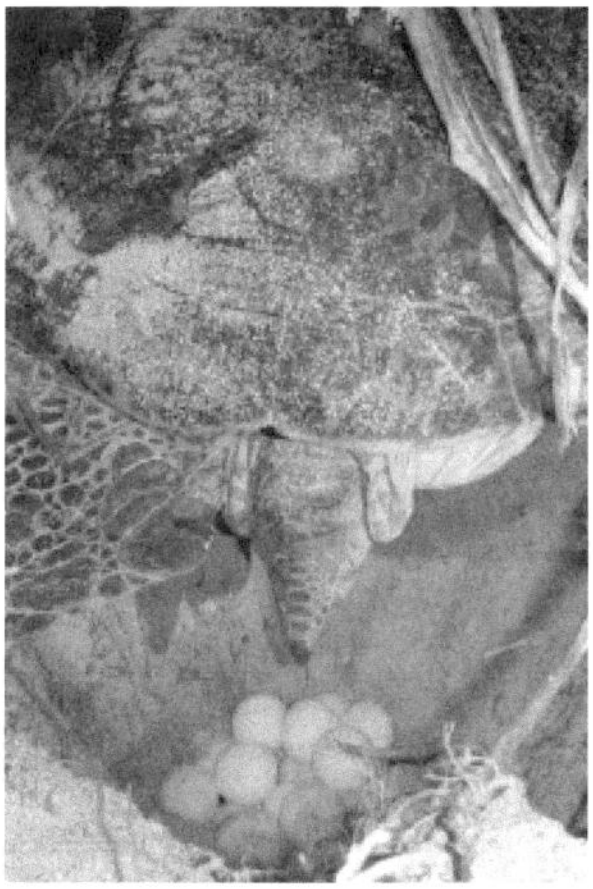

アオウミガメの卵（興克樹氏撮影）

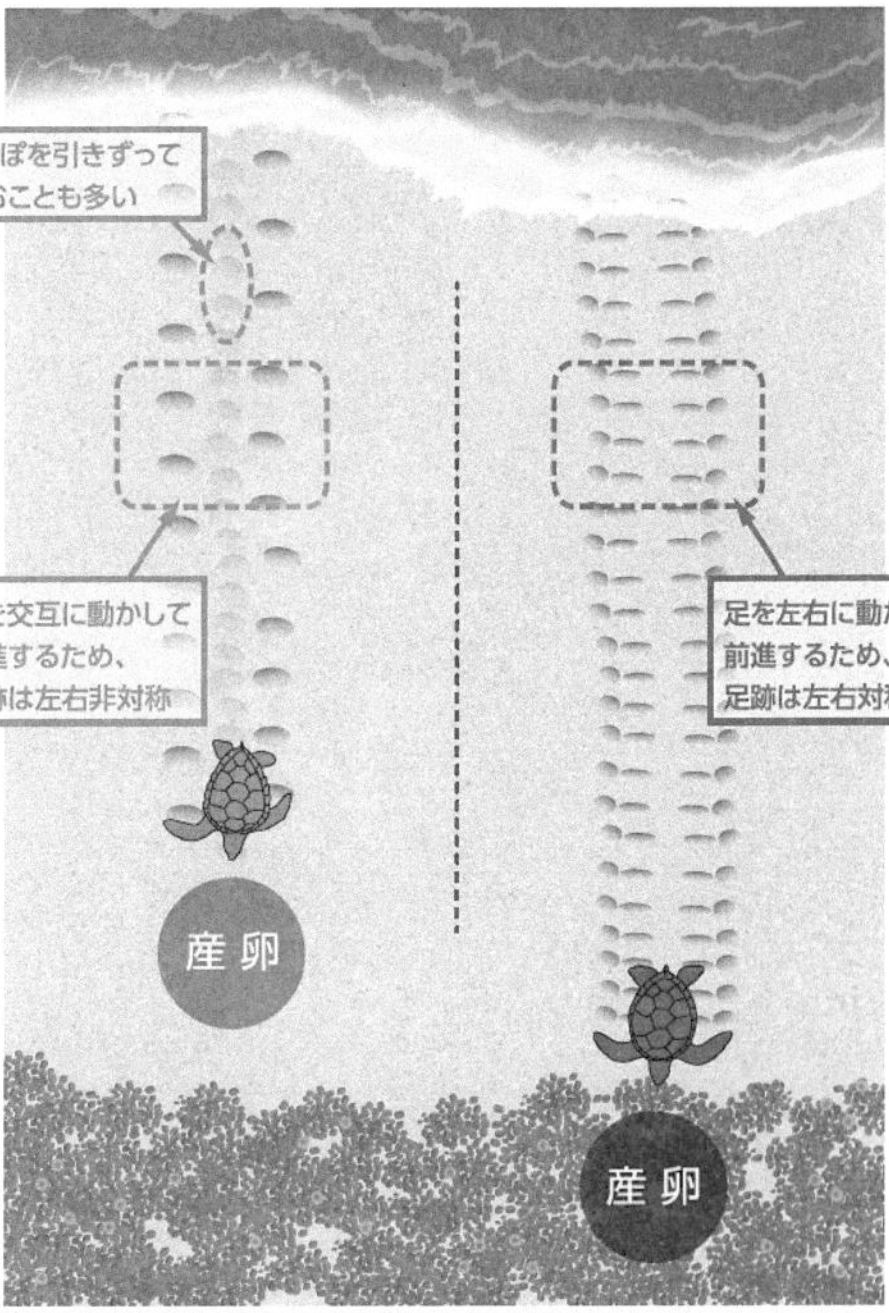
しっぽを引きずって
進むことも多い
足を左右に動かして
アカウミガメ
アオウミガメ

ウミガメの上陸から産卵まで

ふ化した子ガメ（興克樹氏撮影）

発信器を着けたアカウミガメ
（興克樹氏撮影）

アオウミガメの産卵（興克樹氏撮影）

カリフォルニア沖で成長する。成長したアカウミガメは、再び産まれた奄美大島へ戻るために、太平洋を横断する。奄美大島近海へ戻ってきたアカウミガメの多くは、発信器装着個体の行動追跡から、東シナ海や玄界灘等の海域をエサ場として活動することが明らかとなった。近年は、奄美大島での産卵個体数が急激に減少しており、漁業活動に伴う混獲等の影響が懸念されている。

一方、奄美大島の砂浜で産まれたアオウミガメの子ガメの行動は、これまでに観察記録がなく、外洋に出ているという情報以外は、全く知られていない。成長したアオウミガメの行動は、発信器装着個体の行動追跡や多くの観察記録から、日本の沿岸域から奄美大島近海の漁港や海水浴場等をエサ場として活動していることが明らかとなった。（平城）

2　奄美の舟

（1）奄美の伝統的木造舟

奄美大島の多くの集落は、三方を険しい山に囲まれ、一方が海に開いた小さな平地に立地している。鹿児島や沖縄に行くためには、海を渡っていかなければならないことは当然のことであるが、隣の集落や対岸の田畑に行くためにも、舟は重要な交通手段であった。

舟の種類には、一本の木を刳り抜いて作る一人乗り用の「スブネ（クリ舟）」、杉板を張り合わせて前後が同じ形をして安定性のある「イタツケ」、その「イタツケ」を大きくした全長一二m余りの「クバヤ」（別名：ナガクチャ、八尋舟《やひろぶね》）、奄美の「イタツケ」の安定性と沖縄の「サバニ」のスピード性の特徴を併せ持ち、前後の形が異なる「アイノコ」が大正時代に考案された。

「イタツケ（舟）」と「クバヤ」の前方部には「人面」、後方部には「鋸文様」が描かれている。航海図や気象等の情報が乏しい時代、目的地にたどり着く、見えるように「人面」、各種の災いから身を守るために「鋸歯《きょし》文様」が描かれたものと考えられている。「人面」を描いた舟は、江戸時代後期に編纂された『南島雑話』にも描かれている。

舟（船）は、技術改良を重ねながら古代から現在まで輸送や交通手段として使われてきているが、座礁や遭難、転覆、漂流等、生死に関わる危険や事故と隣り合わせであるため、さまざまなしきたりや縁起かつぎ、祭祀が現在も行われている。

（2）舟漕ぎ競争

『南島雑話』に「ハレコギノ図」がある。おそらく現在ハ

舟の先端に描かれた人面の図

舟の後部に描かれた鋸歯文様

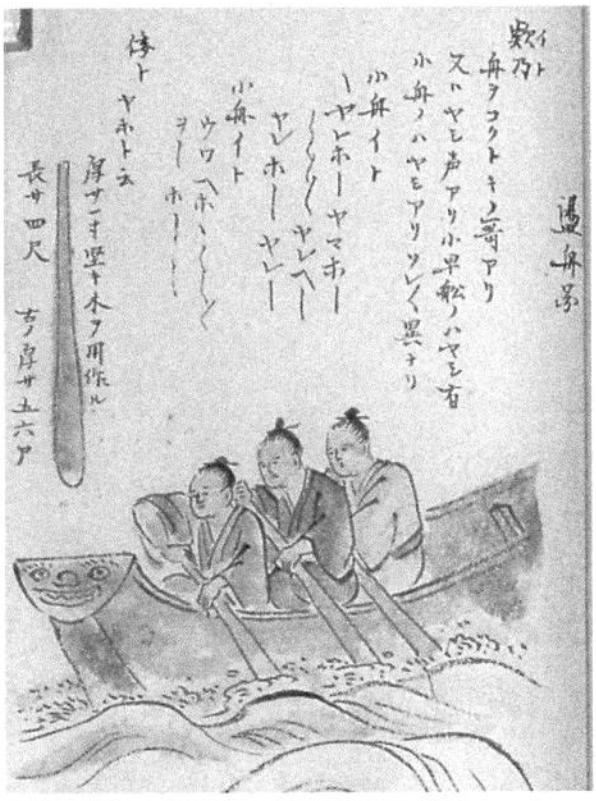

『南島雑話』に描かれた
木造舟

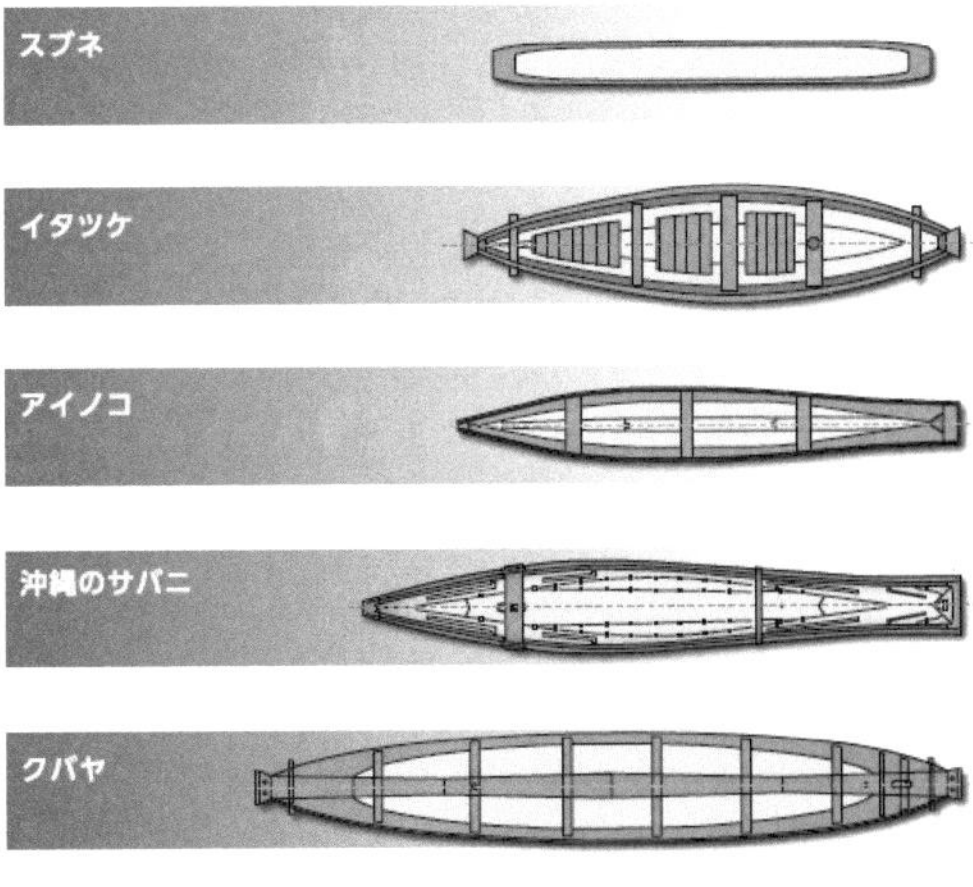

奄美の伝統的木造舟

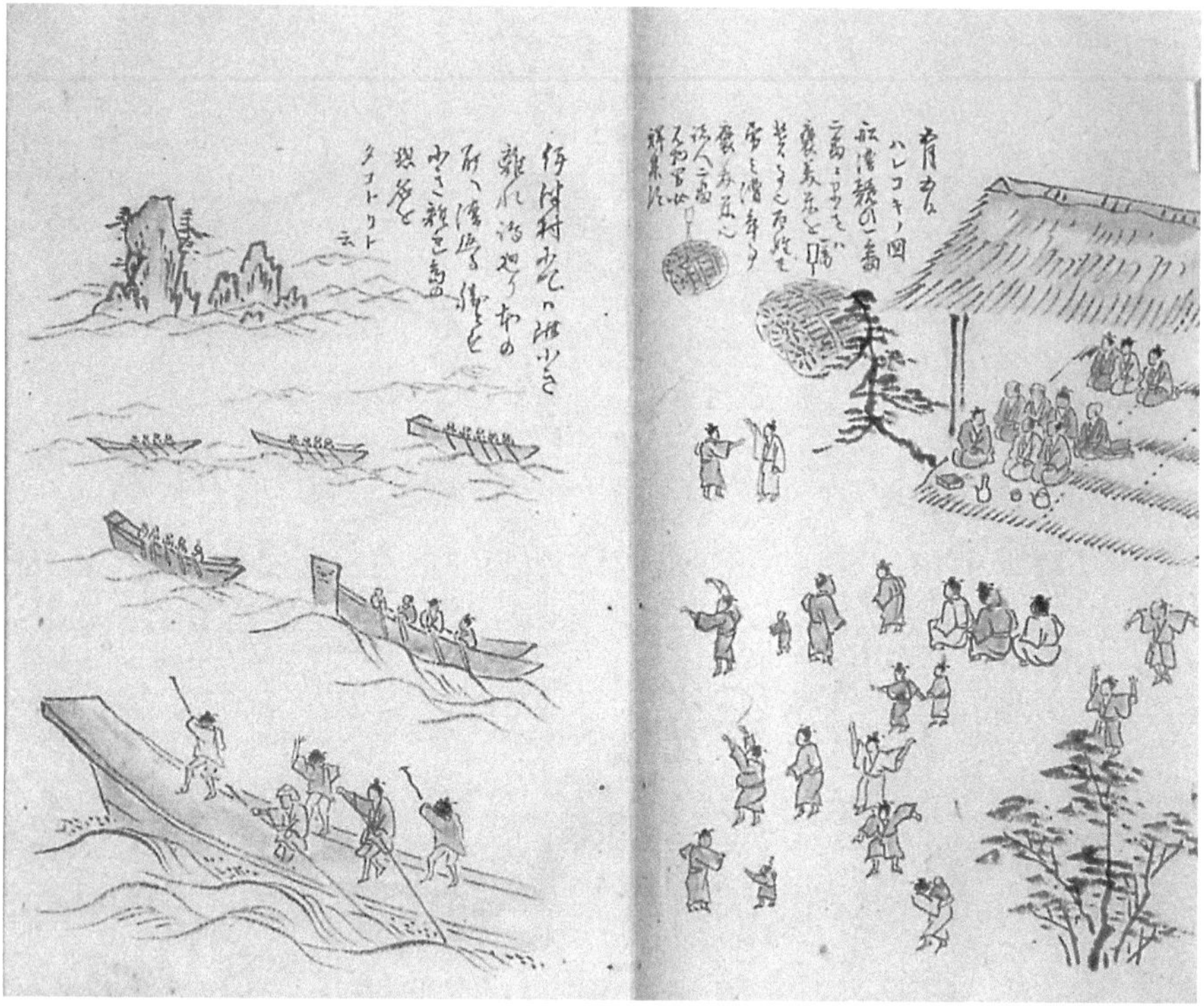

『南島雑話』に描かれた「ハレコギノ図」

瀬戸内町「港まつり」の舟こぎ競争

笠利町赤木名の舟こぎ競争

マオレ行事で行われている「舟こぎ競争」を描いたものと考えられている。

「ハレコギ」の由来は、徳之島や与論島、沖縄で行われている舟こぎ競争の名称「ハーレー（ハーリー）」、中国の爬龍舟、災いを祓う（はらう）の「ハレ」等、諸説ある。

奄美のハマオレ行事は、旧暦四月に行われる稲作関連行事の一つで、田畑の害虫を集落民で一斉に駆除し、駆除した害虫が再び田畑に戻らないよう終日海岸で過ごす日である。

かつてはよその集落から持ち込まれないよう、集落への出入りも禁じられていた。弁当を持って終日海岸で過ごすため、舟こぎ競争や牛・馬・山羊等の家畜の競走、様々な遊びや芸能が生まれ行われている。（久）

第二章　境界の歴史に育まれた奄美

1　島尾敏雄とヤポネシア

（1）島尾敏雄と奄美

太平洋戦争の敗色濃厚な昭和一九年（一九四四）、海軍特別攻撃隊の「第一八震洋《しんよう》特攻隊」の隊長として加計《かけ》呂麻《ろま》島に赴任した指揮官が、戦後の日本文壇で活躍することになる島尾敏雄であった。特攻隊の呑之浦《のみのうら》基地の近くには押角《おしかく》国民学校があり、そこで教師をしていた大平《おおひら》ミホと島尾は出会い、大恋愛の末、終戦後に結婚した。その後の経過等は省略するが、妻ミホの病気療養のため、昭和三〇年（一九五五）、島尾夫妻はふたたび奄美に戻る。名瀬在住時代は、島尾が生活者として奄美に対峙した時期であった。

本書では、作家としての島尾の足跡や業績は省略させていただき、すこし違う観点から島尾の仕事について触れてみたい。奄美市立奄美博物館では、島尾の文学者としての仕事ではなく、名瀬在住時代に取り組んできた小説以外の文筆活動に着目し、図書館長として取り組んだ事業や郷土研究活動を中心に資料収集や企画展開催等を続けている。

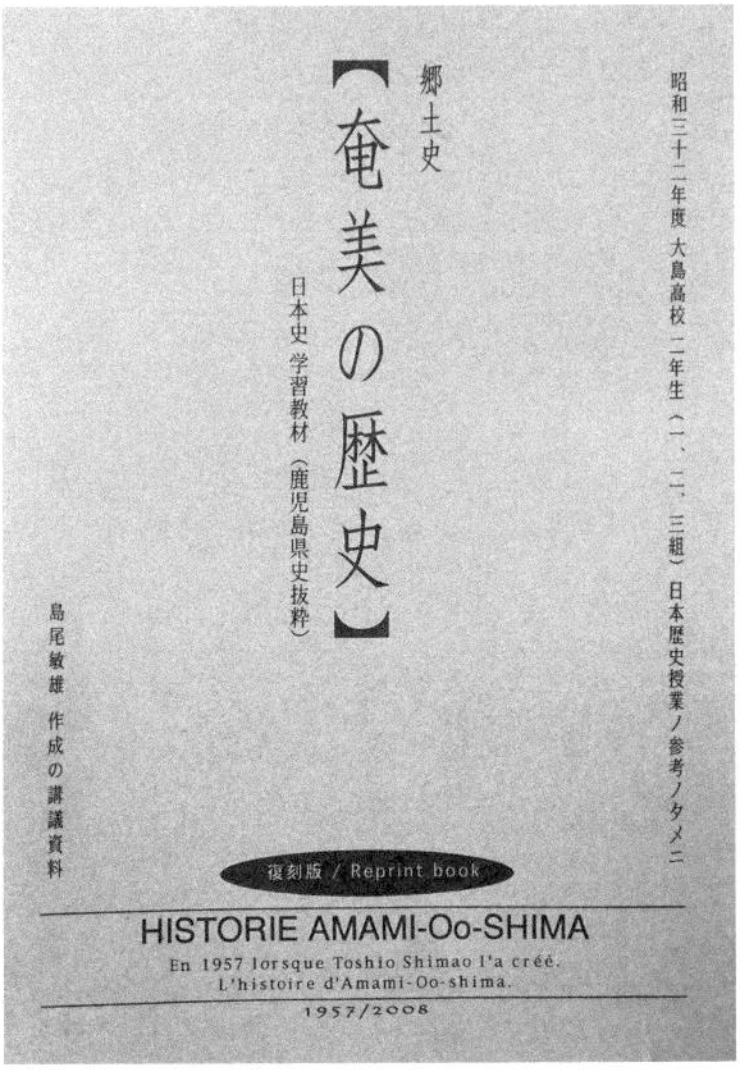

大島高校で使われた島尾敏雄作成の歴史教科書（昭和32年）

島尾敏雄論は、枚挙にいとまがないほどたくさんあるが、その大半が、文学論と作家論である。名瀬在住時代に書かれた非小説作品群についての作品論は少なく、「ヤポネシア論」（本節（３）で解説している）に関わる評論も多くはない。しかし、「ヤポネシア論」ができあがる舞台というのは、名瀬在住時代の奄美である。「ヤポネシア論」がどういう思考や過程を経て形成されてきたのか、島尾の奄美時代の郷土研究に目を向けるべきである。それを考察する手がかりは、名瀬在住時代に島尾が書いた非小説作品群の中にある。それらの作品群は、『島尾敏雄全集』（晶文社）の一六巻と一七巻の二巻に、合計一六九編が収録されている。

　名瀬在住時代の非小説作品群は、通称「南島エッセイ」と呼ばれているが、その当時の奄美研究の動向等について述べられている箇所があちこち認められる。島尾が奄美で暮らしはじめた昭和三〇年代は、奄美が昭和二八年（一九五三）に日本復帰して、国内の研究処女地として学術研究が活発になりはじめた時期であった。また、昭和二七年（一九五二）には、柳田國男《やなぎだくにお》が『海上の道』の仮説を発表、稲作農耕文化は稲を携えた人たちが南西諸島を北上して九州に伝えたとするこの仮説が学術的に注目を集めていた。そうした意味で、島尾が暮らしはじめた昭和三〇年代の奄美というのは、戦後日本の学術研究で奄美が注目されていた時期に重なるということを理解しておく必要がある。加えて、昭和三七年（一九六二）から開始された『名瀬市誌』編纂事業にも島尾は編纂委員として参加しており、名瀬在住時代の島尾敏雄は、そうした新しい研究潮流に触発されていたのであった。刺激的学びの中から「ヤポネシア論」は生成されていくのである。

　『名瀬だより』等に代表される非小説作品群についても若干触れておくが、島尾文学ファンが読んでもリアリティーを持って理解することは非常に難しいのではないかと感じる。なぜならば、あまりにも描写のディテールが地域的だからである。だからこそ、非小説作品群は、奄美のみなさんだけの特権として体感的読解が可能であ

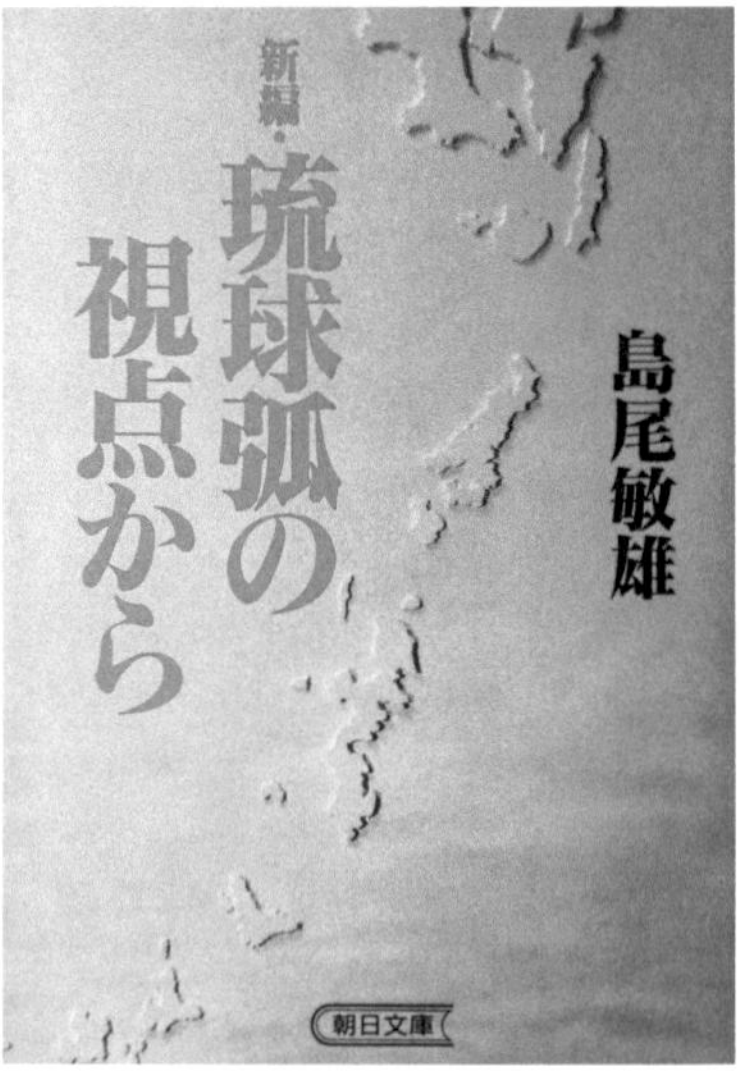

手軽なアンソロジー版入門書
『新編・琉球弧の視点から』

ると思う。そういう意味でも、島尾の非小説作品群はあらためておもしろい。

また、非小説作品群の中には、「明治百年と奄美」のように歴史的な叙述を中心に書かれているものも少なくない。その際、島尾は地球儀を回して世界に視野を広げていくような視点で、南西諸島や日本列島を俯瞰しながら、日本列島の南北を射程に入れて歴史的考察をしているのである。そこにこそ、ヤポネシア論生成を解く鍵がある。そうした島尾の歴史学的視点というのは、これまで論じられたことはほとんどない。今日の境界領域研究（ボーダースタディーズ）にも重なる国家領域の歴史的把握は新鮮である。

（2）琉球弧のざわめき―日本の中の奄美―

昭和三〇年（一九五五）から、「鹿児島県立図書館奄美分館長」として名瀬の街で二〇年間を暮らした小説家の島尾敏雄は、南西諸島の歴史を日本の歴史と通史的、相対的に比較しながら位置づける試みを進めていた。そして「日本の歴史の筋書きの中でさえも大きな転換期に遭遇するときには、沖縄を中心にした南島のあたりが、まず、ざわめいてくることはふしぎといえばふしぎな現象である」（昭和四一年（一九六六）発表「私の見た奄美」）等、日本の歴史の曲がり角に当たる時代の節目には、必ず琉球弧（南西諸島）で連動した事件が発生する事実に気づき、それを「琉球弧のざわめき」と文学的表現で指摘した。

日本歴史の研究で、列島の南北を対置的に捉えて比較する視点は、一九七〇年代後半以降に広がり定着した比較的新しいものである。それを考えるならば、列島の南北を俯瞰しながら日本の歴史的理解の再構築を図ろうとした島尾の試みは、非常に先駆的な取り組みとして位置づけられるのである。

（3）島尾敏雄のヤポネシア論

島尾敏雄が提起した「ヤポネシア（JAPONESIA）」という概念は、日本列島を「島が群れ成す地域」と捉えて考案された造語である。日本を意味するラテン語の「JAPONIA」に、ポリネシア等のように島じまを意味する「NESIA」を付けたものである。

ヤポネシア論で島尾が意図したものは、従来、単一的に理解されてきた日本歴史や日本文化の枠組みからの脱却である。島尾は、近代以降、日本列島が「日本」という国家の政治的等質性に覆い尽くされ、日本文化＝稲作文化として一括りにされてきたことを指摘し、日本の歴史において、かつて列島の北縁・南縁に営まれていた蝦夷や琉球等の特色ある地域に注目し、それらを「もうひとつの日本」と表現したのである。

その「もうひとつの日本」を含めて、日本列島を柔軟に捉え直すための装置として、島尾が用意した概念が、多様な地域から成る日本列島としての「ヤポネシア」なのである。（高梨）

『ヤポネシア考』

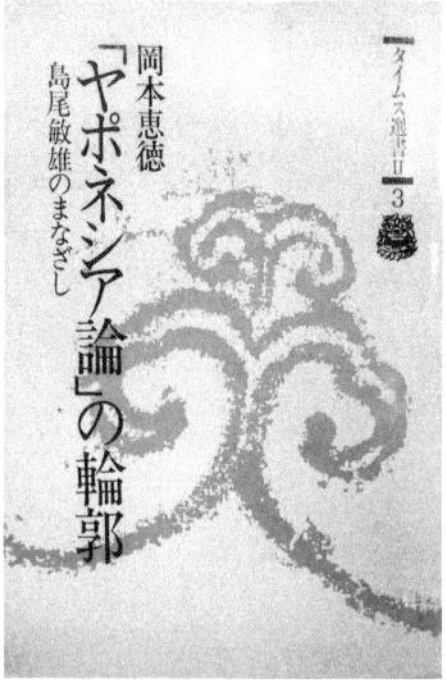

岡本恵徳『「ヤポネシア論」の輪郭』

藤井令一『ヤポネシアのしっぽ』

島尾敏雄のヤポネシア論関係書籍

2　重層する歴史の島―奄美通史―

(1)　通史概要

日本国民が、奄美群島の歴史について、学校で学ぶ機会は残念ながらほとんどない。ただし、平成時代の終末には、中学校や高等学校の日本歴史の教科書に、戦後の奄美群島の米軍占領統治とその日本復帰について記述される事例も認められるようになり、この地域の特異な歴史に対して、ようやく理解されはじめ、関心が向けられるようになってきたともいえる。

奄美群島の歴史は、複雑な歩みをたどる。一五世紀中頃から「琉球国」(現在の沖縄県)の統治下に入り、慶長一四年(一六〇九)には薩摩藩が琉球国に侵攻したため、今度は「薩摩藩」(現在の鹿児島県)の統治下となる。その際、奄美群島は琉球国領のまま、実際には琉球国から切り離されて薩摩藩の直接支配が行われるという複雑な統治を受けている。その結果、琉球国をカモフラージュとした植民地的支配が進められたのである。明治元年(一八六八)から「鹿児島県」となり、近代国家の一員として編成されていくが、太平洋戦争の敗戦後は「米軍占領政府」の統治下となり、八年間にわたり日本から切り離され、行政分離された悲劇も経験している。

奄美群島の歴史の特徴とは、重層する「複雑な行政統治」にある。日本列島の南縁を構成し、歴史的には日本という国家の外側に長らく置かれながら、日本最北の亜熱帯となる地理的位置から南方物産交易の拠点が形成され、日本の内と外を繋ぐ「境界領域」として機能してきたのである。

(2)　時代区分

奄美群島は、北海道・沖縄県と同様に、いわゆる教科書的日本史とは異なる歴史を歩んだ地域である。その時代区分は複雑で、歴史学界で共通認識されている時代区分は存在していない。

特に先史時代から琉球国統治時代に至る考古学的時代区分は、沖縄考古学における時代区分がしばしば適用され、最近では統一化する動きも顕著であるが、奄美群島における考古学的成果は沖縄諸島と同一の様相を示しているわけでは決してない。

奄美群島の歴史を概説した代表的古典としては、大正一〇年（一九二一）の坂口徳太郎著『奄美大島史』、昭和二四年（一九四九）の昇曙夢《のぼりしょむ》著『大奄美史《だいあまみし》』、昭和四三年（一九六八）の名瀬市誌編纂委員会編『名瀬市誌』等があげられる。特に、『名瀬市誌』において、「奄美世（アマンユ）・按司世（アジユ）・那覇世（ナハンユ）・大和世（ヤマトユ）」の新しい時代区分が提案されると、この時代区分が奄美群島で普及していく。

『名瀬市誌』は、鹿児島大学の原口虎雄氏に編纂を依頼して、精鋭の委員たちが史料収集と解読分析に一〇年以上の長い年月を費やして完成した本格的な自治体誌である。以後刊行されていく『徳之島町誌』『笠利町誌』『知名町誌』『与論町誌』『龍郷町誌』等にも大きな影響を与えている。

『名瀬市誌』の時代区分は、「奄美世」が無文字時代（沖縄編年の貝塚時代）、「アジ世」が中世（沖縄編年のグスク時代）、「那覇世」が琉球国統治時代、「大和世」が薩摩藩統治時代に対比できる。『名瀬市誌』編纂当時、奄美群島の考古学研究はまだ黎明期に置かれていたため、「奄美世」の歴史像は具体的記述が少ない。また「アジ世」の名称もよく使われているが、政治的社会の形成に伴いその社会を統率した首長が、いつから「アジ」と呼ばれるようになったのかそもそも明らかではないので再検討の必要がある。

奄美群島における考古学研究は、『名瀬市誌』が編纂された当時（五三年前）と比較したならば、飛躍的に進展していて、琉球国統治時代以前の「奄美世」「アジ世」についても、具体的細別が可能になりつつある。二〇〇〇年代以降に編纂、刊行された『喜界町誌』『瀬戸内町誌』『大和村誌』『宇検村誌』における歴史叙述は、そうした考古学的成果が反映されているのが特徴である。二階「重層する歴史の島―奄美通史―」の最初に示し

日本歴史	歴史区分	奄美の時代区分	『名瀬市誌』時代区分	沖縄の時代区分
旧石器時代	先史	旧石器時代	奄美世	旧石器時代
縄文時代		縄文時代		貝塚時代前期
弥生時代		弥生時代並行期		貝塚時代後期
古墳時代		古墳時代並行期		
奈良時代	古代	古代並行期		
平安時代				
鎌倉時代	中世	中世	アジ世	グスク時代
室町時代		琉球国統治時代	那覇世	琉球王国時代
安土桃山時代				
江戸時代	近世	薩摩藩統治時代	大和世	
明治時代	近代	明治時代		明治時代
大正時代		大正時代		大正時代
昭和時代		昭和時代		昭和時代
	現代	米軍占領統治時代	アメリカ世	米軍占領統治時代
		昭和時代		昭和時代
平成時代		平成時代		平成時代
令和時代		令和時代		令和時代

奄美博物館で使われている奄美史の時代区分

てある時代区分は、そうした研究成果をふまえてまとめられた暫定的なものである。

「境界領域」については、本章4であらためて説明するが、ダイナミズムあふれる奄美史を、この時代区分に従いながら以下で概観していこう。

（３）旧石器～古代並行期（奄美世）

①時代概要

この段階は、歴史的区分でいえば「先史時代」に当たる。後述するが、日本列島南縁では弥生時代に波及した稲作農耕文化が定着せず、本格的に稲作農耕が開始されるのは平安時代後半期頃からと考えられる。この段階に、本土地域と異なる地域的文化が醸成されていくことになる。博物館展示では、かなり簡略化して解説しているので、本書ではもう少し輪郭がつかめるように記述しておきたい。

［旧石器時代］ 旧石器時代は、約三万年前に噴火・降灰した「姶良《あいら》丹沢《たんざわ》火山灰」の堆積層が、喜子川《きしかわ》遺跡（奄美市笠利町）、ガラ竿《ぞう》遺跡（伊仙町）等で確認され、その下層から遺跡が確認されている。そのため、約三万年以前から、既に奄美群島では人類活動が開始されていた事実がわかる。

旧石器時代の礫群（喜子川遺跡）

［縄文時代］ 縄文時代は、沖縄島まで広義の縄文文化圏に含まれるが、先島諸島では縄文文化とは異なる南方的文化が営まれていた。奄美群島における縄文時代開始期の様相は、長らく約六〇〇〇～七〇〇〇年前の前期段階までしか確認できず、判然としない状態が続いていた。令和二年（二〇二〇）、徳之島の下原《したばる》洞穴遺跡（天城町）から約一三〇〇〇～一四〇〇〇年前頃に位置づけられる可能性があるいわゆる「隆帯文土器《りゅうたいもんどき》」類似土器が発見され、これが確実となると、縄文時代開始期は、一気に草創期までさかのぼり、その様相の一端が明らかになるかもしれない。

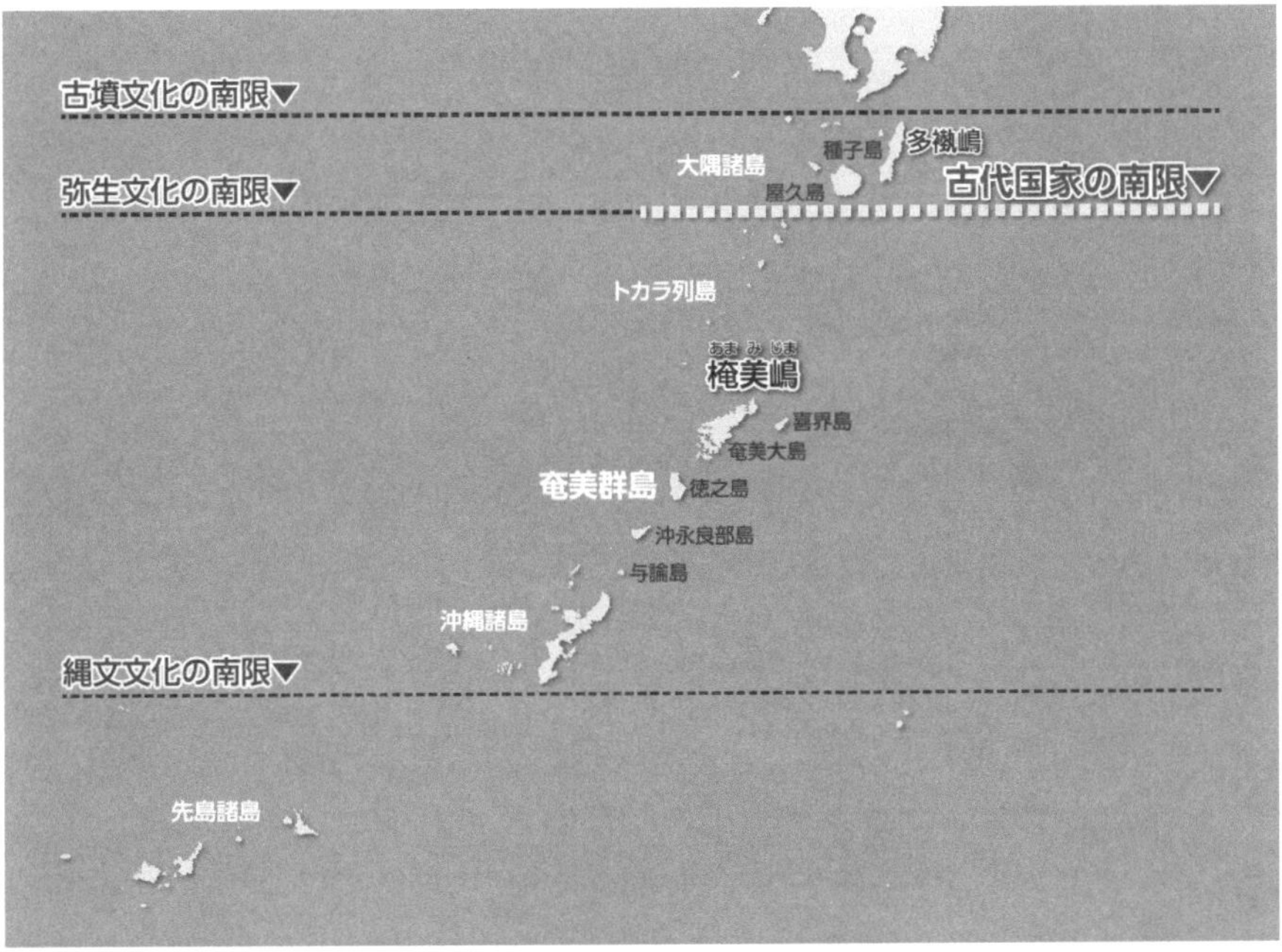

縄文・弥生・古墳文化と古代国家の範囲

約 30,000 年前	この頃、奄美大島で人類活動が始まる。土浜ヤーヤ遺跡・喜子川遺跡（いずれも奄美市笠利町）などが営まれる。
約 8,000 ～7,000 年前	温暖化による海面上昇が奄美大島でも始まり、宇宿高又遺跡・土浜イャンヤ洞穴遺跡（奄美市笠利町）等、縄文時代遺跡が各地に営まれる。
約 3,000 年前	この頃から定住的な集落の形成が進んだ。宇宿貝塚（奄美市笠利町）等の集落遺跡が営まれ、多数の竪穴住居跡が確認されている。
約 2,000 年前	弥生時代遺跡が各地に営まれるが、稲作農耕文化は定着しない。サウチ遺跡（奄美市笠利町）等が営まれる。
約 1,400 年前	この頃、奄美大島で小湊フワガネク遺跡（奄美市名瀬）等の「夜光貝大量出土遺跡」が営まれ、夜光貝匙などの加工が集中的に行われる。、
大宝元年 （701）	大宝律令が制定され、律令国家が完成。地方統治政策が列島南北まで展開され、奄美群島も「南島」として、代表を派遣して朝貢していた。
奈良時代前半 （8 世紀前半）	「奄美嶋」から大宰府に特産品が貢納される。
天長元年 （824）	種子島に設置されていた行政機関の「多禰嶋」が廃止される。
平安時代後半 （9 世紀頃）	この頃、喜界島で大宰府の出先機関とも考えられる城久遺跡が造営される。

旧石器～古代並行期（奄美世）関係年表

約一〇〇〇〇年前に氷河期（最終氷期）が終わると、気候は温暖化しはじめ、それに伴い海水面の上昇が続き、「縄文海進」と呼ばれている。約七〇〇〇年前には温暖化がピークに到達し、奄美群島でも現在の海水面よりも数mは海水面が上昇したと考えられている。そのため、現在の海岸線よりも後方に海岸砂丘（古砂丘）が形成され、縄文時代前期～晩期頃の遺跡が分布している。

縄文時代の石組竪穴住居跡（宇宿貝塚）

整備された史跡宇宿貝塚の竪穴住居跡

約三〇〇〇年前から、集落の形成が活発化しはじめ、ハンタ遺跡（喜界町）、宇宿《うしゅく》貝塚・宇宿小学校遺跡（奄美市笠利町）、城《ぐすく》サモト遺跡（奄美市住用町）、塔原《とうばる》遺跡（天城町）、住吉《すみよし》貝塚（知名町）、上城《うわぃぐすく》遺跡（与論町）等、奄美群島の各島から集落遺跡が確認されている。定住的な暮らしが営まれていたと考えられ、大型石皿や磨製石斧、骨角器や貝製品等が発達した奄美群島独特の縄文文化が繁栄した。

【弥生時代並行期】 本土地域で農耕社会が形成されていく弥生時代は、南西諸島では種子島・屋久島まで稲作農耕を基本とする弥生文化が定着したが、トカラ列島以南の島嶼地域では稲作農耕文化が定着せず、引き続き

弥生土器を模倣した土器（喜瀬サウチ遺跡）

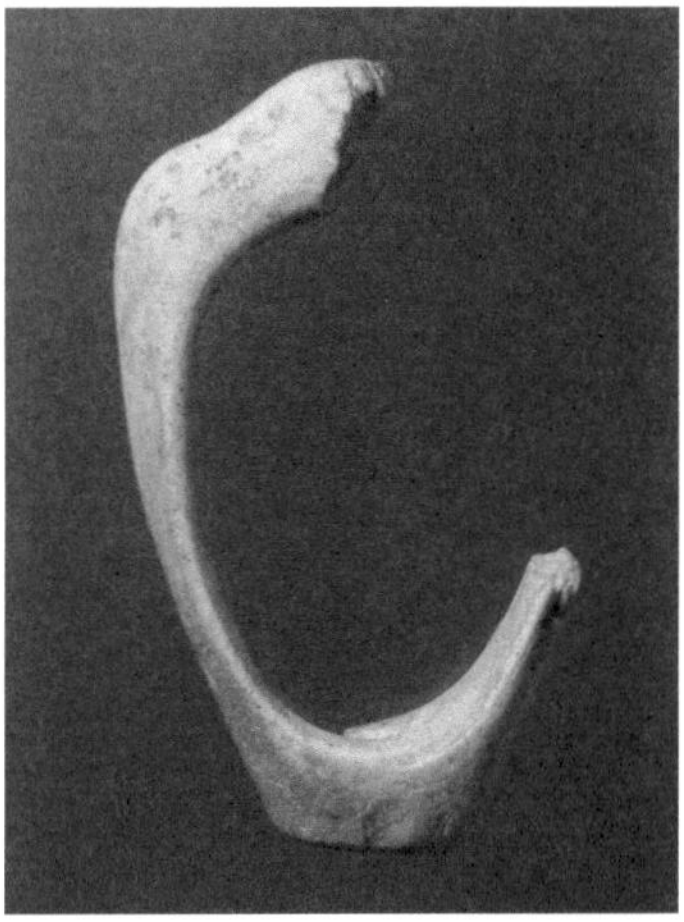

ゴホウラ製腕輪（イャンヤ洞穴遺跡）

漁労採集を中心とする暮らしが営まれていた。

しかし、九州地方における政治的社会の有力階層は、威信財（社会における権威や権力を示す宝物）として貝製装身具を使用するようになり、その材料となるゴホウラ・イモガイ等の南海産大型貝類は、奄美群島以南の島嶼地域と遠隔地交易を行い入手していた。奄美・沖縄地域と九州地方は、貝交易により社会的交流が続いていたのである。

縄文時代晩期終末から弥生時代初頭にかけて、気候は寒冷化したと考えられていて、それに伴い海水面の低下が確認されている（弥生の小海退）。この時期に形成されはじめた海岸砂丘が、現在の海岸線に発達している砂丘（新砂丘）であり、弥生時代以降の貝塚遺跡が多数分布している。

［**古墳時代並行期**］弥生時代における農耕社会の形成は、政治的社会の著しい発展に繋がり、古墳時代には近畿地方に大和政権が

誕生し、全国に古墳文化が波及した。前方後円墳をはじめとする古墳は南九州（主に大隅半島）まで分布しているが、南西諸島には及んでいない。

弥生時代に引き続き、政治的社会の有力階層にはゴホウラ・イモガイ等の貝製装身具が使用されていて、その材料となる南海産大型貝類の遠隔地交易が、奄美群島以南の島嶼地域と行われていた。当該時期も貝塚遺跡が営まれているので、漁労採集社会が継続していたと考えられている。

［古代並行期］『日本書紀《にほんしょき》』、『続日本紀《しょくにほんぎ》』には、七～八世紀にかけて、律令国家による地方統治政策が、薩南諸島を中心に「南島」まで展開されていた様子が記載されている。日本の文献における奄美群島や琉球諸島の初出となる。

しかし、琉球考古学では、奄美群島・琉球諸島では平安時代まで貝塚遺跡が営まれていた事実を根拠として、七～八世紀頃には社会の代表を中央政府に派遣するような政治的社会はこの地域に形成されていなかったと理解されてきた。一九九〇年代以降、奄美大島から、土盛マツノト遺跡・用ミサキ遺跡（奄美市笠利町）、小湊フワ

用ミサキ遺跡のヤコウガイ貝殻集積

土盛マツノト遺跡のヤコウガイ貝殻集積

ガネク遺跡（奄美市名瀬）等のように、生業活動の中心は漁労採集であるものの、鉄器を所有していて、ヤコウガイの貝殻を集中的に捕獲、集積して、貝製品の生産に特化していた「ヤコウガイ大量出土遺跡」が確認され、この時代の島嶼社会が単純な漁労採集社会にとどまらなかった可能性が明らかになりはじめたのである。

③掘り出された「権美」

昭和五九年（一九八四）、福岡県の大宰府跡における第九〇次調査において、「権美嶋《あまみ》」と記された木簡が一点出土した。「権美嶋」とは、奄美大島のことである。

一緒に「伊藍嶋《いらん》」と記された木簡も出土していて、こちらは「イラン」の音から「エラブ」と呼ばれている奄美群島の沖永良部島に比定する説が有力とされてきた。いずれも八世紀前半に位置づけられているもので、日本歴史の舞台に、奄美群島が鮮やかに登場したのである。

これらの木簡は、上端の左右に切り込みが認められるので、大宰府に貢納された特産品等を整理するため使われた荷札等の付札ではないかと考えられている。

奄美群島をはじめとする南西諸島は、夜光貝や赤木等珍重されていた南方物産の産地として知られていた。奄美群島から大宰府に貢納された南方物産に付けられた荷札かもしれない。

「権美嶋」木簡複製

（４）中世（アジ世）

①時代概要

七～八世紀に日本歴史の舞台に姿を現した南西諸島の島々は、九～一〇世紀にはまた姿を消してしまうのであるが、一〇世紀終末、『日本紀略』において「キカイガシマ」としてふたたび姿を現す。以後、キカイガシマは、一三世紀頃まで文献史料に散見されるようになる。

そのキカイガシマの名称が登場する一一～一三世紀頃、喜界島には大規模遺跡の城久《ぐすく》遺跡が、徳之島には窯業生産遺跡のカムィヤキ陶器窯跡が出現する。同時に、農耕文化がもたらされ、鉄器文化も面的に波及しはじめた。カムィヤキ陶器窯跡の生産品出土遺跡は、九州西海岸から南西諸島全域にも及び、中世国家の領域を越えてカムィヤキが消費されていた様子が分かる。

中世開始期の一一世紀代、奄美群島で展開した中世的容器群の波及は、農耕文化と鉄器文化を伴いながら、沖縄諸島、さらには先島諸島まで南進し、沖縄史におけるいわゆる「グスク時代」の幕開けとなるのである。そうした意味を思量するならば、「中世」と暫定的に措定した当該段階は、積極的に「カムィヤキ時代」という名称で呼称できるのではないかと考えられる。

②「十二島」と「金沢文庫蔵日本図」

『平家物語』諸本では、南海に連なる島々を「十二島」と称している。この十二島は、「口五島」と「奥七島」から成り、口五島は中央政府に従い、奥七島は中央政府に従わない存在として区別されている。

鎌倉時代に入ると、一三世紀代には十二島地頭職が設置され、一四世紀中頃まで島津氏が十二島地頭職を一貫して務めていた一方、十二島は薩摩国河辺郡《かわなべぐん》に属していて河辺郡司職が別にあり平姓河辺氏が保持していたが、承久の乱後に幕府に没収され、一三世紀後半からは得宗家の被官である千竈《ちかま》氏が河辺郡地頭代官職に就いている。

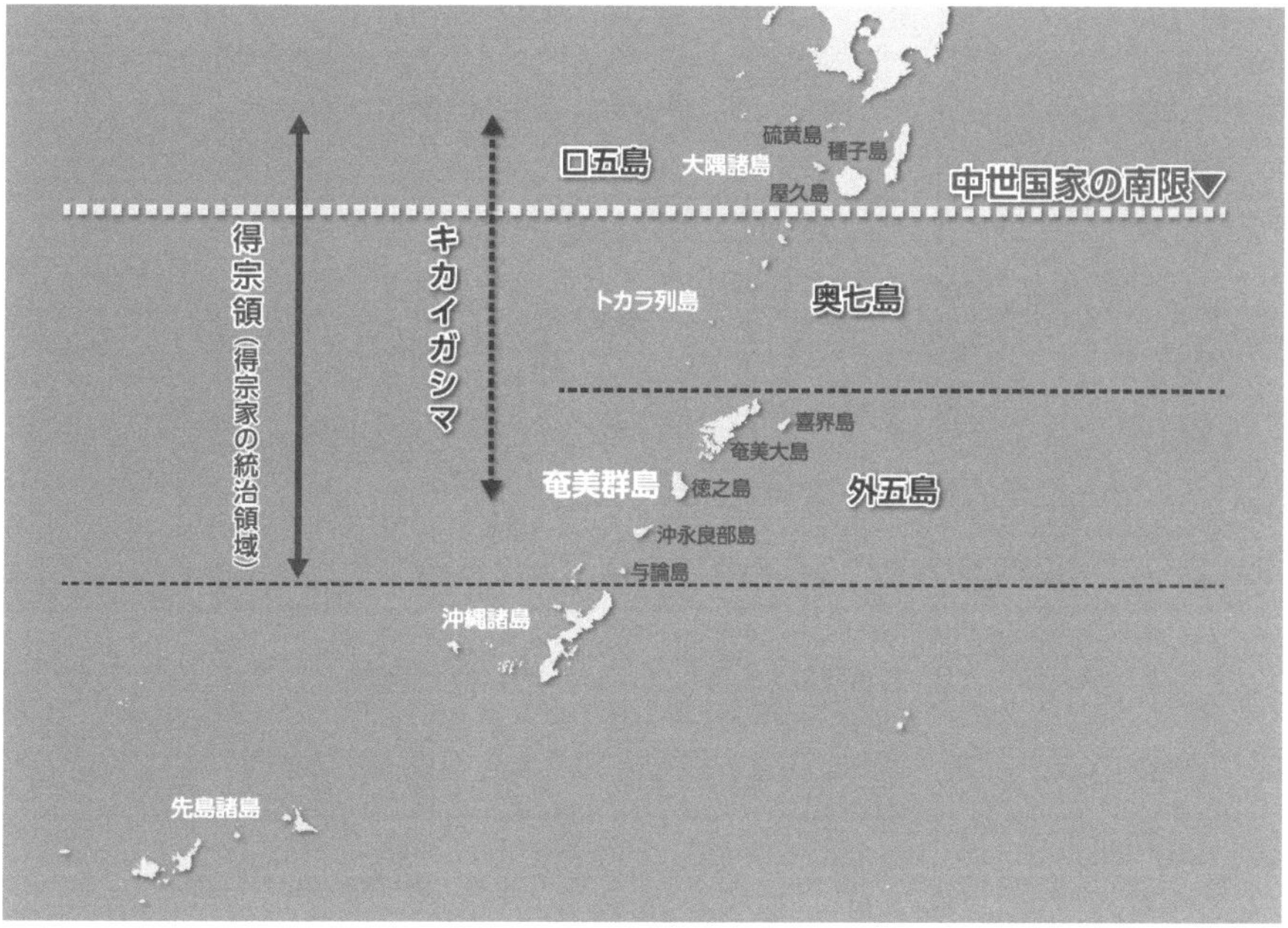

中世国家の範囲

長徳 3 年（997）	九州西海岸で奄美島人（＝南蛮）による襲撃事件が発生。大宰府は、「キカイガシマ」に奄美島人を取りしまるよう命令する。
保元元年（1156）	源為朝の下で南九州に強大な勢力を築いていた薩摩国阿多郡司の阿多忠景は、「保元の乱」で為朝が敗れると失脚、「キカイガシマ」に逃亡した。
11～12 世紀頃	南海産の夜光貝を材料とした国産の「螺鈿」が最盛期を迎えた。奥州平泉の中尊寺金色堂（12 世紀）でも、夜光貝を使用した螺鈿が施されている。
11 世紀頃	南海における日宋貿易の拠点として、城久遺跡（喜界町）が繁栄した。
11 世紀頃	徳之島に高麗から陶工を連れてきて、窯業生産（カムィヤキ陶器窯跡）が行われる。この頃から、稲作農耕が行われるようになる。
11 世紀頃	沖縄諸島・先島諸島で稲作農耕が行われる「グスク時代」に移行した。
文治 4 年（1188）	源頼朝は、「キカイガシマ」に平家残党が残るとして、攻め込んだ。その翌年、28 万人の兵を率いて奥州平泉に攻め込み、その後、鎌倉幕府を開いた。
13 世紀後半頃から	薩摩国河辺郡は、十二島地頭職を島津氏が務め、十二島を含む河辺郡司は千竈氏が務めるという二重の統治形態がとられた。
15～16 世紀頃	奄美大島中部から北部にかけて、赤木名城跡（奄美市笠利町）などの中世城郭的な山城が盛んに構築された。

中世（按司世）関係年表

一四世紀代には十二島に「此外《このほか》五島」（奄美群島）が含まれるようになり、鎌倉幕府による薩南諸島海域の管理体制が進展していた。

千竈氏による奄美群島の領有を間接的に示すのが、一四世紀初頭頃に描かれた「金沢文庫蔵日本図」である。日本のまわりを龍が取り囲み、十二島はその内側に描かれている。その外側には「龍及国宇嶋、身人頭鳥、雨見島、私領郡」の記載があり、龍及国（宇嶋＝大きな島＝沖縄島）には、身体が人で頭は鳥の人型の異形が住んでいて、雨見島（奄美大島）は日本の一部ではないが、私領郡（個人的所有地）であると書かれている。その私領郡とは、河辺郡地頭代官職に就いていた千竈氏を指していると考えられている。

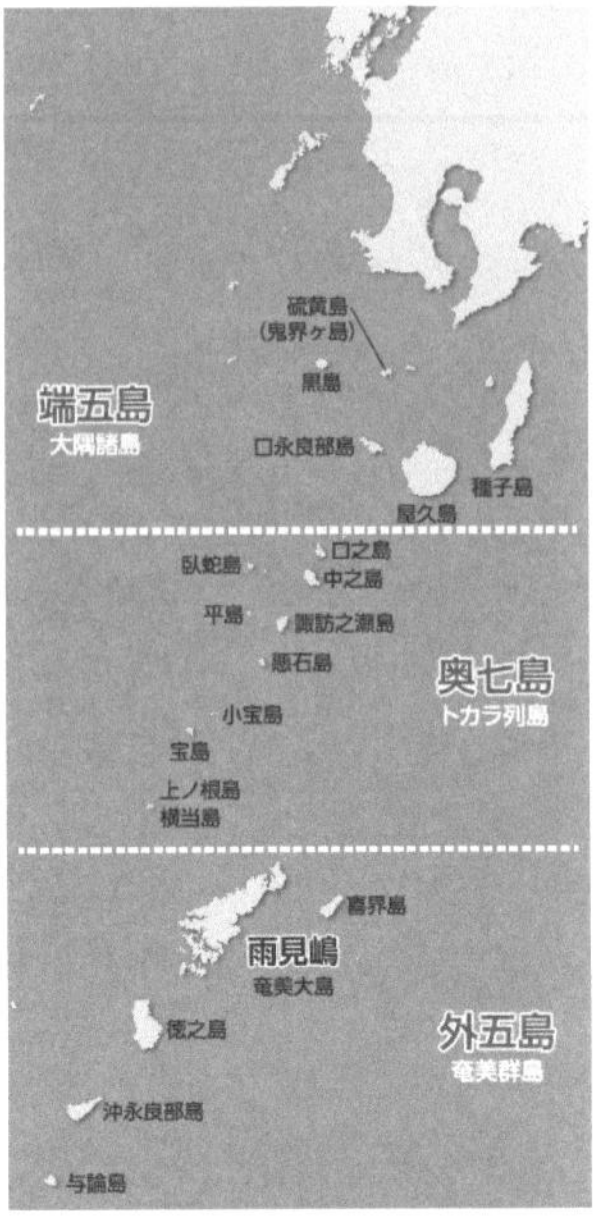

薩摩国河辺郡の十二島

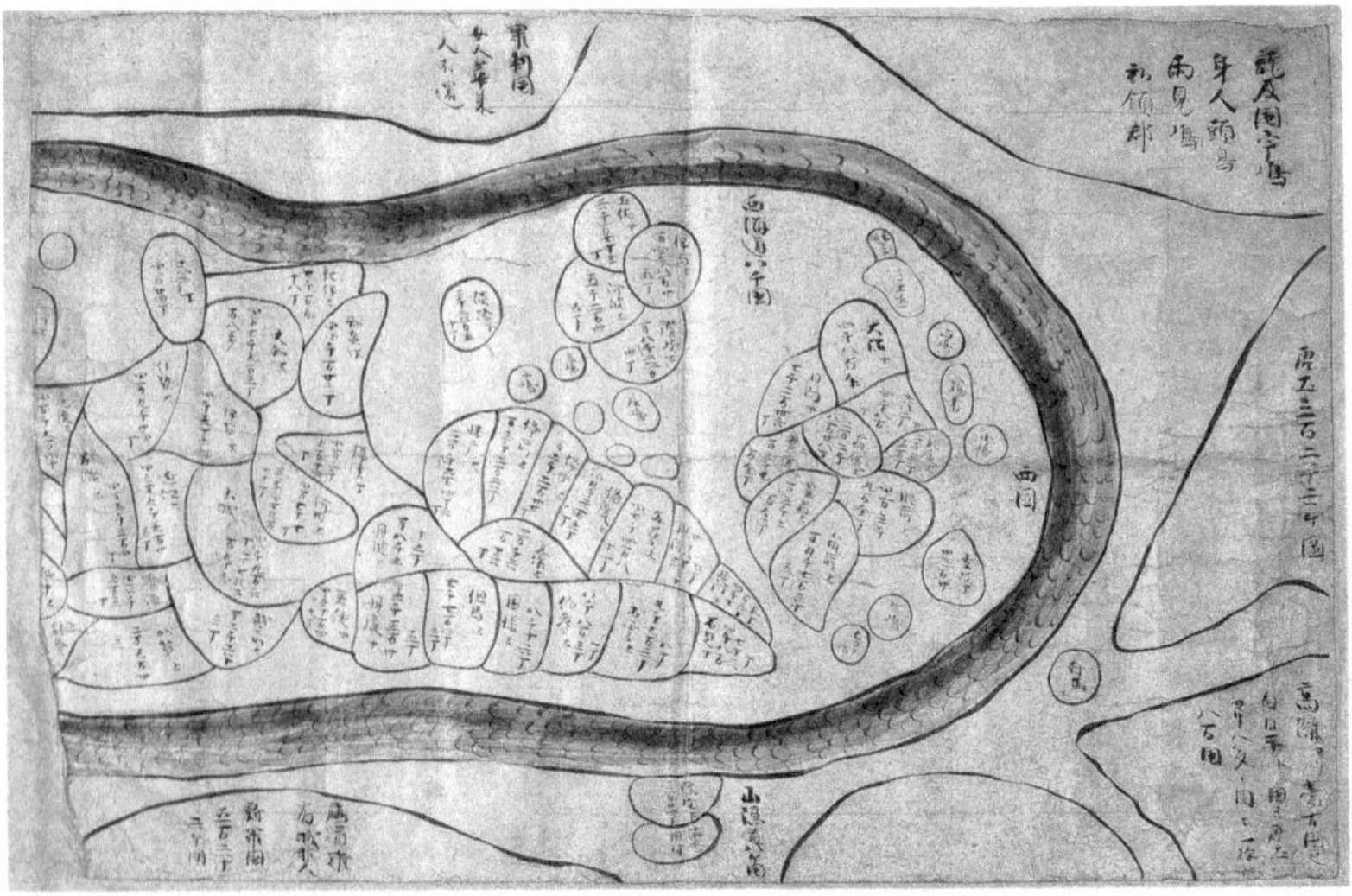

日本図（称名寺所蔵、神奈川県立金沢文庫保管）

③カムィヤキ陶器窯跡

一一世紀から一四世紀前半にかけて、奄美群島の徳之島において窯業生産が行われ、そこで大量生産された陶器が「カムィヤキ」である。窯跡は、伊仙町阿三《あさん》集落の山中にある「カムィヤキ（亀焼）」と呼ばれる場所から昭和五八年（一九八三）に発見され、その後の調査により七つの支群から構成され、一〇〇基を超えると考えられる多数の窯跡が分布する事実が確認された。

カムィヤキの器種構成は、日本の中世陶器に類似しているが、製作技術は同時期の高麗無釉陶器《こうらいむゆうとうき》に酷似し、陶工《とうこう》も招来された可能性が高い。その出土遺跡は、奄美群島を中心に、南西諸島全域から九州西海岸の一部にまで及ぶ広域分布資料である。一緒に出土する遺物として、長崎県で製作された滑石製石鍋《かっせきせいいしなべ》、貿易陶磁器《ぼうえきとうじき》の玉縁口縁白磁碗《たまぶちこうえんはくじわん》があり、沖縄県におけるいわゆる「グスク時代」開始期の様相を示すものである。

『平家物語』諸本にみえる「十二島」は、当時の国家領域の認識を示すものであるが、十二島のさらに向こう側にある徳之島で窯業生産が行われた意味は重要である。窯業生産は商品の大量生産であるので、ただ生産場所を確保するだけではなく、商品流通体制まで確保されていて、初めて可能となるものである。奄美群島の徳之島におけるカムィヤキ生産の開始が、沖縄県における政治的社会の幕開けであるグスク

カムィヤキ（奄美博物館所蔵）

時代に強い影響を与えたのはまちがいない。琉球国形成の胎動は、奄美群島から始まるのである。

④遺跡からみた中世の奄美

一〇世紀終末から一三世紀頃、「キカイガシマ」の名称が文献史料に登場する。既に七世紀頃には鉄器時代に移行していた奄美大島であるが、食料獲得は依然として漁労採集に依存していた。ところが、九世紀頃、喜界島に「城久遺跡」という大規模遺跡が出現する。この遺跡からは、九州の土師器《はじき》・須恵器《すえき》・滑石製石鍋・焼塩壺《やきしおつぼ》、高麗の無釉陶器《むゆうとうき》・青磁《せいじ》、宋の白磁・青磁等、喜界島以外から運び込まれた外来容器類が多数出土する。九州から南下してきた人びとにより営まれた南方物産交易の拠点的遺跡と考えられている。

文献史料にキカイガシマの名称が現れる一一世紀頃から、農耕が開始されるようになり、食料生産の時代に移行していく。そのころに城久遺跡は最盛期を迎え、規模も拡大する。その時、徳之島には、「カムィヤキ陶器窯跡」が伊仙町阿三《あさん》の山中に出現する。カムィヤキ陶器窯跡は、一一世紀から一三世紀を中心に一四世紀前半ごろまで操業していた窯業生産遺跡で、素焼きの陶器を生産していた。

このころ南宋から九州に向かう貿易陶磁器等を積んだ交易船が、奄美大島西海岸で座礁、沈没したようである。それが、宇検村宇検《うけん》と枝手久《えだてく》島の海峡の海底から発見された水中遺跡「倉木崎《くらきざき》海底遺跡」である。貿易陶磁器が多数出土した遺跡としては、奄美大島に所在する中世〜近世の貝塚遺跡「朝仁《あさに》貝塚」(奄美市名瀬)や中世〜近世の集落遺跡「大熊大里《だいくまおおさと》遺跡」(奄美市名瀬)等がある。

中世的容器群が奄美群島に波及した勢いは、奄美群島にとどまらず、沖縄諸島、さらには先島《さきしま》諸島まで及んでいく。これが「グスク時代」の幕開けとなるのである。沖縄島では、一四世紀ごろから大型城塞《じょうさい》型の「グスク」の築城が始まり、同じころ、奄美群島では、「赤木名《あかきな》城跡」(奄美市笠利町)や「七城《ななじょう》跡」(喜界町)等のグスクとは異なる中世城郭的遺跡(当館では「城郭遺跡」と呼んでいる)が、奄美大島を中心に構築され、琉球国形成に向かう沖縄側とは異なる勢力が存在したことをうかがわせるのである。

[奄美《あまみ》の中世遺跡《いせき》]
大熊大里《だいくまおおさと》遺跡
浦上有盛《うらがみありもり》遺跡
朝仁貝塚《あさにかいづか》
倉木崎海底《くらきざきかいてい》遺跡
赤木名城《あかきなじょう》跡
笠利《かさり》ウーバルグスク跡《あと》
笠利《かさり》ベルグスク跡
宇宿《うしゅく》貝塚
万屋《まんや》グスク遺跡
用安《ようあん》ニャトグスク跡
戸口《とぐち》ヒラキ山遺跡
小湊《こみなと》フワガネク遺跡
奄美大島
嘉徳《かとく》遺跡
巻畑《まきはた》遺跡
城久《ぐすく》遺跡
七城跡
平家森《へいけもり》跡
喜界島
川寺《かわでら》遺跡
崩《くず》り遺跡
加計呂麻島
与路島
請島
世之主《よのぬし》グスク跡
世之主墓《よのぬしはか》跡
後蘭孫八グスク跡
友竿《ともぞう》遺跡
沖永良部島
チュラドール跡
与論島
与論《よろん》グスク跡
中里《なかざと》遺跡
タマグスク跡
カンニングスク跡
徳之島
川嶺辻《かわみねつじ》遺跡
カムィヤキ陶器《とうき》窯跡《かまあと》
ウンノーグスク跡
ミンツキ集落《しゅうらく》遺跡
メタリ遺跡
縮尺不同

奄美の中世遺跡

（5）琉球国統治時代（那覇世）

①時代概要

沖縄島で、一三世紀後半から独自の琉元《りゅうげん》貿易が開始されると、一四世紀代には各地に城塞型グスクが出現し、その政治的社会は北山《ほくざん》・中山《ちゅうざん》・南山《なんざん》の三勢力（三山《さんざん》）に成長していく。明が成立すると三山による朝貢貿易が開始され、その直後に「琉球国」が誕生した。今日の日本の領域とは、中世に形成された「日本」と「琉球」の二つの国家領域から構成されている。琉球国は、奄美群島にたびたび軍事侵攻を行い、一五世紀中頃には奄美群島を統治下に加えた。その後、文明九年（一四七七）から第二尚氏王統に代わり、中央集権体制が確立されてくると、琉球国の行政機構が奄美群島にも適用されるようになる。「間切《まぎり》」と呼ばれる行政単位が導入され、間切統治の役人のほか、ノロとよばれる神女に重要な職務が与えられていた。奄美群島では、各島に「大あむ」が二人配置され、さらにその下に各集落単位でノロが置かれていた。ノロの継承は、特定の家系の女性だけに代々継承されて守られてきた。

②琉球国統治時代の地方行政制度

奄美群島は、琉球国の統治下に置かれてから、組織的に編成された地方行政制度が導入されている。現在の市町村に当たる「間切」と呼ばれる行政区画に分けられて、奄美大島には笠利・名瀬・古見《こみ》・住用《すみよう》・屋喜内《やきうち》・東・西の七間切が設置されていた。各間切には、大親《ふうや》と呼ばれる最高職とその下に与人《よひと》が置かれ、掟《おきて》・筆子《てっこ》・目差《めさし》等のシマ（集落）単位の役人が配置されていた。別に神女職としてノロも同じように配置されていた。

③古琉球辞令書

琉球国には、国家組織の編成があり、それらを構成する役職に対し、辞令書を作成して人事管理が行われていた。「古琉球」とは、薩摩藩による支配以前の琉球国を指し、ぜんぶで五八点の辞令書が残されているが、その

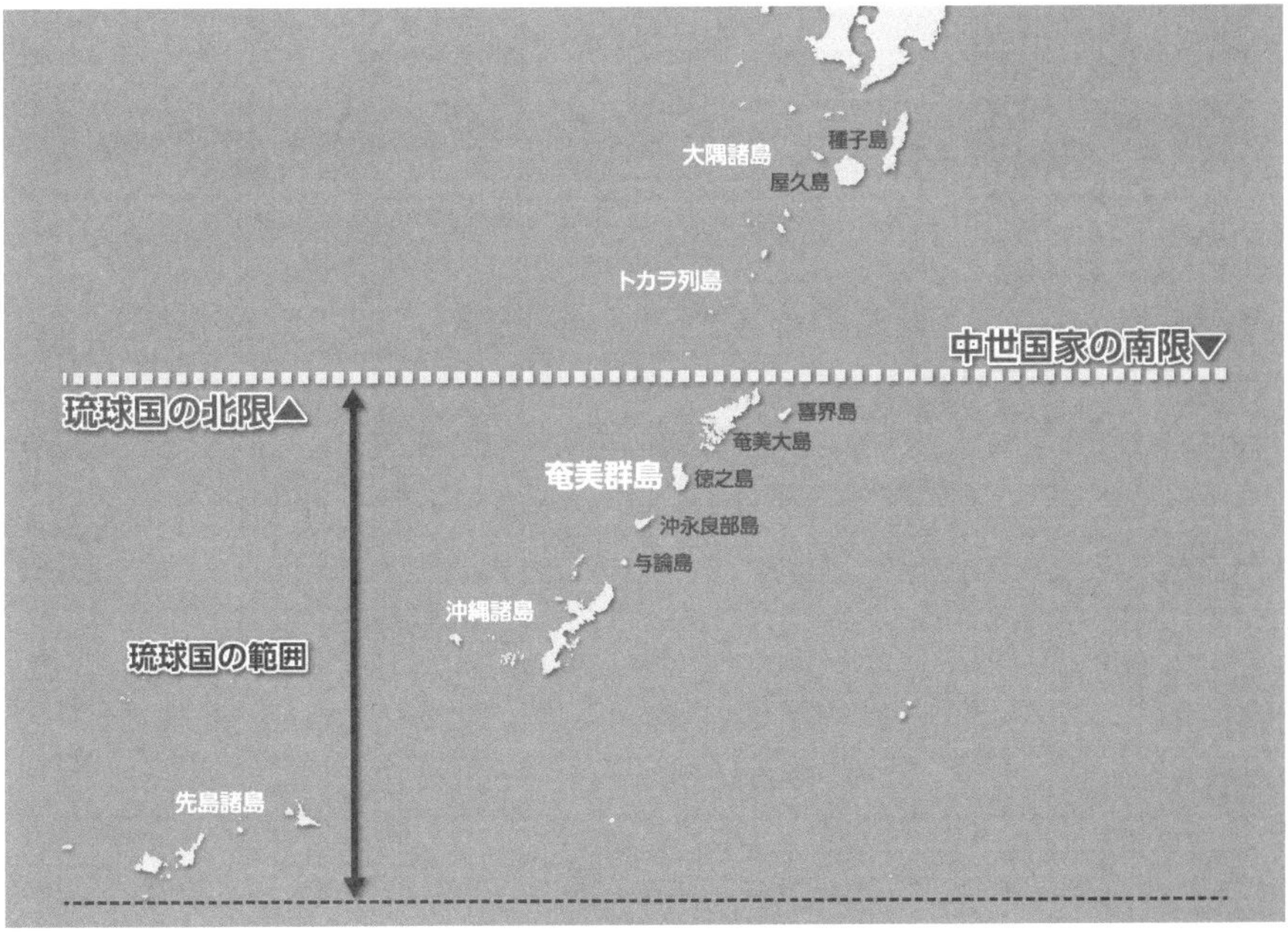

琉球国の範囲

14 世紀頃	洪武 5 年（1372）、明から派遣された楊載は、肥後高瀬から沖縄島に渡り、初めて琉球国三国（山北・中山・山南）を報告した。
応安 5 年 （1372）	中山王・察度が明へ朝貢。康暦 2 年（1380）、山南王・承察度が明へ朝貢。永徳 3 年（1383）、山北王・怕尼芝が明へ朝貢。明の冊封体制に加わる。
応永 3 年 （1396）	武寧が中山王になる。
応永 13 年 （1406）	佐敷按司の尚巴志が、中山王・武寧を滅ぼす。尚巴志の父・思紹が中山王に即位し、第一尚氏王統が始まる。
応永 29 年 （1422）	尚巴志が中山王に即位する。
永享元年 （1429）	尚巴志が三山を統一、中山王を頂点とする統一国家「琉球国」が誕生。
文正元年 （1466）	尚徳王、喜界島に侵攻。この頃、奄美群島は琉球国の統治下に入る。
文明 2 年 （1470）	伊是名島生まれの金丸が即位、尚円と号し、第二尚氏王統が始まる。

琉球国統治時代（那覇世）関係年表

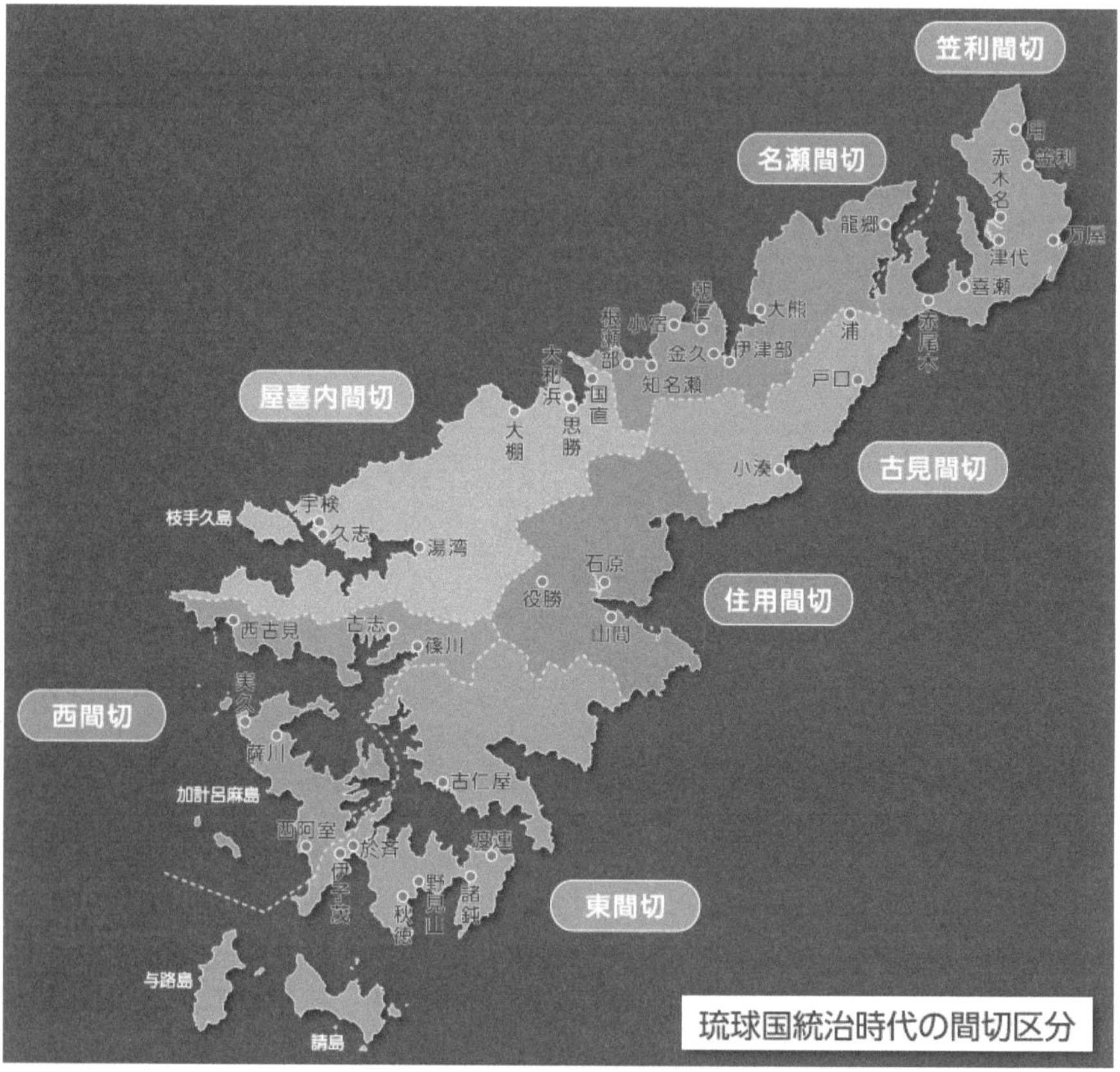

琉球国統治時代の行政区分

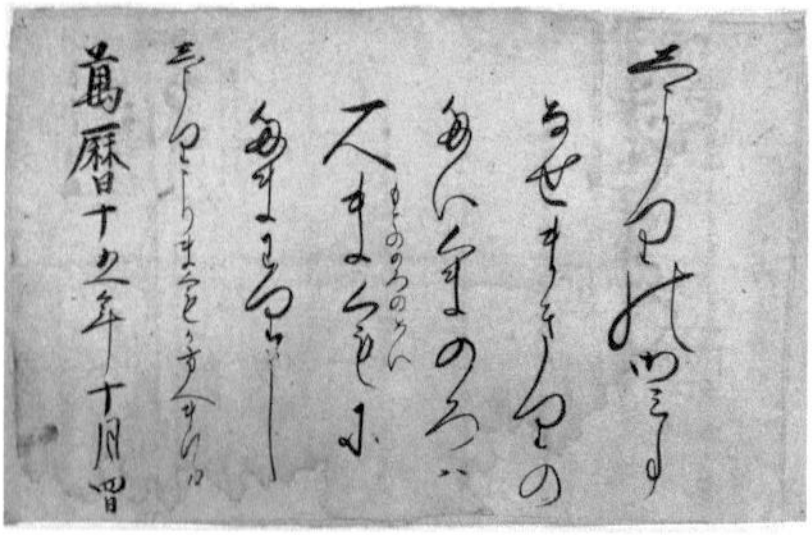

大熊シャントネ文書（奄美博物館保管）

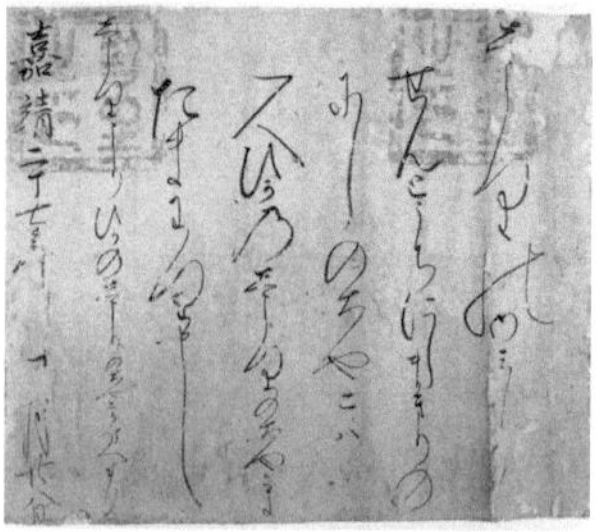

松岡家文書（奄美博物館保管）

大熊集落のノロ祭祀

うちの二九点が奄美群島のものである。

辞令書は、「国王から」（任命権者）、「誰に」（任命者）、「何を」（役職名）、「いつ」（年月日）発令したのか、四事項から構成されている公文書である。公的表記として、仮名書きが用いられているのが特徴である。

④ノロ祭祀

ノロ祭祀とは、村落を統治するために琉球国で行われていた祭祀制度で、奄美群島及び沖縄諸島だけで実施されていた。奄美大島は、一五世紀中頃に琉球国の統治下に入り、その頃からノロ祭祀が制度として導入されたと考えられる。ノロは、琉球国王から任命される神職であり、女性のみが就任できた。現代でいえば国家公務員に当たる官僚である。シマ（集落）に暮らす人びとの無病息災や農作物の豊作等の祈りを捧げている。

慶長一四年（一六〇九）以降、奄美群島は薩摩藩に直接統治されるようになり、事実上、琉球国から切り離されてしまうが、村落の祭祀を維持していくため、自分の娘・妹・姪・孫等に受け継がせる形の血縁的継承を図り、今日まで行われてきた。奄美大島では、奄美市大熊《だいくま》、大和村大棚《おおだな》・大和村今里《いまざと》等で、平成時代中頃まで祭祀が認められたが、現在では行われていない。それらの集落に少数の神役の女性が残るだけである。

祀りの朝、川に禊に向かう神女たち

⑤大熊集落のノロ祭祀

大熊集落におけるノロ祭祀組織は、ノロ・ウッカン・イガミと称される神女たちとグジヌシと称される男性神人たちで構成されている。これらの神女たちが輪になって座り、祭事が行われる。

ノロと呼ばれるのは、ウヤノロ（親ノロ）の一名だけである。ウッカンは、ウヤノロの左右に座る神役で、ウーワキ（上脇の意）とシャーワキ（下脇の意）の二名で構成されていた。イガミは、ウッカンに続いて座る神役でもともと一二名いたようである。グジヌシは、ウンメ祭りの準備、祭祀具の管理、ウントネ・シャントネの

ウントネの祭りの様子（博物館ジオラマ）

ノロ祭祀に使われる神扇

『南島雑話』に描かれたノロ

大熊集落のウントネ・シャントネ

祭祀名称		開催期日	開催場所
インバン祭り		旧暦1月2日	シャントネ
テロコガミ祭り	ウムケ	旧暦2月の中壬の日	シャントネ
マンセンガミ祭り	ウムケ	旧暦3月の初庚の日	シャントネ
マンセンガミ祭り	ウフリ	旧暦3月の初庚の日から14日目	シャントネ
テロコガミ祭り	ウフリ	旧暦4月の中壬の日	シャントネ
アラホバナ		旧暦6月の第一または第二庚の日	ウントネ
フーウンメ		旧暦7月の中壬の日	ウントネ
マンセンガミ祭り	ウムケ	旧暦9月の初庚の日	シャントネ
マンセンガミ祭り	ウフリ	旧暦9月の初庚の日から14日目	シャントネ
フユウンメ		旧暦11月の初戌の日	ウントネ

大熊集落における年間祭祀の一覧

管理を担当する男性神人で、四名で構成されているようであるが、後に一名で務めた。

集落内には「ウントネ・シャントネ」と呼ばれる場所があり、上のトネヤ・下のトネヤを意味している。二棟の建物が隣りあって建てられ、ウントネは祭事のみに用いられる建物で、シャントネは親ノロが居住していた建物である。平成時代に進められた土地区画整理事業で、ウントネ・シャントネは少し移動されたが、元の位置とほとんど変わらない。

大熊集落におけるノロ祭祀は、ウントネで行われる「アラホバナ」「フーウンメ」「フユウンメ」の三祭、シャントネで行われる「インバン祭り」「テロコガミのウムケ・ウフリ」「マンセンガミのウムケ・ウフリ」の三祭である。ウントネの三祭は、ウンメ（折目の意）祭りと称され村落祭祀の中心となるものである。シャントネの三祭は、神女組織だけによる祭祀である。

（6）薩摩藩統治時代（大和世）

①時代概要

江戸時代開始直後の慶長《けいちょう》一四年（一六〇九）、薩摩藩は琉球国へ軍事侵攻して、異国である琉球国を支配統治下に置いた。薩摩藩は、琉球国を支配しながら公的には独立国家として存続させ、琉球国から薩摩藩に割譲された奄美群島も、公的には「琉球国之内」（琉球国領）として取り扱い、対外的には琉球国を装い続けることを強制したのである。

奄美群島は、琉球国とは異なる近世国家体制（幕藩《ばくはん》体制）に組み込まれていく。間切制度は引き継がれたが、元和九年（一六二三）の「大島置目《おきめ》条々」発令以後、行政機構は大きく変化した。最初は、米による税収確保が行われていたが、延享四年（一七四七）の「換糖《かんとう》上納令」（米を黒糖に換算して納める）発令以後、稲作からサトウキビ栽培へ転換が進行し、やがてプランテーション化が奄美群島全域で展開するようになる。薩摩藩の財政

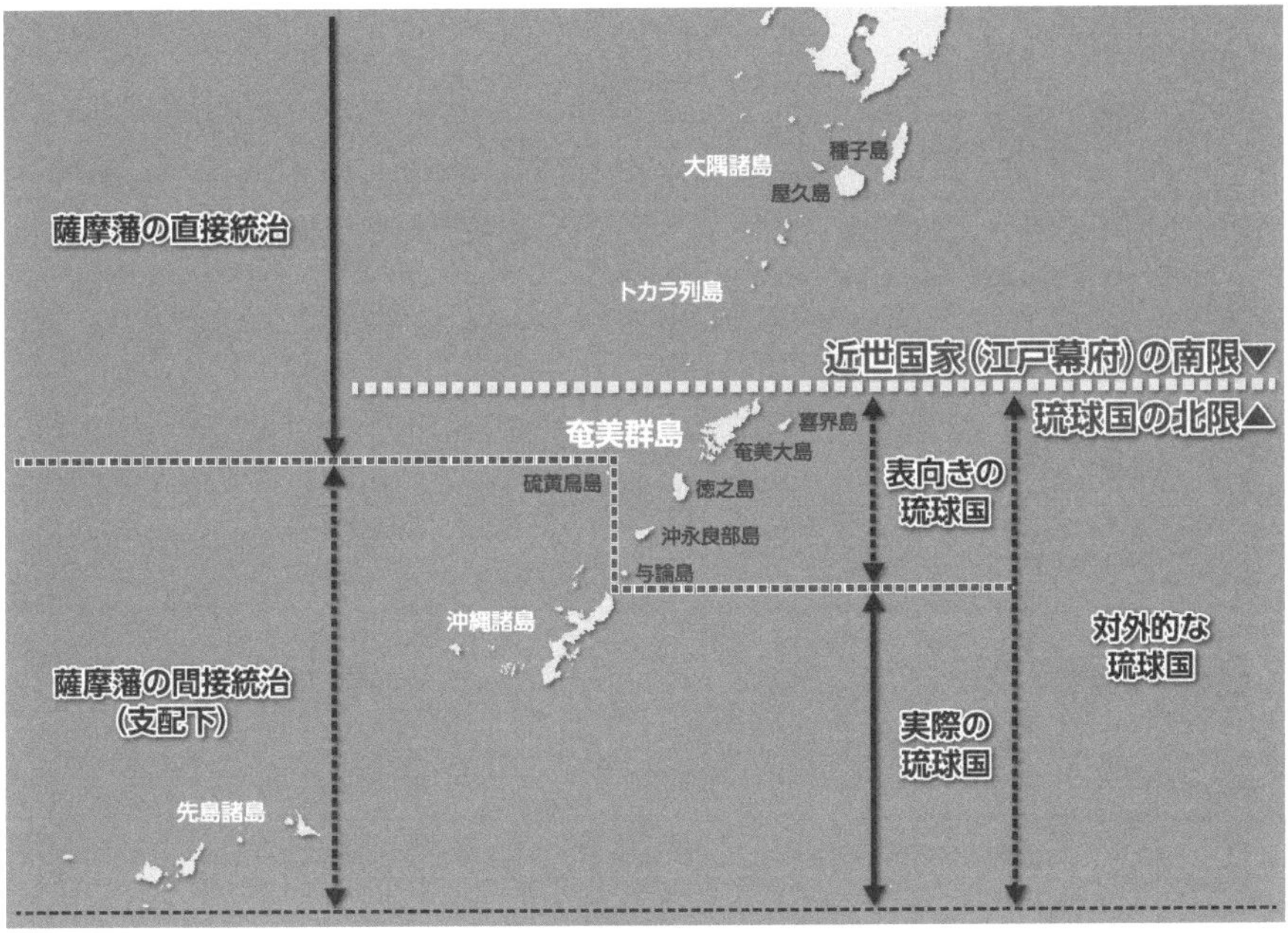

近世国家の範囲と薩摩藩領

慶長 14 年 (1609)	薩摩藩は、琉球国に、鉄砲 730 挺余、軍船 100 隻余、兵 3000 人余の軍勢を率いて侵攻、支配下にした。
慶長 16 年 (1611)	薩摩藩から琉球国に対して「掟 15 か条」が示され、奄美群島は琉球国から分離され（所属は琉球国のまま）、薩摩藩の直轄領となる。
慶長 18 年 (1613)	笠利間切笠利方の笠利村に、仮屋が設置される。その後、寛永 12 年（1635）頃に名瀬間切名瀬方の大熊村に移転、
元和 9 年 (1623)	奄美大島統治の基本方針となる「大島置目之条々」が定められ、琉球国の間切制度における大親職は廃止。代わりに与人職が設置され、統治に務めた。
慶安 2 年 (1649)	笠利間切赤木名方の赤木名村に移転する。以後、仮屋は大熊村と赤木名村を交互に移転する。
正徳 3 年 (1713)	砂糖の専売制度は、正徳 3 年（1713）から第一次定式買入制度、安永 6 年（1777）から第一次惣買入制度と続いた。
延享 2 年 (1745)	年貢米をすべて砂糖に換算し、年貢米一石に対して上納する砂糖の斤数を定めた「換糖上納令」が発令され、強制的に砂糖が上納されるようになる。
天明 7 年 (1787)	さらに天明 7 年（1787）から第二次定式買入制度、文政 13 年（1830）から第二次惣買入制度へと続いた。
享和元年 (1801)	仮屋が名瀬間切名瀬方の伊津部村に移転する。
嘉永 3 年 (1850)	遠島刑となり奄美大島に流された名越左源太が、名瀬間切名瀬方の小宿村に暮らす。
嘉永 6 年 (1853)	ペリー、浦賀に来航。
安政 6 年 (1859)	西郷隆盛、奄美大島の名瀬間切龍郷方の龍郷村に潜伏する。

薩摩藩統治時代（大和世）関係年表

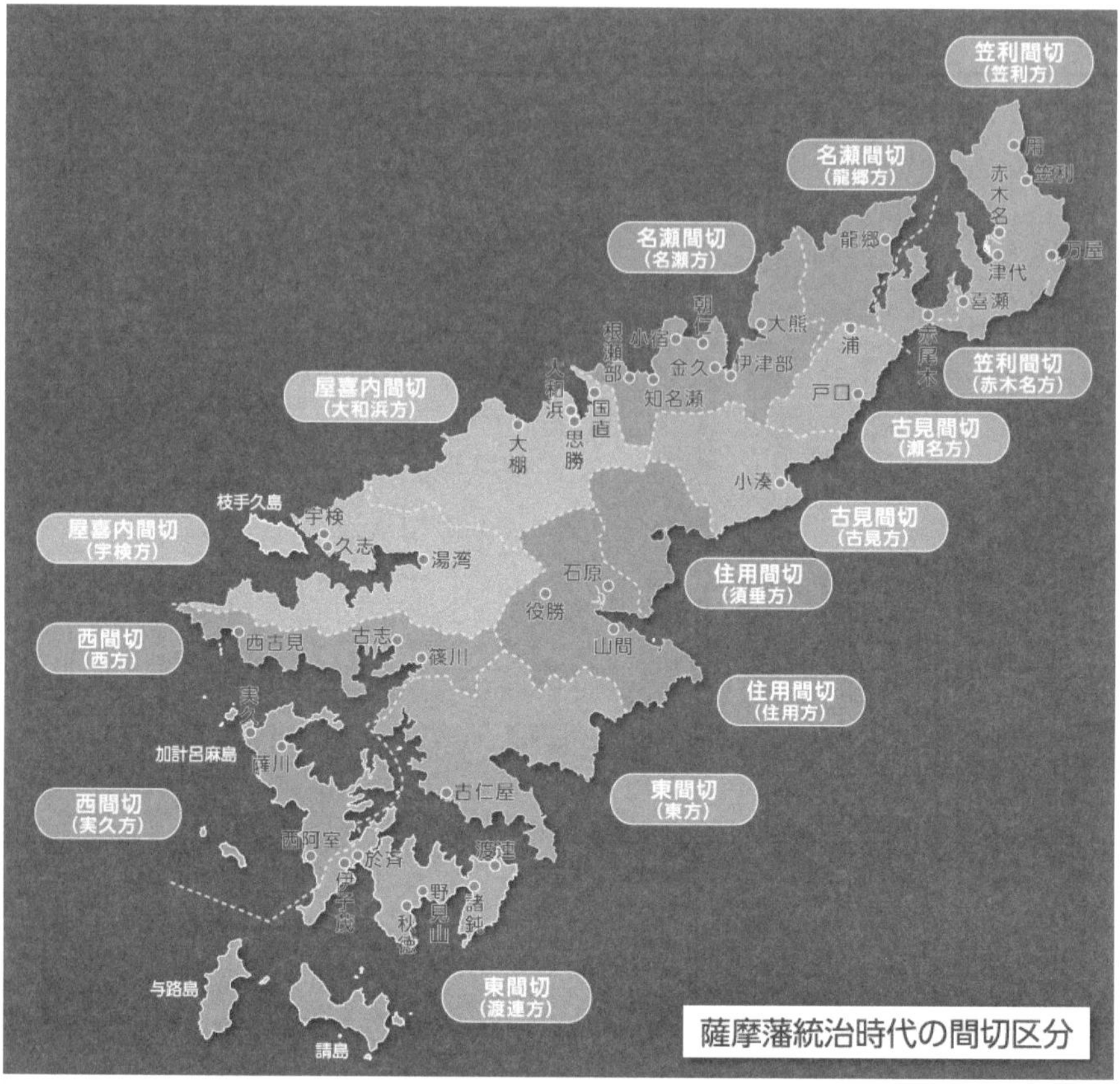

薩摩藩統治時代の行政区分

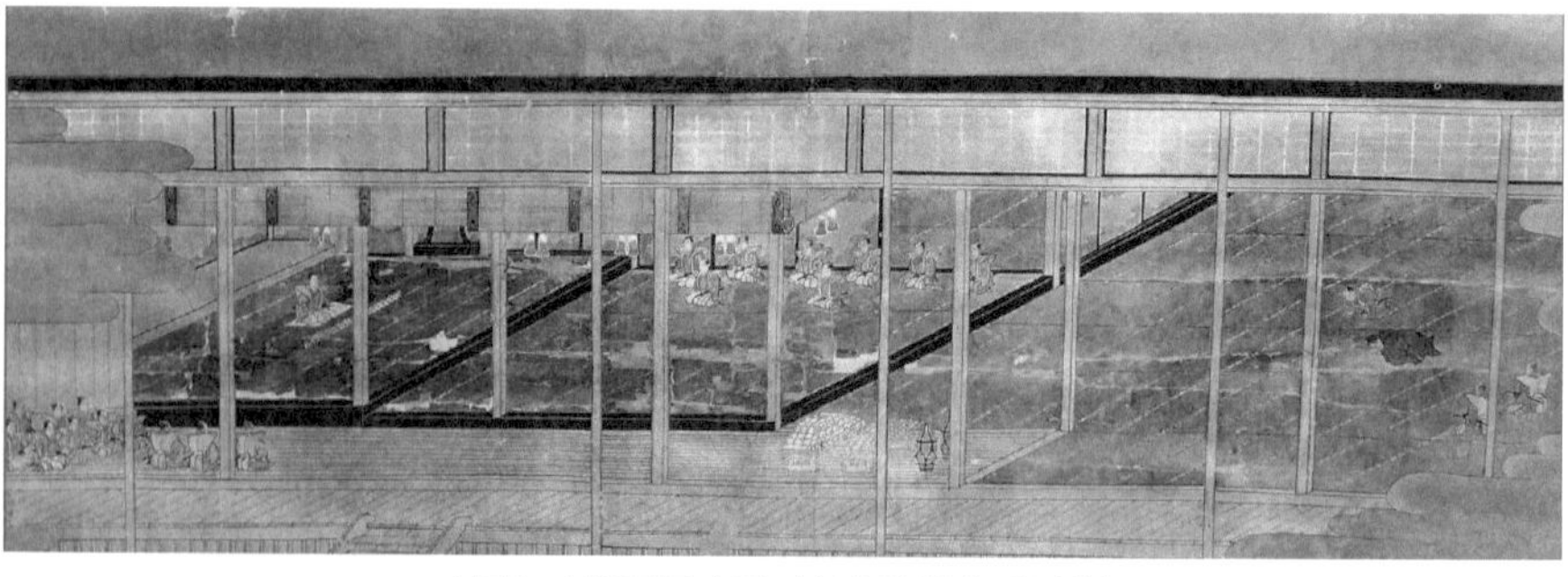

上国与人御目見之図（伊集院兼寛氏所蔵）

再建に際し、奄美群島の黒糖政策が重要施策となり、「黒糖地獄」と呼ばれる時代が到来した。

②薩摩藩統治時代の地方行政制度

薩摩藩は、奄美群島の統治に際して、琉球国の間切制度は引き継いだのであるが、元和《げんな》九年（一六二三）に、間切最高職である大親職を廃止して、与人職に代えている。万治《まんち》二年（一六五九）には、各間切に与人の補佐役として横目《よこめ》職を新設し、その後、田地《でんち》横目・津口《つぐち》横目・黍《きび》横目等の細分化が進んだ。

さらに万治年間には、各間切を二つの「方《ほう》」に区分して、与人二人が配置されるようになり、シマ（集落）には、掟・筆子等の役人が配置されていた

③薩摩藩の奄美支配と砂糖生産

薩摩藩は、琉球国を支配下に置きながら、公的には独立国家として存続させ、琉球国から薩摩藩に割譲された奄美群島も、公的には依然として「琉球国之内」（琉球国領）に位置づけていた。これは、対外関係上、琉球国を「装う」ための措置にすぎず、実際には薩摩藩の直接支配の下で統治体制が整備されていく。薩摩藩統治時代から、奄美群島は琉球国と異なる歴史を歩みはじめ、広義の近世国家に編入されていくのである。

琉球国統治時代の地方行政制度である間切制度は、薩摩藩統治時代も引き継がれ、奄美大島は七間切一四方（後に七間切一三方）で構成されていた。元和九年（一六二三）に「大島置目条々《おおしまおきめのじょうじょう》」が発令された後、琉球国統治時代の間切最上級役職である「大親《ふうや》」は廃止され、新たな間切最上級役職として「与人《よひと》」が設置された。各間切の各方には、与人―横目《よこめ》―筆子《てっこ》―掟《おきて》の役職を基軸とした島役人による行政組織が整えられ、基本的に一四人の与人が配置されていた。

薩摩藩は、米による税収確保のため、奄美群島の農業振興に積極的に取り組んだが、延享《えんきょう》四年（一七四七）の「換糖上納令《かんとうじょうのうれい》」（米を黒糖に換算して税として納める）の発令を契機に、稲作からサトウキビ栽培への転換が進められた。

さらに文政《ぶんせい》一三年（一八三〇）の「惣買入制《そうかいいれ》」（黒糖の私売を禁じ、生産した黒糖は米等の諸物品と不等価交換で藩が買い入れする制度）が開始されると、サトウキビ栽培のプランテーション化が奄美群島全域で進行し、植民地的支配が強化されていくのである。この時期は、文政一一年（一八二八）に調所広郷《ずしょひろさと》が藩主斉興《なりおき》から財政再建を命じられ、文政一三年・天保元年（一八三〇）に天保の藩政改革が開始された時に当たる。薩摩藩の財政再建に際し、奄美群島の黒糖政策は重要施策となり、幕末に「黒糖地獄」と呼ばれる時代が到来したのである。

④上国与人御目見之図

島津家に御慶事（お祝い事）があると、与人（島役人の最高役職）から代表者が選出され、お祝いのために鹿児島に参上した。代表者に選ばれると「上国与人《じょうこくよひと》」と呼ばれ、たいへん名誉なことだった。上国（藩主のもとへ上る）する時には、「朝衣《ちょうぎん》（黒朝衣）」と呼ばれる特別に仕立て上げた芭蕉布の着物（糸芭蕉《いとばしょう》の中心部から極細の繊維を採取し、藍染《あいぞめ》を施し、貝殻で磨いたりして黒光りする絹のような芭蕉布）を着用し、広帯を締めて藩主に謁見した。

この絵図は、笠利間切赤木名方《あかきな》の与人・伊喜美恒《いきみつね》が、薩摩藩主・島津斉興《しまづなりおき》に謁見した記念に描かせたもので、喜美恒の子孫が所蔵されているものである。

⑤サトウキビ畑と製糖風景

薩摩藩統治時代から続いているサトウキビ畑と黒糖作りの風景。サトウキビは、薩摩藩統治時代に導入された砂糖生産の主原料として、かつてはプランテーション的栽培が行われた奄美群島の基幹作物である。二階展示室には、そうした伝統的な農業景観を再現したジオラマが展示されている。

このジオラマには、四つの風景が描かれている。まず、サトウキビの植え付けから成熟までの様子を、わかりやすくするために四段階で表現したサトウキビ畑の風景が、ジオラマの左側から奥にかけて広がる。サトウキビは、イネ科の植物で、竹のように節が発達しているが、茎を何本にも短く切り、その茎を苗として植え付けする。

次に、サトウキビの収穫の様子を表現した風景が、ジオラマ手前の左側に広がる。サトウキビは、根元から刈られ、葉やハカマを除いた茎が道路脇に束ねられる。薩摩藩統治時代には、刈り取る際の長さまで定められていた。

そして、収穫されたサトウキビから搾り汁を集める風景が、ジオラマ手前の右側に広がる。束ねられたサトウキビを担いで運び、牛が引いて回す圧搾機に、サトウキビの茎を挿し入れて、搾り汁を集めている。

最後に、サタヤドリ（砂糖小屋）の中で砂糖を作る風景が、ジオラマ奥の右側に広がる。サトウキビの搾り汁は、大鍋で煮つめられ、石灰を入れて攪拌（入れない場合もある）、冷却等の工程を経て、砂糖ができあがる。石灰は、かつては、サンゴ礁を割り取り、火で焼いて粉にしたものが使われていた。

⑥奄美の一字姓

薩摩藩は、島役人に名字の付与を許可すれば、それが奄美社会内部で特別の地位を与えるものとなり、藩への貢献意識につながると考えていた。しか

サトウキビ畑と製糖風景（ジオラマ）

し、薩摩藩の奄美群島支配は、江戸幕府に対しては隠さなければならないので、奄美群島の島役人の姿・服装・名字等は薩摩藩と差異化し、琉球国風にする必要があった。

そのため、二文字の名字は許可せず、一文字の名字のみと決めたのである。名字は、藩に対する砂糖献上、田地開墾等の功績により与えられた。その後、明治八年（一八七五）の「平民苗字必称義務令」発令により、一字姓を持つ有力家にちなんで、多数の一字姓が考案され、今日に至る。

⑦描かれた幕末の奄美

名越左源太《なごやさげんた》は、嘉永《かえい》三年（一八五〇）から安政《あんせい》二年（一八五五）まで奄美大島に遠島《えんとう》されていた。この時期にまとめられたものが『南島雑話《なんとうざつわ》』である。当時のアジア情勢は、天保一一年（一八四〇）に清国がイギリスによる侵略戦争（アヘン戦争）で敗北、嘉永六年（一八五三）にはアメリカ（ペリー艦隊）が「日米和親条約《にちべいわしんじょうやく》」を幕府に要求してくる等、激動の時代を迎えていた。日本を揺るがした黒船来航の時、名越左源太は奄美大島に暮らしていた。

仰《あおぎ》	明《あきら》	与《あたえ》	與《あたえ》	中《あたり》	當《あたり》	厚《あつし》	蘇《いける》	勇《いさみ》	祷《いのり》
祝《いわい》	慶《いわい》	潤《うるい》	興《おき》	屋《おく》	押《おさえ》	納《おさめ》	文《かざり》	鼎《かなえ》	要《かなめ》
可《かなり》	清《きよし》	加《くわえ》	寿《ことぶき》	定《さだめ》	静《しずか》	前《すすめ・すすむ》	進《すすむ》	直《すなお》	省《すなお》
碩《せき》	備《そなえ》	高《たかし》	保《たもつ》	政《つかさ》	赫《てらし》	泊《とまり》	央《なかば》	和《にぎ》	登《のぼり》
図《はかり》	計《はかり》	量《はかり》	励《はげみ》	元《はじめ》	英《はなぶさ》	久《ひさし》	太《ふとり》	麓《ふもと》	振《ふり》
招《まねき》	磨《みがき》	操《みさお》	幸《みゆき》	基《もとい》	求《もとめ》	行《ゆき》	豊《ゆたか》	井《わかし》	渡《わたり》

奄美の一字姓（一部の抜粋）

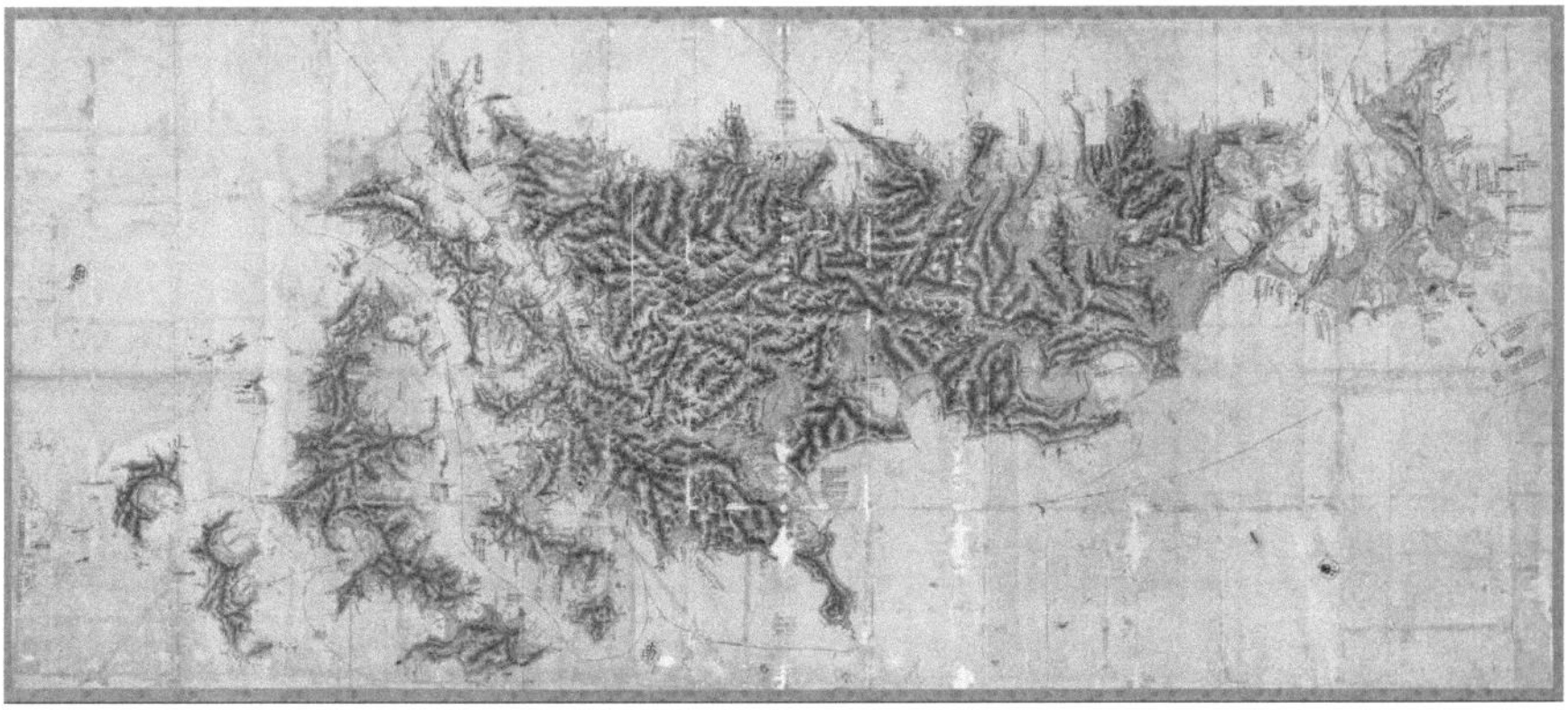

大島古図（鹿児島県立図書館所蔵）

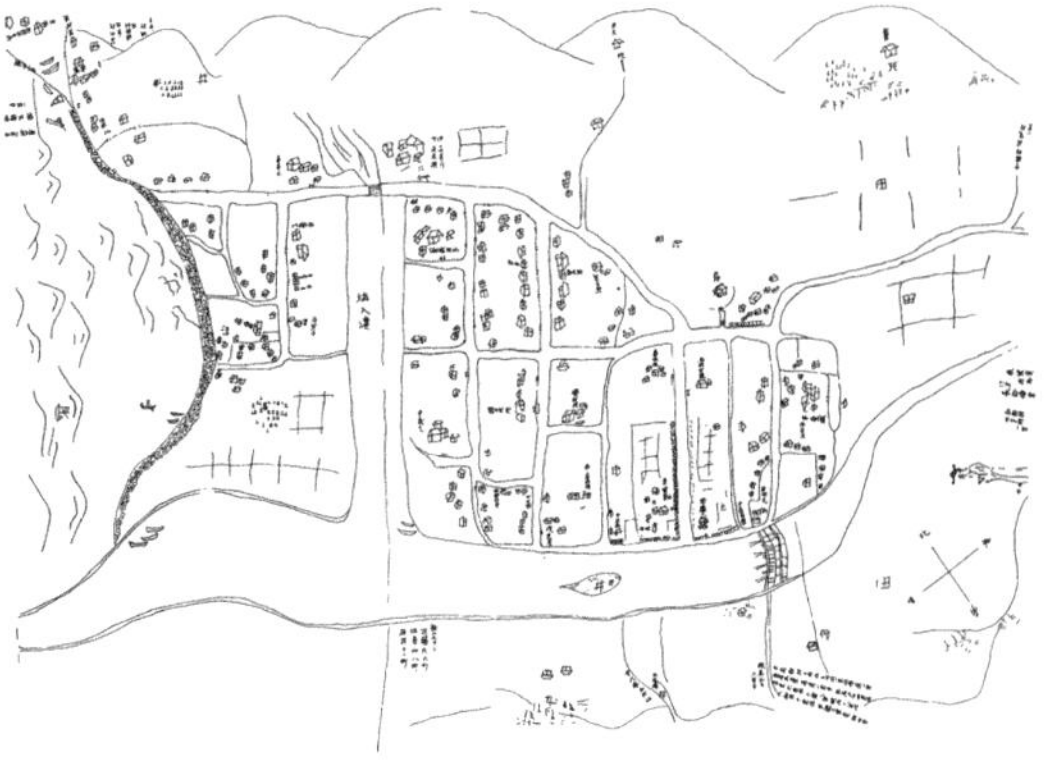

赤木名絵図

江戸幕府は、こうした国際情勢に対応するため、天保一三年（一八四二）及び嘉永二年（一八四九）に「海岸防備」の強化を図る施策を打ち出し、全国諸藩に海岸絵図の作成を命じている。また清国の敗北を驚異に感じ、外国船追放を定めた「異国船打払令《うちはらいれい》」は、天保一三年（一八四二）に「薪水給与《しんすいきゅうよ》令《れい》」に改めて穏便な帰国を促すように対応を転換させている。

琉球国にもフランスやイギリスが来航し、貿易・布教等が要求されていた。幕府の命を受けた薩摩藩は、弘化《こうか》元年（一八四四）、琉球国に一二八名の警護部隊を派遣した。さらに奄美大島においても、嘉永四年（一八五一）、「英夷《えいい》からの防衛」を図るために海岸防備図の作成が計画された。名越左源太が奄美大島に滞在していた嘉永五年（一八五二）、琉球国の勤務経験もある汾陽《かわみなみ》次郎右衛門が率いる一行が作成した奄美大

「琉球嶌真景」第八景・宇検村の風景（名護博物館蔵）

「琉球嶌真景」第六景・輪踊り（八月踊り）（名護博物館蔵）

「琉球嶌真景」第一景・名瀬の風景（名護博物館蔵）

琉球嶌真景（名護市立名護博物館所蔵）

島の精密な地図が「大島古図」と呼ばれる海岸防備図である。左源太は、さらに詳細な地図を作成するように藩から命を受けていて、その絵図の一部も残されている。

また左源太と一緒に遠島された白尾《しらお》伝右衛門も、滞在していた「赤木名絵図」を描いているほか、同時期の享和元年（一八〇一）から弘化元年（一八四四）頃には、京都四条《しじょう》派の絵師・岡本豊彦《おかもととよひこ》により、名瀬から宇検方面に至る奄美大島西海岸を中心にした「琉球嶌真景《りゅうきゅうとうしんけい》」一一景が描かれている。

薩摩藩は、幕府の目を欺くため琉球国領のまま直接支配していた奄美群島において、銅山の採掘やサトウキビ畑の拡大等各種の殖産興業政策を推し進め、さらに奄美群島の統治政策も見直しを進める等、奄美群島を薩摩藩の財政強化拠点、情報収集拠点に位置づけようと企てていたのである。そうした奄美大島の資産総点検の意味を持ちながらまとめられたものが『南島雑話』である。

『南島雑話』「大島古図」「琉球嶌真景」「赤木名絵図」等の奄美史料群は、このような幕末の時代背景において描かれたものなのである。（高梨）

⑧琉球嶌真景

「琉球嶌真景」は、縦四二cm、長さ約一四mの絵巻物で、一九世紀前半頃に、岡本豊彦という画家が、名瀬間切から屋喜内《やきうち》間切に至る奄美大島西海岸を中心に描いたものである。一一景からなっており、名瀬湾や集落、輪踊り（奄美の八月踊り）、製糖、相撲、焼内《やきうち》湾（宇検集落、枝手久島、加計呂麻島）等の風景が描かれている。昭和六二年（一九八七）三月に福岡県の旧家から発見され、琉球新報社を介して沖縄県名護市《なごし》（名護博物館）に寄贈された。平成四年（一九九二）一一月に名護市指定文化財（有形文化財（絵画））となり、名護市立名護博物館で大切に保管されている。

「琉球嶌真景」の第一景は、蘭館《らんかん》山の頂上付近（通称朝仁平《あさんびら》）から名瀬湾及び名瀬の街を眺望した景観が描かれている。右側には「おがみ山」や金久《かねく》の街並み、正面手前には現在の矢之脇町《やのわきちょう》に所在した「仮屋《かりや》」（薩摩藩の出先機関）が描かれている（現在、検察庁や裁判所、大島拘置所等がある一帯）。「仮屋」は六つ確認でき、左から「實久《さねく》仮屋」、「宇検《うけん》仮屋」、「本《ほん》仮屋」、「東仮屋」、「瀬名《せな》仮屋」、「笠利仮屋」と推察されている。この六つの「仮屋」のうち、「名瀬間切」と「住用間切」を管轄する「仮屋」は、「本仮屋」が統括していたのか、あるいはどちらかの「仮屋」が別の場所にあったのか、よくわかっていない。

「琉球嶌真景」が成立する歴史的背景については、「⑥描かれた幕末の奄美」で解説しているとおり、薩摩藩が財政力の強化を行い、琉球や海外の動向把握や貿易拠点地域として奄美を位置づけようとした時期でもある。そうした時期における奄美大島の海岸防備を表したものが「大島古図《おおしまこず》」であった。さらに詳細な地図作成を薩摩藩は名越左源太に命じていて、その絵図の一部が「絵《え》図《ず》方用向書付入《かたようむきかきつけいり》」として残されている。『南島雑話』も、このような時期に成立した史料なのである。「琉球嶌真景」は、名越左源太以前の奄美大島の様子が描かれたものであり、「大島古図」、『南島雑話』とともに、一八〇〇年代の前・中期の幕末の奄美大島を語る重要な歴史史料である。（久）

⑨トーマス・J・ウォートルス伝―奄美から近代日本を駆け抜けたお雇い外国人―

財政難だった薩摩藩は、幕末、奄美群島の黒糖生産で莫大な利益を上げて、財政再建に成功し、その勢いで黒糖を精製して高価な白糖の生産を行い、さらなる利潤を追求しようと計画した。その計画が、「オオシマ・スキーム（大島計画）」と呼ばれる極秘の貿易事業であった。白糖製造事業もそのひとつで、奄美大島の瀬留《せどめ》（龍郷町）、金久《かねく》（奄美市名瀬）、須古《すこ》（宇検村）、久慈《くじ》（瀬戸内町）の四カ所に、当時の最先端技術である蒸気機関を導入した工場が建設され、明治時代初頭まで操業された。これら四カ所の工場跡地やその周辺には、工場に用いられた石材（「白糖石《はくとういし》」の呼称も残る）や煉瓦が残されている。

その総指揮を務めたのが、アイルランド出身の建築技師トーマス・J・ウォートルスである。彼が暮らしていた洋館の所在地は、現在でも「蘭館山《らんかんやま》」と呼ばれている（奄美市名瀬矢之脇町）。「ましゅ」という恋人がいたと伝えられ、二人の様子が唄われているシマ唄もある。「らんかん橋節」も、橋の「欄干」ではなく「蘭館」で、ウォートルスとましゅを唄ったものとする理解もある。

ウォートルス
（Denver Public Library 所蔵）

ウォートルスは、白糖製造工場の建設終了後、奄美大島を離れ、五代《ごだい》友厚《ともあつ》の推薦で大阪で造幣局の施設（泉布観《せんぷかん》）建設を手がけることになる。これを契機として、明治三年（一八七〇）には、大蔵省のいわゆる「お雇い外国人」となり、近代建築史では「ウォートルス時代」と呼ばれるほど大活躍をした。

明治五年（一八七二）、大火で焼失した東京銀座・煉瓦街の再建を政府から全権委任されたのもウォートルスだった。この建設事業を最後にウォートルスは解雇され、その後の足跡については不明な部分が多かった。

最近、多数の新資料が追加されて、ウォートルスの人物研究が飛躍的に進展しつつある。上海、ニュージーランド、コロラドと移住を続け、その先々で多数の事業を手がけ、成功に導き、波乱万丈の生涯を終えている。常に新天地を求め続けた冒険的技術者だった。（高梨）

白糖製造工場に用いられた煉瓦
赤煉瓦（上）と耐火煉瓦（中・下）
（瀬戸内町久慈・武田家）

塀に転用された白糖製造工場の石材
（名瀬金久町・恵絹織物）

（7）近代（明治・大正・昭和）

①時代概要

享和《きょうわ》元年（一八〇一）に仮屋が名瀬の伊津部に移転されると、官公庁の変遷に伴いながら寄留《きりゅう》商人を中心に名瀬の街の形成が始まり、アジア海域における拠点的港湾都市のひとつとして飛躍的発展を遂げていく。明治四年（一八七一）の廃藩置県《はいはんちけん》後、薩摩藩は「鹿児島県」となり、明治八年（一八七五）に名瀬の伊津部仮屋《いつぶかりや》が廃止、新たに「大島大支庁《おおしまだいしちょう》」が名瀬金久村《かねくむら》に設置され、奄美群島各島にも支庁が設置された。以後、大正時代に至るまで、薩南諸島をめぐる行政区画制度は複雑に変わり、何度も再編成を繰り返すのである。

明治時代も、砂糖利権は鹿児島県に独占された状態が続いていた。その独占売買のため、「大島商社《おおしましょうしゃ》」「南島《なんとう》興産商社《こうさんしょうしゃ》」等が組織され、島民は債務増大に苦しんだ。黒糖をめぐる島民苦難の時代は、戦後になるまで続いていた。その一方で、明治時代は、大島紬、カツオ漁、林業、百合根《ゆりね》等のサトウキビ栽培以外の新しい産業が成長した時期でもある。

②鹿児島県の砂糖独占売買と名瀬の街

奄美群島では、薩摩藩統治時代に、年貢米の代わりに砂糖を上納し、藩が定めた交換比率に基づいて米等の生活必需品を支給されていた。その交換比率は、相場よりも著しく低く、島民から砂糖を低値で上納させ、大阪市場において高値で売却し、その利潤を藩が得るというもので、植民地的支配の不等価交換の構造をよく示している。

明治時代に移行しても、その構造は変わらず、鹿児島県による独占売買が続き、島民たちは厳しい暮らしが続いていた。その独占売買のために、鹿児島県が明治六年（一八七三）に設立した会社が「大島商社」である。島民たちは、搾取的取引を打開するため、明治八年（一八七五）から、丸田南里《まるたなんり》を中心に黒糖の自由売買を求め

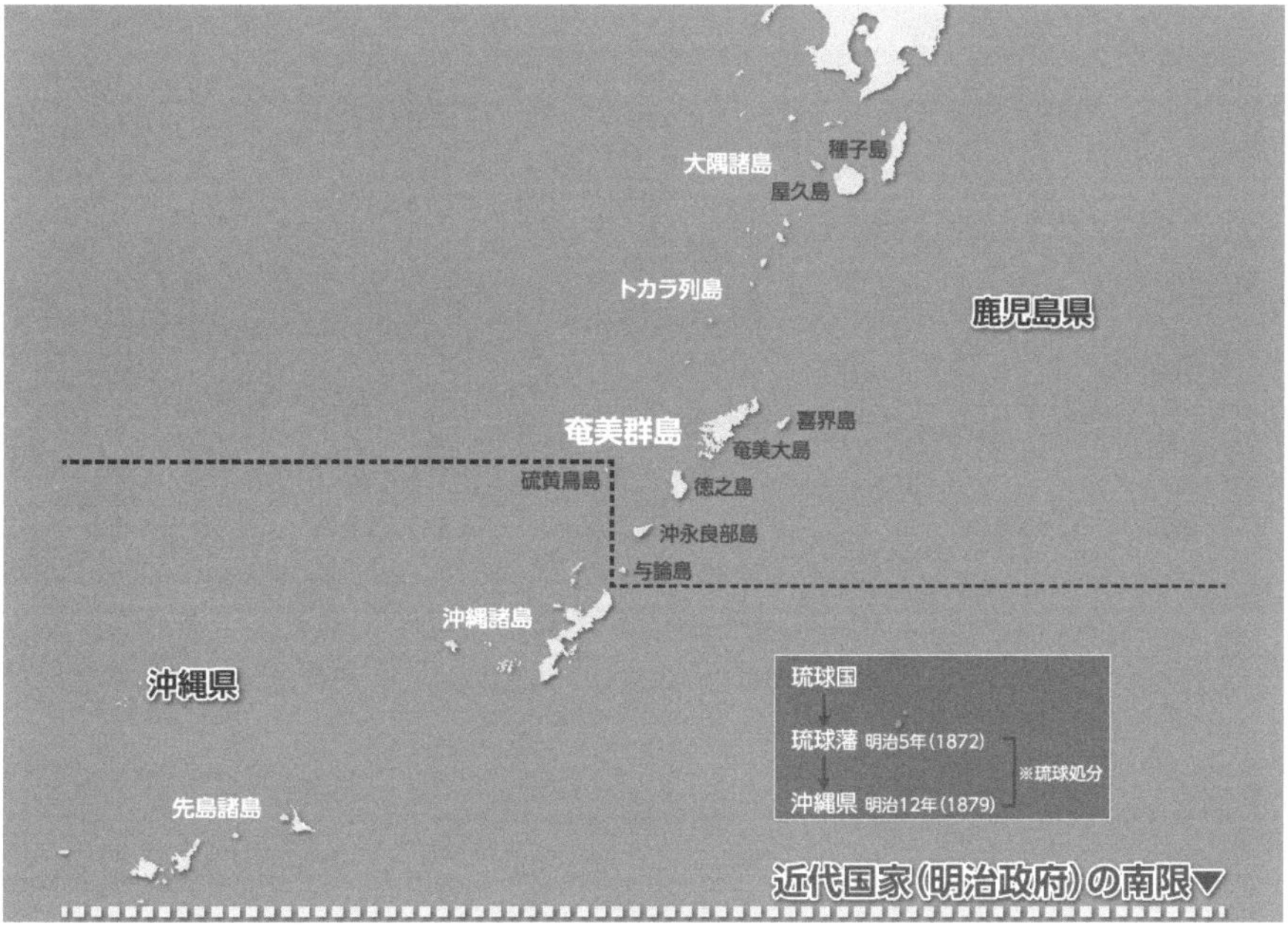

近代国家の範囲

慶応元年（1865）	薩摩藩とグラバー商会は、上海貿易「オーシマ・スキーム」を計画し、奄美大島４箇所で白糖製造工場を建設、稼働させた。
明治４年（1871）	「廃藩置県」により鹿児島藩は鹿児島県となり、奄美群島を含む旧領が継承された。
明治６年（1873）	「地租改正条例」が布告されたが、鹿児島県は西南戦争の影響により遅れが生じ、奄美群島は明治11年（1878）から事業が開始された。
明治６年（1873）	鹿児島県は砂糖専売を管理下に置き、特権的鹿児島商人と手を結んでいた。その商取引のための特殊会社として「大島商社」が設立される。
明治８年（1875）	丸田南里が指導者となり、砂糖自由売買運動（勝手世騒動）が展開され、明治11年（1878）に大島商社は解体に追い込まれる。
明治21年（1888）	大阪から進出してきた「阿部組」に対抗し、鹿児島県が画策して、明治21年（1888）に「南島興産商社」が設立される。
明治21年（1888）	砂糖商社の動きに対して、奄美群島の島民は、高利負債償却、農事改良、倹約の三方法を柱とする「三方法運動」で結束して対抗した。
明治27年（1894）	元津軽藩士の笹森儀助が大島島司として就任、四年間勤める。
明治44年（1911）	林為良（徳之島花徳出身）が、名瀬の有力者を集めて「大島電気株式会社」を設立、電力事業を始める。
大正８年（1919）	大島電気株式会社は、住用川で水力発電所建設を計画し、発電所とダムが完成して、電力供給が開始された。
昭和２年（1927）	昭和天皇が、戦艦「山城」で小笠原諸島の父島要塞司令部、さらに奄美大島要塞司令部の視察を行い、行幸している。

近代（明治・大正・昭和）関係年表

年代	変遷	行政管轄
明治6年(1873)	伊津部仮屋	8月　鹿児島県下に6支庁(第一支庁(加治木)・第二支庁(隈之城)・第三支庁(垂水)・第四支庁(知覧)・第五支庁(種子島)・第六支庁(大島)を設置したが、第六支庁(大島)の開設は実施に至らなかった
明治8年(1875)	大島大支庁	6月　「伊津部仮屋」を廃止し、大島に「大支庁」を設置。喜界島・徳之島・沖永良部島・与論島にそれぞれ「支庁」を設置
明治11年(1878)	大島支庁	12月　「大島大支庁」を「大島支庁」に改称
明治12年(1879)	大島郡役所	6月　大島支庁および各島支庁を廃止し、奄美群島は大島郡として鹿児島県大隅国に編入となる 7月　「大島郡役所」を設置し、喜界島・徳之島・沖永良部島・与論島の各島にそれぞれ出張所を設置
明治18年(1885)	大島郡役所 金久支庁	10月　「大島郡役所」を廃止し、「金久支庁」を設置。行政管轄に熊毛郡・馭謨郡・川辺郡10島(黒島・竹島・硫黄島・諏訪之瀬島・臥蛇島・平島・口之島・中之島・悪石島・宝島)編入 12月　熊毛郡西之表村に金久支庁種子島出張所を置き、熊毛郡・馭謨郡および黒島・竹島・硫黄島の3島を管轄となる
明治19年(1886)	金久支庁／大島島庁	11月　「金久支庁」を廃止し、「大島島庁」に改称。「支庁長」は「島司」となる
明治22年(1889)	大島島庁	3月　大島島庁種子島出張所を廃止 4月　町村制の実施。熊毛郡・馭謨郡を管轄する熊毛郡役所が北種子村に設置され、黒島・竹島・硫黄島の3島は大島島庁の直轄となる
明治30年(1897)	大島島庁	4月　薩摩国川辺郡の島嶼部(黒島・竹島・硫黄島・諏訪之瀬島・臥蛇島・平島・口之島・中之島・悪石島・宝島)が大島郡に合併
明治41年(1908)	大島島庁	4月　島嶼町村制。奄美大島では、笠利村・龍郷村・名瀬村・住用村・大和村・焼内村・東方村・鎮西村の8村ができる
大正5年(1916)	大島島庁	5月　鎮西村から実久村、焼内村から西方村が分立
大正6年(1917)	大島島庁	11月　焼内村を宇検村に改称
大正9年(1920)	大島島庁	4月　島嶼町村制が廃止、町村制が実施
大正11年(1922)	大島島庁	10月　名瀬村の伊津部と金久が名瀬町となる。残りは三方村(みかたそん)として独立
大正15・昭和元年(1926)	大島支庁	7月　大島島庁を廃止し、大島支庁・熊毛支庁を設置。島司は支庁長に改称
昭和21年(1946)	臨時北部南西諸島政庁	2月　北緯30度線以南の口之島・中之島・諏訪之瀬島・平島・悪石島・小宝島・宝島・奄美群島や沖縄諸島は日本本土と行政分離され、米軍政府の統治下となる 7月　市町村制が施行され、名瀬町が名瀬市となる
昭和25年(1950)	奄美群島政府	11月　奄美群島政府を設置
昭和26年(1951)	奄美群島政府	2月　口之島・中之島・諏訪之瀬島・平島・悪石島・小宝島・宝島は日本に復帰
昭和27年(1952)	奄美地方庁	4月　奄美群島政府が解消され琉球政府が発足 9月　奄美地方庁設置
昭和28年(1953)	大島支庁	12月　奄美群島が日本復帰し、「大島支庁」が設置
昭和30年(1955)	大島支庁	2月　「三方村」が「名瀬市」に合併
昭和31年(1956)	大島支庁	9月　「西方村・実久村・鎮西村・古仁屋町」が合併し、「瀬戸内町」となる
昭和36年(1961)	大島支庁	1月　「笠利村」が「笠利町」となる
昭和48年(1973)	大島支庁	4月　三島村および十島村が鹿児島郡に移管
昭和50年(1975)	大島支庁	2月　「龍郷村」が「龍郷町」となる

大島支庁と行政管轄の変遷

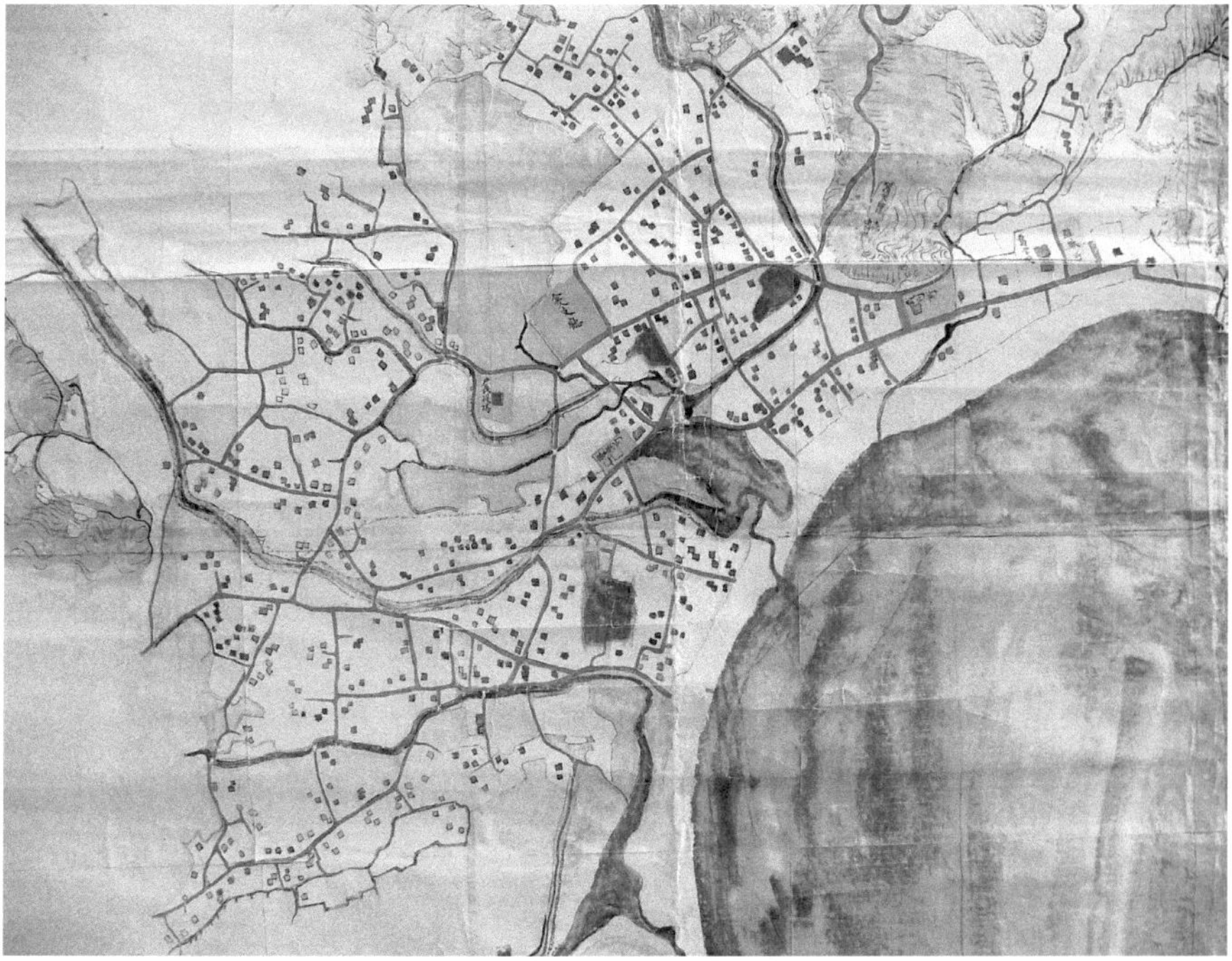
明治 18 ～ 19 年設置の「金久支庁」の名称が記載された名瀬古図

る陳情運動を繰り返し（勝手世騒動《かってゆそうどう》）、明治一一年（一八七八）に大島商社を解散に追い込んだ。

しかし、鹿児島県はすぐに「南島興産商社」を設立して、ふたたび独占売買の存続を図り、島民は、債務増大に苦しみ続けた。島民は、勤勉・倹約・貯蓄の三つを生活の基本とする生活改善運動（三方法運動《さんほうほう》）に取り組み、事態の打開に向けた努力を続けたが、砂糖をめぐる島民苦難の時代は、戦後になるまで続いたのである。

明治時代になり、鹿児島県が奄美大島統治の新たな行政拠点として設置した機関が「大島大支庁」である。現在の奄美市名瀬金久町の「かねく公園」を含む一帯に当たる。明治時代の名瀬は、砂糖交易で来島する商人たちで賑わい、港と官公庁付近に飲食店街が形成されはじめていた。その後、「大島大支庁」は数度の名称変更を経て「大島島庁」となり、明治四〇年（一九〇七）に現在の永田町に移転した。名瀬の街は、幕末に伊津部仮屋が設置された現在の矢之脇町の一帯から形成が始まり、以後、鹿児島県の行政機関が山側へ移転するたびに周辺に官公庁街が営まれ、拡大してきたものなのである。

③笹森儀助と奄美

明治二五年（一八九二）、明治政府が計画していた日本北縁地域の国土調査に、元弘前《ひろさき》藩士（青森県）の笹森《ささもり》儀助《ぎすけ》が参加した。政府は、その調査報告書『千島《ちしま》探験』を高く評価し、さらに計画していた沖縄県を中心とする日本南縁地域の国土調査も、笹森に依頼したのである。笹森は、明治二六年（一八九三）、琉球諸島から奄美群島の踏査を五カ月かけて行い、調査報告書『南嶋《なんとう》探験』を翌年に出版した。

笹森が、この報告書の中で、奄美群島における鹿児島商人の砂糖専売や鹿児島県の糖業施策の改善の必要性を強く訴えたことが政府の目にとまり、笹森は大島島司《おおしまとうじ》に任命され、明治二七年（一八九四）から四年間を奄美大島で過ごすことになるのである。

大島島司としての笹森の施策は、サトウキビの糖業改良と島民の負債償却を中心に進められた。奄美群島の実態を把握するため、統計資料の作成が行われたほか、歴史や文化等についても詳細な調査が行われた。また役人層に対しては、細かく勤務評定を行い、公僕として島民の模範となるよう行動を厳しく命じたのである。そのほか疫病等に対する島民の衛生思想の育成や近代的防疫体制による対処、さらには大火や災害等による被災者救援や学校教育の支援もたびたび実施している。

笹森儀助肖像画

島民に寄り添い、奄美群島における鹿児島県政の改革を推し進めた笹森であるが、たび重なる県政批判に、鹿児島県庁とは折り合いが悪くなり、明治三一年（一八九八）に辞職した。（高梨）

（8）米軍占領統治時代（アメリカ世）

①時代概要

昭和二〇年（一九四五）八月一五日の太平洋戦争（第二次世界大戦）終結後、昭和二一年（一九四六）二月二日の「連合国覚書宣言」（二・二宣言）により、北緯三〇度線以南の奄美群島や沖縄諸島は日本本土と行政分離され、米軍による占領統治が行われた。

米軍発行の紙幣（軍票・B円）の使用や配給物資の不足、自由な渡航の制限等から、「密航」も行われた。困窮な状況を克服しようと、新民謡の発表や劇団の結成、文芸活動等が活発となる。この時代を「赤土文化」もしくは「奄美ルネッサンス」と呼ぶ。

昭和二五年（一九五〇）、対日講和条約の交渉が始まると、日本復帰への期待が高まり、翌年の二月一四日、「奄美大島日本復帰協議会」が発足、泉芳朗《いずみほうろう》が議長に就任して本格的な復帰運動が始まる。群島民をはじめ、全国各地の奄美群島出身者達が一丸となった組織的な署名活動や断食活動等により、昭和二八年（一九五三）一二月二五日、奄美群島の日本復帰が実現した。

②太平洋戦争時の奄美群島

昭和一六年（一九四一）一二月八日、日本は真珠湾の奇襲攻撃でアメリカやイギリスに宣戦し、太平洋戦争（第二次世界大戦）が開戦した。奄美

「忠魂碑」（奄美市住用町）

「招魂碑」（奄美市笠利町）

昭和 16 年（1941）2 月	太平洋戦争（第二次世界大戦）開戦
昭和 19 年（1944）6 月	「富山丸」が米軍の攻撃を受け徳之島沖で沈没
昭和 19 年（1944）8 月	集団疎開船「對馬丸」が米軍の攻撃を受け沈没
昭和 19 年（1944）10 月	島尾敏雄が「第一八震洋隊隊長」として着任
昭和 20 年（1945）4 月	名瀬が空襲を受け、市街地の 90%が焼失
昭和 20 年（1945）8 月	赤木名の防空壕に爆撃、住民 40 名が犠牲となる
昭和 20 年（1945）8 月	太平洋戦争が終結
昭和 21 年（1946）2 月	北緯 30 度以南の南西諸島は日本から行政分離され、米軍政府の統治下となる
昭和 23 年（1948）6 月	2 名の教師が教育関連図書購入のため本土へ密航
昭和 26 年（1951）2 月	「奄美大島日本復帰協議会」が発足
昭和 26 年（1951）9 月	「対日平和条約」の調印
昭和 27 年（1952）4 月	「対日平和条約」発効、日本国の主権回復、北緯 29 度以南の南西諸島は米軍政府の施政権下におかれた（奄美群島は痛恨の日）
昭和 28 年（1953）8 月	ダレス国務長官が奄美群島を日本に返還する声明を発表（ダレス声明）
昭和 28 年（1953）12 月	奄美群島が日本へ復帰する（日本復帰記念の日）

米軍占領統治時代（アメリカ世）関係年表

群島の各地からも多くの人びとが招集され戦死した。各地に慰霊碑や忠魂碑が建立されている。

③奄美群島への攻撃

昭和一八年（一九四三）頃から戦況は悪化し、奄美近海では潜水艦による魚雷攻撃、爆撃機による空襲も始まった。

五月には沖縄との航路船「嘉義丸《かぎまる》」が喜界島と笠利崎の間で魚雷攻撃を受け、六月には鹿児島を出港し南下していた「富山丸《とやままる》」が徳之島の東を航行中、魚雷攻撃を受けて沈没し、将兵約三七〇〇名が戦死した。

昭和一九年（一九四四）八月二二日、沖縄の学童疎開船「對馬丸《つしままる》」が十島《としま》村悪石島《あくせきじま》付近で潜水艦の魚雷攻撃を受けて沈没、約一五〇〇人が死亡した。数日後、大和村や宇検村、瀬戸内町に多数の遺体とわずかな生存者が漂着

名瀬の街空襲（沖縄県公文書館所蔵）

赤木名の空襲慰霊碑（奄美市笠利町）

「對馬丸慰霊之碑」（宇検村宇検）

した。

④空襲

奄美大島の防備体制も強化され、古仁屋の奄美大島要塞司令部を中心に奄美守備隊が配置された。島尾敏雄を隊長とする特攻隊もその一部隊である。

昭和二〇年（一九四五）三月二六日に慶良間《けらま》諸島から米軍の上陸が始まり、四月一日には沖縄本島に上陸して壮絶な地上戦が行われた。四月二〇日に名瀬の街も大空襲を受け、市街地の九〇％余が消失した。

昭和二〇年（一九四五）七月に日本に対してポツダム宣言が発せられたが、広島に原子爆弾が投下された八月六日と同じ日に、赤木名が爆撃（空襲）を受け、防空壕に避難した住民四〇名が犠牲となった。そして、昭和二〇年（一九四五）八月一五日、戦争が終結となり、この日は終戦記念日として全国各地で慰霊祭が行われている。

⑤行政分離

昭和二一年（一九四六）二月二日の「連合国覚書宣言」（二・二宣言）により、北緯三〇度線以南のトカラ列島・奄美群島・沖縄諸島は日本本土から行政分離された。三月一三日に米軍政府長官ポール・F・ライリー少佐以下一九名が名瀬に上陸し、ジープで大島支庁に向かい、大島支庁内に軍政府を設置した。南西諸島全域に対する軍政が布告され、占領統治が公表された。同年七月一日、名瀬市制が施行され、名瀬町から名瀬市となる。同年一〇月三日、大島支庁が廃止され、「臨時北部南西諸島政庁」が設置された。

米軍政府下に置かれると、日本本土との往来が自由にできなくなるが、米軍からの配給物資や予算配当は不十分なもので、奄美の人々は困窮していった。その結果、北緯三〇度線に近い口之島や中之島を拠点とした密貿易や島伝いに「密航」という手段を使う人々も後を絶たなかった。

このような状況から、昭和二一年（一九四六）二月に東京奄美会が復活、そして同年九月に東京奄美連盟、同年一二月に奄美連合全国総本部、翌年一一月に奄美青年同盟等が次々と結成され、奄美同胞の生活救済運動が始まり、その運動は全国各地で展開された。昭和二五年（一九五〇）には、宮崎県大島町で復帰街頭運動が始まり、東京奄美学生会が発足し、奄美大島の日本復帰と渡航の自由を訴える街頭署名運動が展開された。

奄美群島民に希望や元気を与えようとした動きも出てくる。昭和二二年（一九四七）に作詞作曲された新民謡「島かげ」は、日本と行政分離された哀愁や切なさ、望郷の思いを歌ったものではないかと米軍政府から厳しい検閲を受けた。また、昭和二三年（一九四八）に発表された「農村小唄」は、経済的に困窮する群島民の士気高揚と食糧増産、勇気や希望を与える歌として、多くの人々の愛唱歌となった。他にも「本茶峠《ほんちゃとうげ》」や「そてつの実」等、数多くの新民謡が発表された。劇団も数団体結成され、群島各地で公演されたほか、文芸活動等も盛んに行われるようになる。この時代に活発化した文化活動は、「赤土《あかつち》文化」とか「奄美ルネッサンス」等と呼ばれている。

さらに、スポーツの世界においても、昭和二一年（一九四六）に「大島郡相撲協会」が発足、協会相撲が開催され、

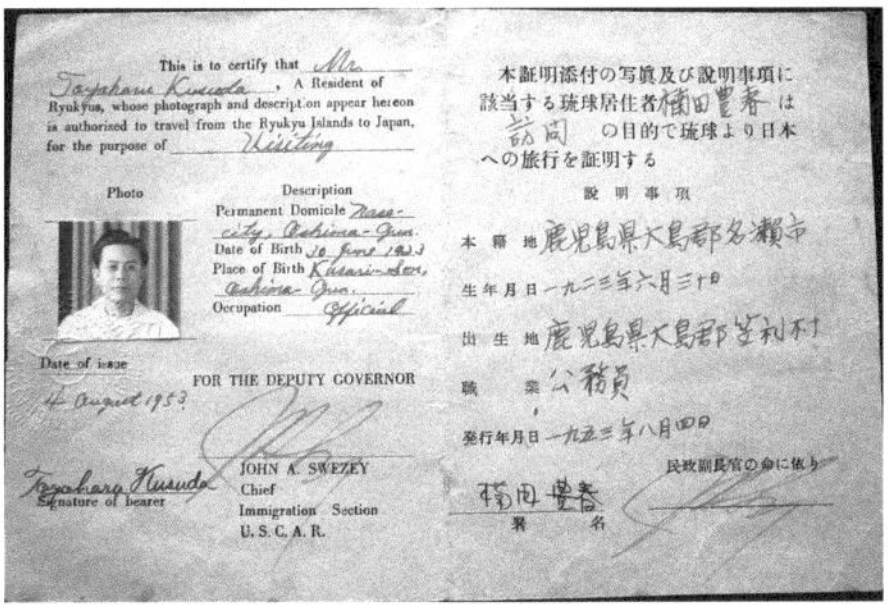

身分証明書（米軍政府発行）

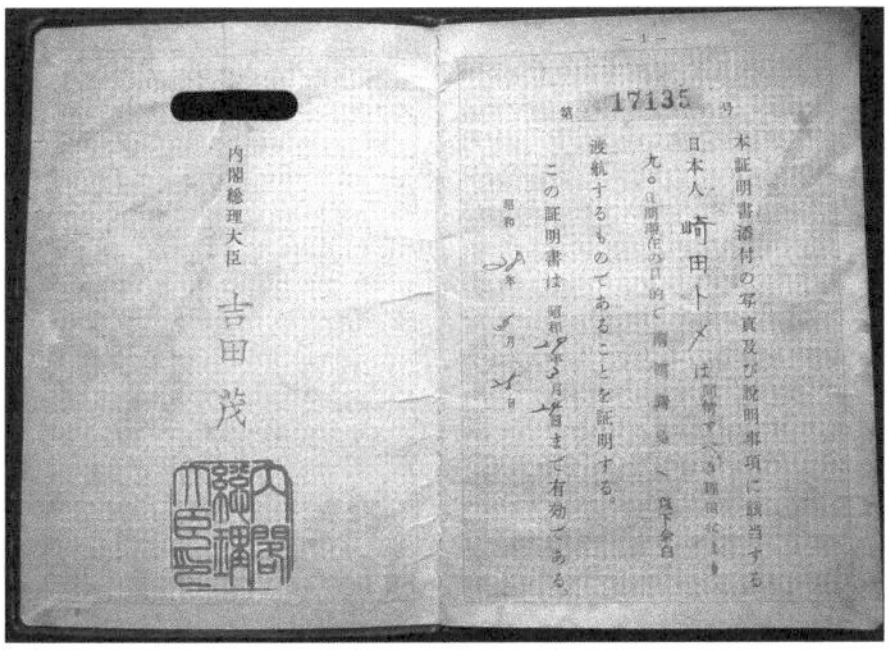

身分証明書（日本政府発行）

米軍発行の紙幣（軍票・B円）

人気を博した。昭和二二年（一九四七）には、「奄美体育連盟」が発足、「奄美体育大会」が開催されたほか、「奄美野球連盟」も発足して野球大会が開催される等、困窮を極めた生活が続く中で、群島民に活気と希望を与える活動が盛んに行われた。

⑥身分証明書（パスポート）

行政分離期間中は、日本本土との渡航は自由にできなかった。渡航理由や期間等を記載して申請する必要があった。当初は渡航許可されるまで相当な期間がかかったが、後には二週間ほどで許可が下りるようになった。身分証明書には、日本本土から行政分離された南西諸島に渡航するために日本政府が発行したものと、南西諸島から日本本土に渡航するために米国民政府が発行したものがある。

⑦「緑橋」について

名瀬・小俣《こまた》町の旧鹿児島県立図書館奄美分館のところに軍政府役人の宿舎があった。昭和二七年（一九五二）、そこへ行くために軍政府が橋をかけた。橋の正式名称は「上緑橋《かみみどり》」であるが、通称「軍政府橋」と呼んでいる。平成三年（一九九一）、橋の老朽化に伴って新装された。新装された橋の銘板は、元の銘板の約一・五倍の大きさの複製が取り付けられている。

⑧日本復帰運動

昭和二六年（一九五一）一月、米国のダレス国務長官を団長とする対日講話使節団が来日し、日本政府との間で講和条約の交渉が始まると、奄美群島の日本復帰への期待が高まる。

昭和二六年（一九五一）二月一四日、名瀬市内に三二の団体が集まり、「奄美大島日本復帰協議会」が発足、泉芳朗が議長に就任して本格的な日本復帰運動が始まる。

復帰協議会の発足と同時に署名運動が始まり、群島内各地に復帰協議会支部が結成され、署名運動は大きな広がりをみせる。四月までの三カ月の間で一四歳以上の郡島民の九九・八％が署名したといわれており、その署名簿は複数部作成され、対日理事会や吉田茂首相、外務省等へ請願書と共に提出された。

奄美群島の日本復帰運動は、「無血」と「非暴力」を掲げ、群島民をはじめ、全国各地の奄美群島出身者達が一丸となった組織的な署名活動や断食活動を主としたことが大きな特徴である。

⑨泉　芳朗

明治三八年（一九〇五）三月一八日、徳之島伊仙町面縄《おもなわ》集落に九人兄弟（男六人、女三人）の長男として生まれる。本名は、敏登《としとよ》。

大正一三年（一九二四）鹿児島県立第二師範学校を卒業、一九歳で奄美大島の赤木名《あかきな》小学校に赴任、古仁屋《こにや》小学校、面縄《おもなわ》小学校に勤務、昭和二年（一九二七）に退職して東京に転住、小学校教師として昭和一四年（一九三九）まで勤める。

詩人としても活動し、詩文学同人雑誌を主宰し、高村光太郎等第一線で活躍する詩人たちと交流を深めていたが、昭和一四年

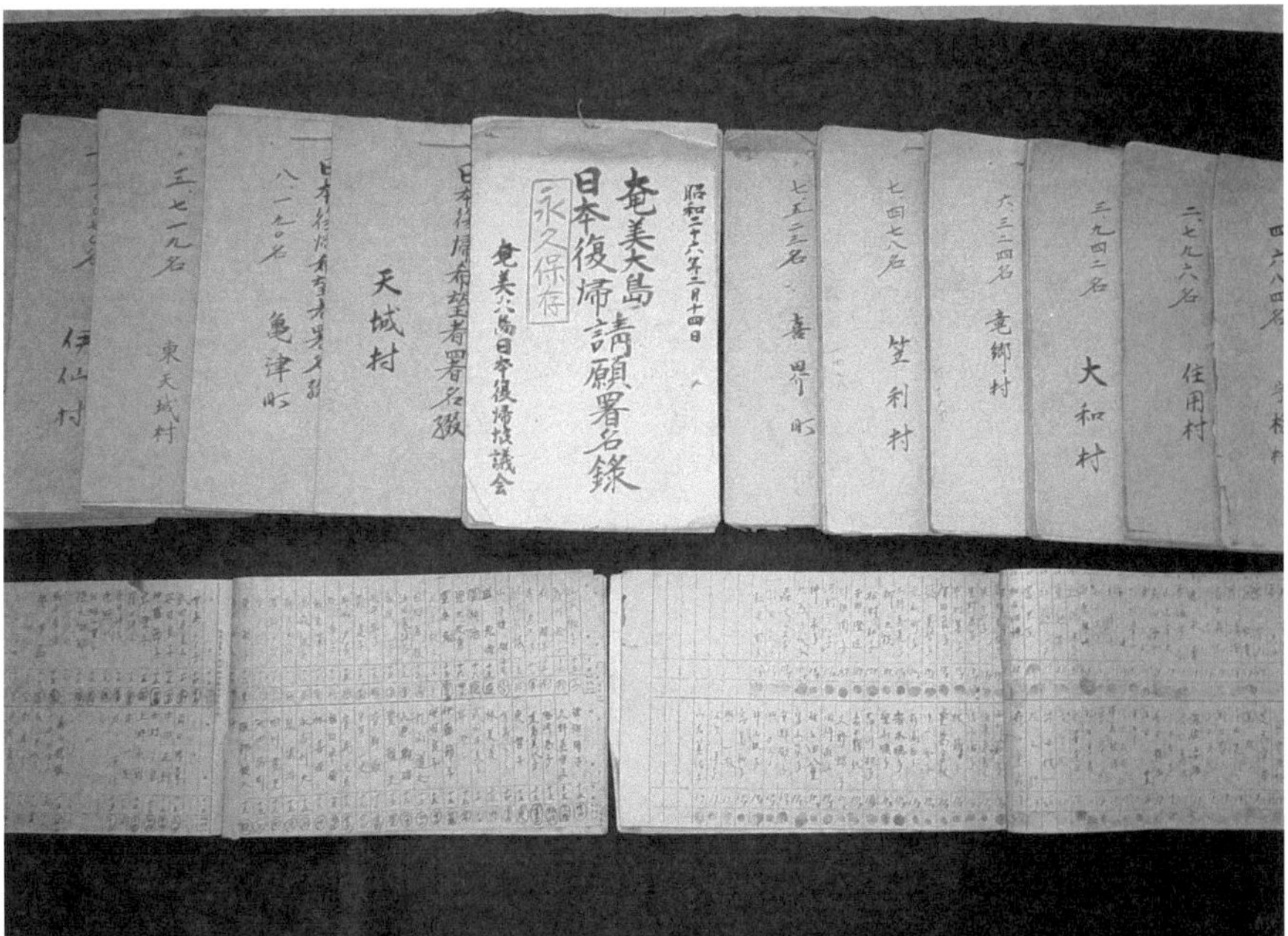

奄美大島日本復帰請願署名録

（一九三九）、三四歳の時に病気を患い、徳之島に帰郷した。健康が回復した昭和一六年（一九四一）、伊仙国民学校に代用教員として復職、同年、その高い能力が認められ、異例の抜擢で伊仙国民学校の教頭となる。そして昭和一八年（一九四三）には、神之嶺《かみのみね》国民学校の校長となった。

米国海軍占領統治下の昭和二一年（一九四六）三月、鹿児島県視学《しがく》として大島支庁に異動するが、昭和二四年（一九四九）に辞任、その後、名瀬で出版社の社長に就任し、総合雑誌『自由』の刊行を引き継いだ。人々の暮らしは大変貧しく、日本復帰を願う欲求は激しく高まっていたが、軍政府の厳しい監視や取り締まりのため、合法的に復帰運動を展開していくために、昭和二五年（一九五〇）、「社会民主党」を結成した。

泉芳朗

昭和二六年（一九五一）二月一四日には、「奄美大島日本復帰協議会」が発足し、議長に選出された。これを契機として、奄美群島は、一気に日本復帰運動に突入した。泉芳朗議長のもとで、「祖国復帰請願署名運動」、「電報陳情」、「断食祈願」、「群民（市民）大会」等が行われ、その様子はマスコミを通じて全世界に報道され、世論を強く喚起した。その指導力は名瀬市民の共感を集め、昭和二七年（一九五二）、名瀬市長に当選した。

昭和二八年（一九五三）八月八日、ダレス国務長官が、奄美群島を日本に返還する用意があると発表し、同年一二月二五日、奄美群島悲願の日本復帰が遂に成就した。

昭和二九年（一九五四）一月八日、衆議院議員選挙に出馬するために名瀬市長を辞任、一月一六日には奄美大島日本復帰協議会を解散した。衆議院議員選挙には八人の候補者が出馬、一度目の投票ではいずれの候補者も法廷得票数に達しない無効選挙となり、再選挙が行われたが、泉芳朗は落選した。その後の衆議院選挙にも立候補したが落選し、国政の場に立つことはできなかった。

泉芳朗は、昭和三四年（一九五九）四月九日、旅先の東京で急逝、五四歳の生涯を終えた。その生涯は、奄美群島の日本復帰と振興発展に奉げられた人生で、その偉業を讃えて「奄美復帰の父」と呼ばれている。

⑩痛恨の日

昭和二六年（一九五一）九月八日に「対日講和条約」が締結・調印され、翌年の四月二八日に「対日講和条約」（サンフランシスコ講和条約）が発効された。連合国による日本国の占領統治が終了、日本国の主権が回復した。トカラ列島は日本に返還されたが、北緯二九度以南の南西諸島は引き続き米国軍政府の施政権下におかれた。

奄美群島の人々は、日本が占領地化されず主権が回復したことを喜ぶと同時に、奄美群島が日本に返還されなかった悲しみと、いつかは日本への返還が実現するという期待から「痛恨の日」とした。沖縄では「屈辱の日」と呼ばれている。

日本復帰断食祈願

⑪プラカード事件

対日講和条約草案の第三条に「奄美と沖縄を分離する」という条項が盛り込まれていることが判明すると、「条約三条撤廃」や「信託統治絶対反対」を求める運動も展開される。

昭和二六年（一九五一）七月一三日、第一回

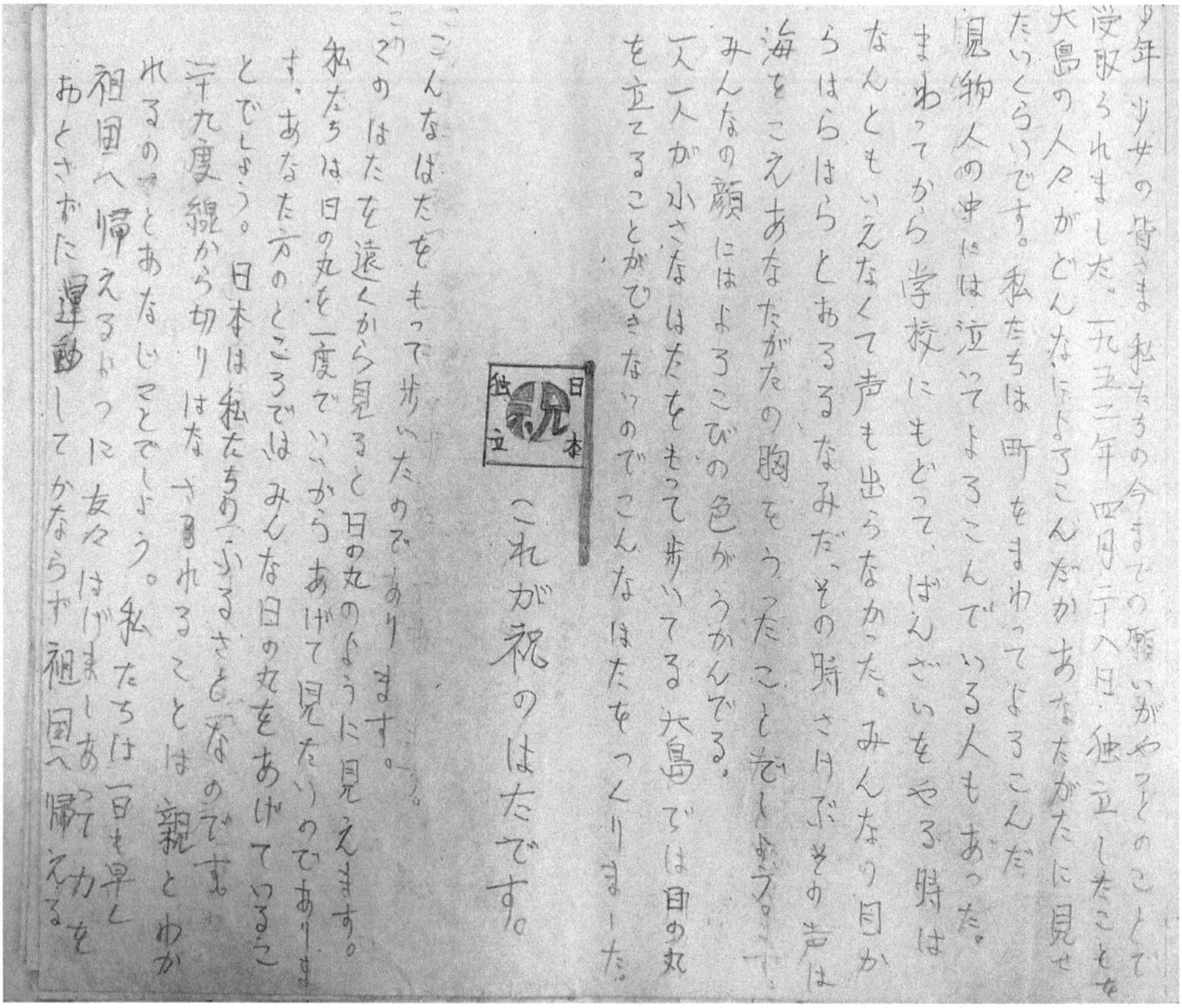
少年少女の皆さま　私たちの今までの願いがやっとのことで
受取られました。一九五二年四月二十八日　独立したことを
大島の人々がどんなによろこんだかあなたがたに見せ
たいくらいです。私たちは町をまわってよろこんだ
見物人の中には泣いてよろこんでいる人もあった。
まわってから学校にもどって、ばんざいをやる時は
なんともいえなくて声も出らなかった。みんなの目か
らはらはらとあるるなみだ、その時さけぶその声は
海をこえあなたがたの胸をうったことでしょう。
みんなの顔にはよろこびの色がうかんでる。
一人一人が小さなはたをもって歩いてる大島では日の丸
を立てることができないのでこんなはたをつくりました。
日本　独立　祝
これが祝のはたです。
こんなはたをもって歩いたのであります。
このはたを遠くから見ると日の丸のように見えます。
私たちは日の丸を一度でいいからあげて見たいのでありま
す。あなた方のところではみんな日の丸をあげているこ
とでしょう。日本は私たちのふるさとなのです。
二十九度線から切りはなされることは親とわか
れるのとおなじことでしょう。私たちは一日も早く
祖国へ帰えるようにお互いはげまし合って力を
あわせた運動してかならず祖国へ帰える

対日講和条約発効の日に書かれた名瀬中学校生徒の復帰を願う作文

名瀬市民総決起大会が名瀬小学校の校庭で開催され、校庭に「完全日本復帰貫徹」や「条約三条撤廃」、「信託統治絶対反対」等のプラカードやのぼり旗を持った市民が多数集まったため、米軍政府から中止命令が出された。話し合いの結果、プラカードやのぼり旗の撤去や規制を条件として大会は開催される。この事件を「プラカード事件」と呼んでいる。

この決起集会は、奄美群島が日本に復帰するまで二七回開催され、主に名瀬小学校の校庭が使用された。校庭正面の石段は、復帰を訴える演説等を行う場所として使用され、復帰運動の象徴として平成二五年（二〇一三）一〇月二八日奄美市の文化財に指定された。

⑫日の丸事件

軍政府統治の期間、行政府の名称は

度々変更された。昭和二一年(一九四六)一〇月から「臨時北部南西諸島政庁」、昭和二五年(一九五〇)七月から「北部南西諸島政庁」、同年一一月から「奄美群島政府」、昭和二七年四月から「琉球政府」、同年九月から復帰まで「琉球政府奄美地方庁」と変遷した。

昭和二七年(一九五二)四月、名瀬小学校校庭で開催された集会で、泉芳朗が「日の丸」を両手に持って演説をしたところ、米軍政府に連行されるという事件が発生する。この事件を「日の丸事件」と呼んでいる。日本と行政分離されており、米軍政府統治下にあっては「日の丸」を掲揚してはいけないという規則に触れたということであったが、泉芳朗は、「掲揚はしていない、両手に持っただけ」と反論し、釈放されたという逸話が残っている。

⑬二島分離反対運動

昭和二七年(一九五二)九月、日本復帰については北緯二七度半以北から沖永良部島と与論島が切り離される「二島分離」の報道があり、二島分離反対運動が活発となる。

同年一〇月一一日、沖永良部高校に同島の児童・生徒が自主的に集まり「学徒日本復帰協議会」を結成、

日の丸事件

プラカード事件

復帰が実現するまで断食闘争をすることを決議した。また、「われらを日本へ帰せ」という血の寄せ書きも行われた。

同年一〇月一五日、「二島分離抗議郡民大会」が風雨の中、名瀬小学校校庭で開催された。各職場は一斉休業、二四時間断食を決行、「条約第三条撤廃、完全日本復帰運動を勝利の日まで続行」と宣言、「民族分離絶対反対」等のプラカードや「沖永良部・与論連絡会」等ののぼり旗が校庭を埋めつくし、約一万人が集まったといわれている。「北緯二七度半以北」の返還や「二島分離」は、後に誤報道であったと判明した。

⑭ダレス声明

昭和二八年（一九五三）八月八日、米国と韓国の共同防衛条約の締結後、韓国から帰る途中東京に立ち寄ったダレス米国国務長官が「奄美群島を日本に返還する」旨の声明を発表。午後八時頃奄美の新聞社がその情報を入手して号外ニュースとして各地に知らせた。

復帰協議会本部の泉芳朗議長や幹部たちは、高千穂神社に感謝の参拝をし、奄美大島各地で八月踊りや提灯行列が繰り広げられた。

翌日の新聞は、大きな見出しで「ダレス声明」を報道した。八月九日の夜には、「ダレス声明感謝群民大会」が名瀬小学校校庭で開催され、一五〇〇〇人もの市民が提灯や感謝のプラカード、のぼり旗を持って詰めかけた。他町村でも同様の集会が行われた。

沖永良部島・与論島の二島分離（除外）反対の署名簿

「ダレス声明」後、大島復興対策本部が発足し、各種調査団が来島して復帰に向けた準備が進められる。琉球米国民政府副長官のダビッド・A・D・オグデン少将は、粗末な校舎で学ぶ子どもたちのために、琉球政府予算の獲得に尽力して、コンクリートブロック二階建校舎を復帰のプレゼントとして建築した。この校舎は「オグデン校舎」と呼ばれ、復帰後も校舎建

オグデン校舎建築記念プレート
（奄美市立伊津部小学校）

ダレス声明感謝の集い

日本復帰を喜ぶ泉芳朗

奄美市指定文化財「名瀬小学校石段」

築のモデルとされた。校舎は現存しないが、建築記念プレートが奄美市立伊津部《いつぶ》小学校の敷地内に残っている。

⑮日本復帰決定と祝賀飛行写真

昭和二八年（一九五三）八月一一日、米国大使館が「奄美群島の返還は、旧鹿児島県大島郡の全域である」旨について述べると、「二島分離」に揺れ動いた沖永良部・与論島の住民は大きな喜びに沸いた。しかし、復帰の時期が明言されていなかったため、群島民には苛立ちがあった。

復帰祝賀飛行

一二月になってようやく「一二月二五日返還」が決まる。一二月二四日の夕方、日米間で「奄美群島返還協定」に調印が行われ、奄美大島では、「琉球政府奄美地方庁」の廃庁式が行われた。

一二月二五日午前〇時、奄美群島の日本復帰が実現した。復帰を迎えた瞬間、高千穂神社の太鼓が打ち鳴らされ、祝砲が鳴り、「万歳、万歳」の歓声がおこり、「君が代」の放送が流れ、高千穂神社の社殿には関係者が集まり、復帰の感謝報告祭が行われた。また、鹿児島県知事や大島支庁長が名瀬入りし、奄美群島の返還式、大島支庁の開庁式、祝賀式典が開催され、新聞社やテレビ局による祝賀飛行、夜には提灯行列も行われ、各種祝賀行事が三日間繰り広げられた。復帰と同時にB円と日本円との交換も行われた。

(9) 現代（昭和・平成・令和）

奄美群島日本復帰後の昭和二九年（一九五四）六月、「奄美群島復興特別措置法」が制定された。

日本本土との格差是正や沖縄振興開発計画との均衡を目的とした復興事業や振興事業、振興開発事業等が導入され、奄美群島の自立的な発展と福祉の向上に取り組み、空港・港湾・道路・学校・病院・文化施設等の整備、特殊病害虫対策等、各分野の基盤整備事業が展開されてきた。

基礎的なインフラ整備の継続を図りながら、奄美群島の特性を活かした産業・観光・文化の振興や人材育成、情報発信事業に取り組む動きも出て、新たな産業の創出や大型ジェット機・LCC航空の就航や大型観光客船の寄港も行われるようになっている。

また、自然災害を想定した防災・減災の地域づくりの推進とともに、地域の自然・歴史・文化の多様性・特殊性を見つめ直し、その価値を評価する動きも出てきて、平成二九年（二〇一七）三月に「奄美群島国立公園」が指定され、世界自然遺産登録への機運も高まっている。（久）

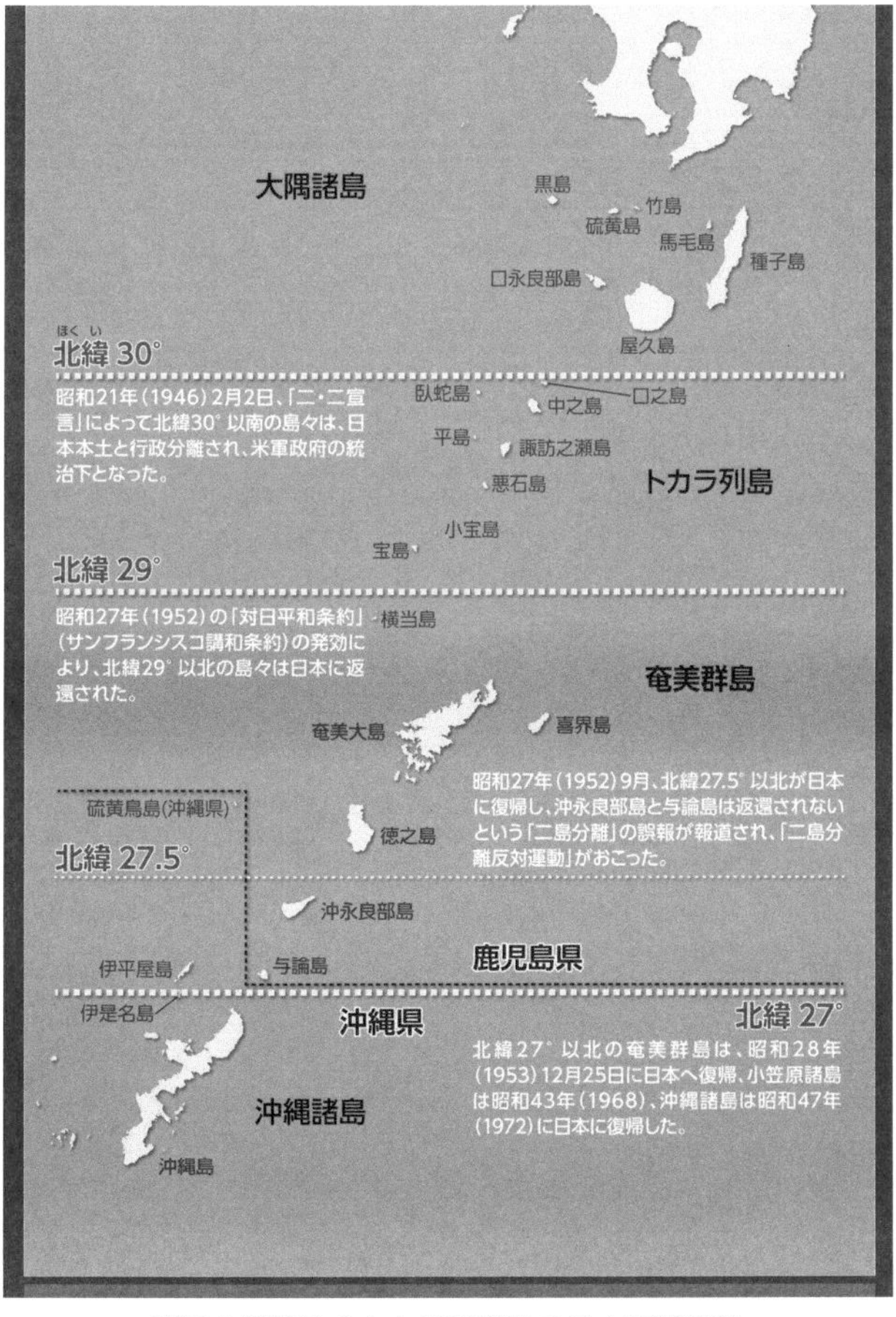

大隅諸島
黒島
竹島
硫黄島
馬毛島
種子島
口永良部島
屋久島
北緯《ほくい》30°
昭和21年（1946）2月2日、「二・二宣言」によって北緯30°以南の島々は、日本本土と行政分離され、米軍政府の統治下となった。
臥蛇島
中之島
口之島
平島
諏訪之瀬島
悪石島
トカラ列島
小宝島
宝島
北緯29°
昭和27年（1952）の「対日平和条約」（サンフランシスコ講和条約）の発効により、北緯29°以北の島々は日本に返還された。
横当島
奄美群島
奄美大島
喜界島
昭和27年（1952）9月、北緯27.5°以北が日本に復帰し、沖永良部島と与論島は返還されないという「二島分離」の誤報が報道され、「二島分離反対運動」がおこった。
硫黄鳥島(沖縄県)
徳之島
北緯 27.5°
沖永良部島
伊平屋島
与論島
鹿児島県
伊是名島
沖縄県
北緯 27°
北緯27°以北の奄美群島は、昭和28年（1953）12月25日に日本へ復帰、小笠原諸島は昭和43年（1968）、沖縄諸島は昭和47年（1972）に日本に復帰した。
沖縄諸島
沖縄島

米軍占領統治された南西諸島の日本返還過程

昭和 29 年（1954）6 月	「奄美群島復興特別措置法」制定（五年ごとに更新）
昭和 39 年（1964）6 月	笠利町に「奄美空港」開港
昭和 44 年（1969）10 月	「佐大熊・小浜」埋立地が完成
昭和 45 年（1975）4 月	「長浜」埋立地が完成
昭和 50 年（1975）12 月	「鳩浜」埋立地が完成する。
昭和 56 年（1981）7 月	「大川ダム」完成
昭和 59 年（1984）3 月	下水道供用開始
昭和 59 年（1984）7 月	「本茶トンネル」完成、翌年一一月供用開始
昭和 62 年（1987）7 月	「奄美博物館・奄美振興会館」が開館
昭和 63 年（1988）7 月	笠利町に「新奄美空港」が開港
平成 4 年（1992）12 月	奄美—東京直行便就航
平成 16 年（2004）4 月	名瀬港観光船バース供用
平成 18 年（2006）3 月	名瀬市・笠利町・住用町が合併し、「奄美市」となる
平成 29 年（2017）3 月	奄美群島国立公園が誕生する
平成 31 年（2019）2 月	奄美市役所新庁舎開庁式
令和元年（2019）8 月	奄美市立奄美博物館リニューアルオープン

現代（明治・大正・昭和）関係年表

旧港の埋め立てが進む名瀬の市街地（平成 30 年撮影）

3 「南島雑話」に見る奄美

『南島雑話《なんとうざつわ》』は、薩摩藩統治時代末期の奄美大島の様子について、カラーの挿絵と文章で記録された書物である。当時の動植物や衣食住、行事等が生き生きと描かれている。『南島雑話』の原本は、現在のところ確認されておらず、いくつかの機関に写本が所蔵されているだけであるが、当館の写本は挿絵が特に秀逸で色彩豊かで精細に描かれているのが特徴である。

当館では、この『南島雑話』の挿絵を全館の展示に展開して使用し、豊かな自然環境の中で人々の暮らしが営まれてきた様子を紹介している。『南島雑話』に描かれている奄美大島の妖怪「ケンムン」が、みなさんのご案内役として館内のあちこちに出現するので、探していただくのも楽しいかもしれない。

(1)『南島雑話』について

『南島雑話』は、江戸時代末期の奄美大島の人々の衣食住や生業、動植物等が描かれている史料である。この『南島雑話』という名称は、一冊の史料名称ではなく、「南島雑話」・「南島雑話附録」・「南島雑記」・「大嶹竊覧《だいとうせつらん》」・「大嶹便覧《だいとうびんらん》」・「大嶹漫筆《だいとうまんぴつ》」等の巻で構成されている史料群の総称である。原本は現在のところ確認されておらず、写本といわれるものは当館の他に東京大学史料編纂所や鹿児島大学附属図書館等で所蔵されている。当館の『南島雑話』の特徴として、トカラ列島関係について書かれた「川辺郡七島記《かわなべぐんしちとうき》」が含まれている点が他の所蔵機関とは異なる。

『南島雑話』は当初、著者不明の史料だったが、昭和九年(一九三四)に生物学者の永井亀彦《ながいかめひこ》氏が『高崎崩《たかさきくずれ》の志士　名越左源太翁』において、名越左源太が著者であると特定した。弟の永井龍一《ながいりゅういち》氏が同年に謄写版の『南

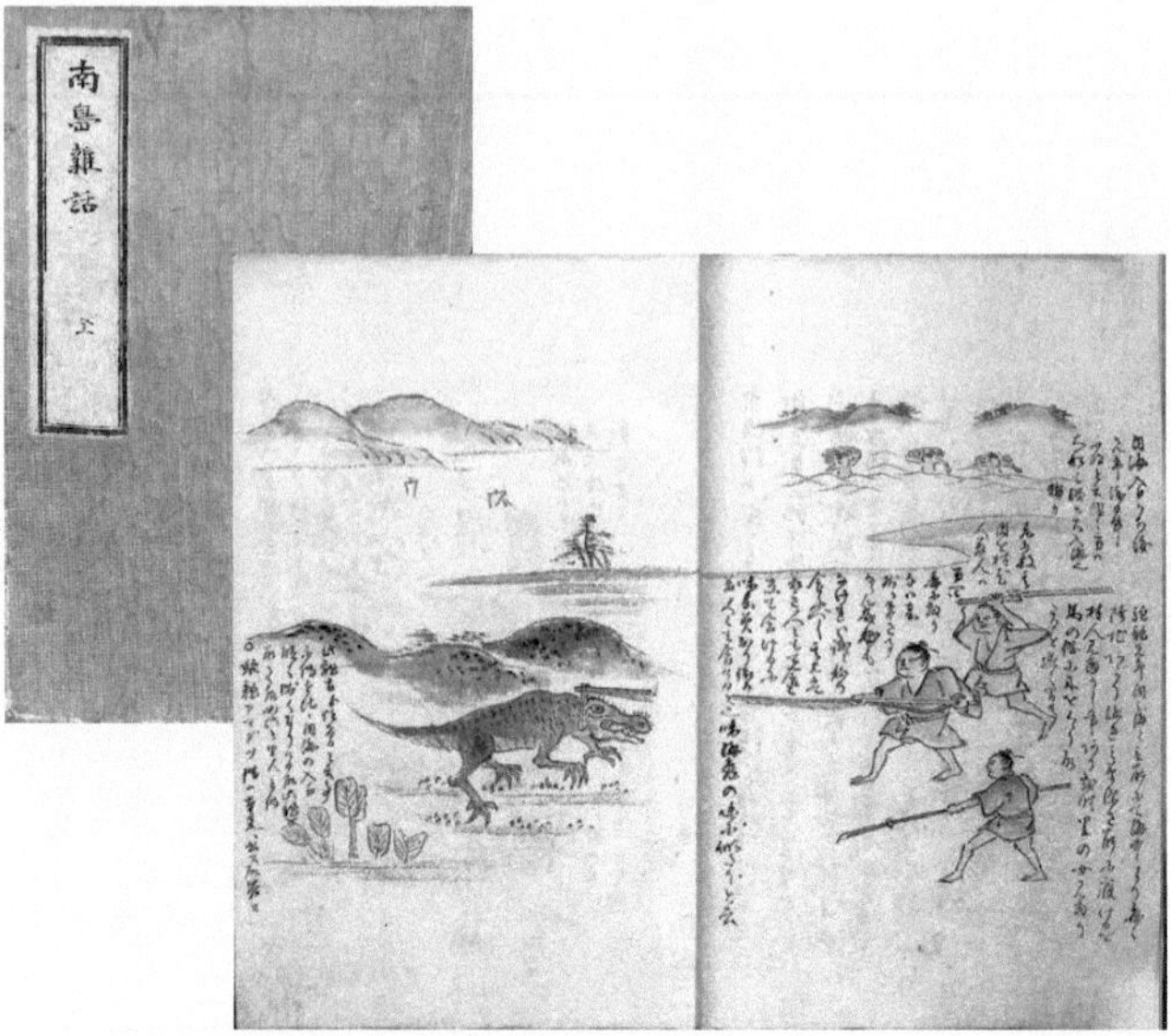

「南島雑話」

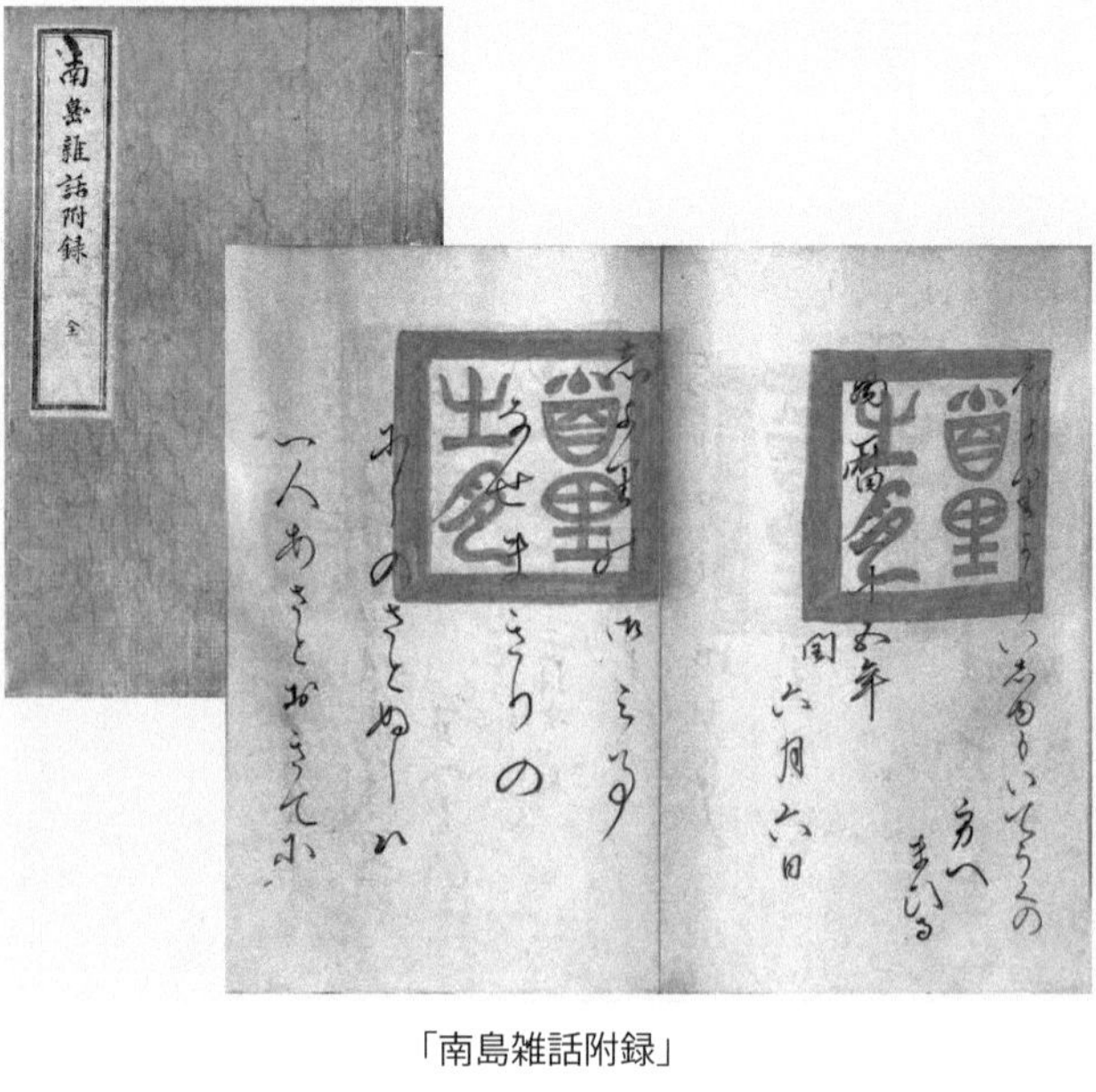

「南島雑話附録」

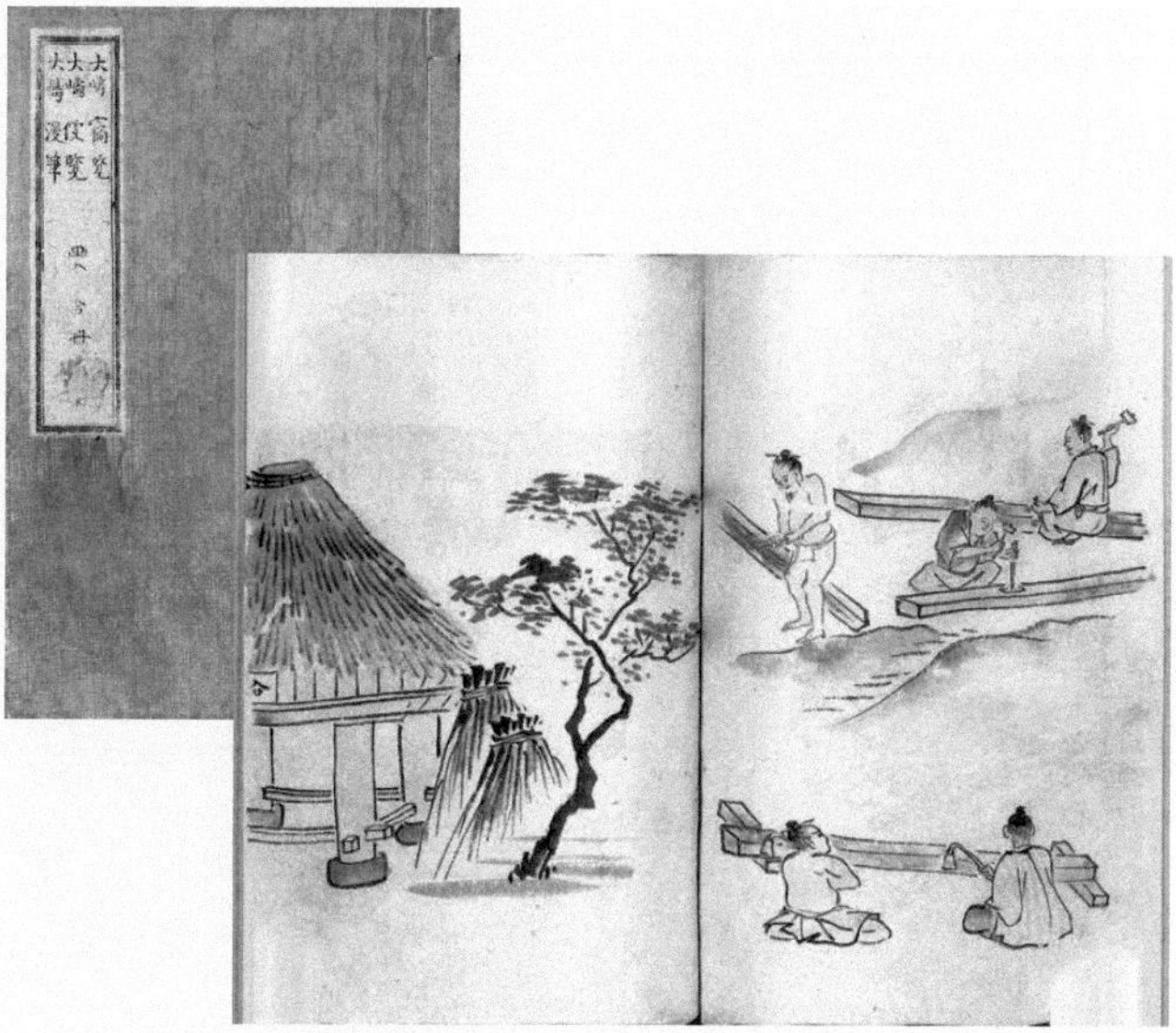

「大嶹竊覧・大嶹便覧・大嶹漫筆」

「地理纂考・通昭録・南島雑記」

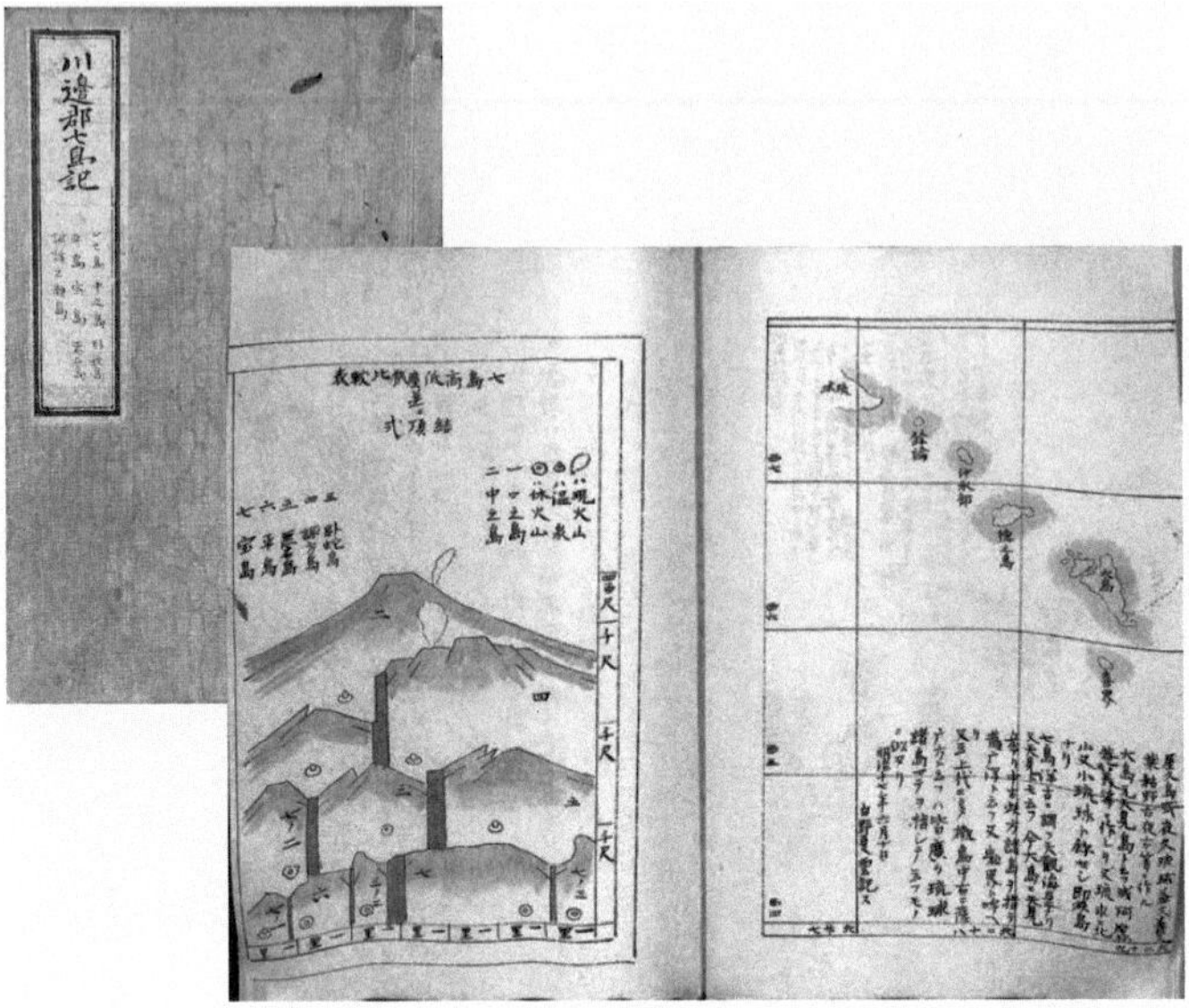

「川辺郡七島記」

島雑話』を刊行していることが調査のきっかけだったという。

現在では『南島雑話』の著者について、新たな見解が示されている。河津《かわづ》梨絵《りえ》氏の「『南島雑話』の構成と成立背景に関する一考察（平成一六年（二〇〇四））」により、『南島雑話』を構成する各巻のうち、「南島雑話」および「南島雑話附録」は、文政一二年（一八二九）に奄美大島に派遣された御薬園方《おやくえんかた》見聞役の伊藤助《いとうすけ》左衛《ざえ》門《もん》によって記録された資料の一部であるという事実が確認されたのである。

河津氏によると、伊藤助左衛門が記録した「南島雑話」と「南島雑話附録」の成立背景として、奄美群島を含む薩摩藩統治地域の島々（琉球国も含まれる）の特産物全般を対象とした藩による専売体制整備の動きがあったことが指摘されている。

(2)『南島雑話』の奄美博物館寄贈の経緯

奄美博物館本『南島雑話』は、昭和一〇年（一九三五）以前に、鹿児島市の「今井書店」という古書店で売られていたものをある資産家が購入し、その資産家から永井亀彦氏に托されたものである。永井氏が保管していたことから、長らく「永井家本」として知られてきた。その後、亀彦氏から息子の昌文氏に引き継がれたのである。平凡社東洋文庫『南島雑話』一・二の底本にも使われている。

平成三年（一九九一）一月一二日、奄美博物館運営委員会委員長であった楠田豊春《くすだとよはる》氏の仲介により、奄美博物館で永井昌文《ながいまさふみ》氏の講演会が実現した。永井昌文氏は人類学者であるが、北部九州等から発見される弥生時代の埋葬人骨に装着されている貝製腕輪の素材が、南西諸島に生息するゴホウラである事実を突きとめた考古学的業績も残されている。博物館講演会の演題も、最初は古代人骨の腕輪やゴホウラに関するものになる予定であったが、『南島雑話』は奄美研究のバイブルとして知られていたので、奄美の人々も見てみたいのではないかとご高配いただき、「南島雑話をめぐって」という演題に変更されたのであった。

講演会当日、永井昌文氏は、所蔵されている永井家本『南島雑話』五巻を持参され、実物を紹介しながら講演を行われた。講演の最後に、永井氏は、満席となり会場を埋め尽くした聴講者に「こんなに多くの方々が熱心に『南島雑話』に興味を持っていただき非常に感激しています。地元である奄美に置いて帰りますので、みなさまの研究に役立ててください。これまで「永井家本」といわれてきましたが、本日から「奄美博物館本」となります」と述べられて講演を終了されたのである。突然の永井家本『南島雑話』の寄贈決定であった。

永井氏は、かねてより南島研究の友人である酒井卯作《さかいうさく》氏から、「『南島雑話』は郷里である奄美の方々にとって必要なものであるので、機会があれば奄美に保管していただきたい」という話を聞かれていたそうである。そのことが、奄美博物館講演会を機会として、永井家本『南島雑話』を奄美博物館に寄贈されるというご尊志に結びついたのである。

（3）名越《なごや》左源太《さげんた》について

①略歴

名越左源太（一八一九～一八八一）は、薩摩藩の番頭兼御側用人・小姓組番頭兼御軍役奉行・社寺奉行・大番頭等の重要な職務を勤めてきた上級武士で、和歌・書画・医術・本草学にも通じていた教養人でもあった。

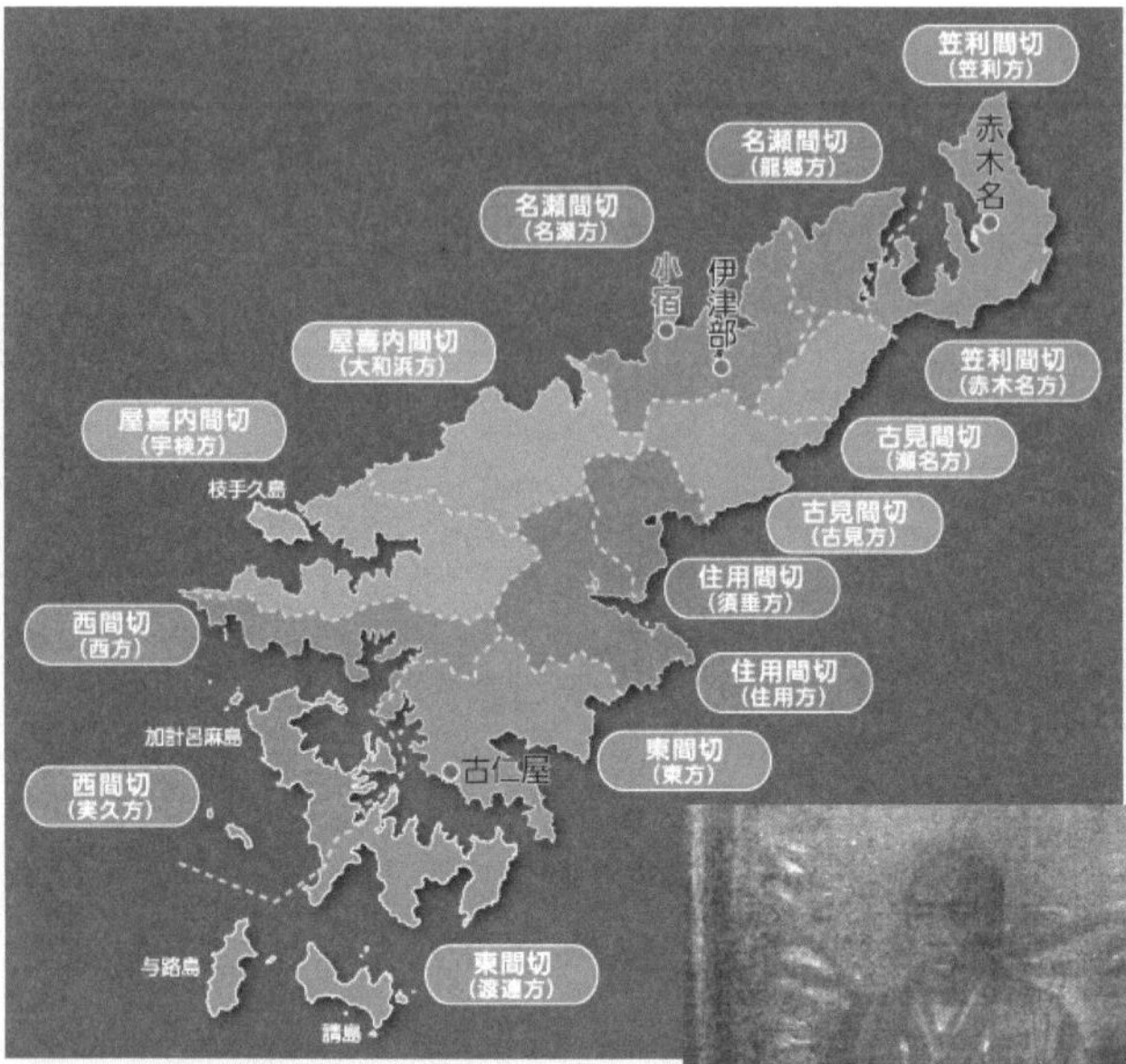

名越左源太 肖像 明治11年(1878)1月・長崎
(出典：内村八紘「名越左源太と長男・時成」)

小宿村に暮らした名越左源太

しかし、嘉永二年（一八四九）に起きた薩摩藩主・島津斉興《なりおき》の跡継ぎをめぐる争い（高崎崩れ・お由羅《ゆら》騒動・嘉永朋党《ほうとう》事件）に関与したとして謹慎・免職となり、奄美大島に遠島処分を受けた。

②奄美大島への足取り

左源太は、嘉永三年

（一八五〇）三月に前之浜（鹿児島城下の下町前面の海岸）を出発し、同年四月二九日に名瀬間切仮屋元へ到着した。仮屋とは代官所のある所で、当時は伊津部に置かれていた。現在、仮屋の跡には、検察庁や裁判所（奄美市名瀬矢之脇町）等国の行政機関が所在している。

五月八日に小宿村の藤由気《とうゆき》の家を借りる事が決まり、藤由気の養子の嘉美行《かみゆき》の案内で小宿村へ徒歩で向かった。この時に左源太が借りていた住居跡が現在も奄美市名瀬小宿《こしゅく》にある。また、左源太の小宿村での様子は、本人の日記『遠島《えんとう》日記（遠島録）』からうかがい知ることができる。嘉永五年（一八五二）には、遠島中にもかかわらず「島中《とうちゅう》絵《え》図《ず》書方《かきかた》」の役目が命じられ、代官や見聞役と一緒に島中を回り調査・記録した。

③奄美大島から鹿児島へ

安政元年（一八五四）七月に罪が許され、翌年四月二日に小宿村を離れ、鹿児島へ帰る船に乗るため赤木名港に向かう。赤木名到着後は、風待ちのためしばらく待機し、六月一〇日に出帆、一九日に志布志湾の日州《にっしゅう》諏訪《すわ》の湊（現在の宮崎県串間《くしま》市）に到着後、志布志《しぶし》・古江《ふるえ》を経由し、鹿児島城下の自宅へ帰着した。

鹿児島へ帰った後は、明治七年（一八七四）まで現在の宮崎県の地頭職や鹿児島の寺社奉行等の職に就き、明治一四年（一八八一）六月一六日に行年六三歳で亡くなった。

④奄美大島の人びととの交流

鹿児島に帰った後の名越左源太と小宿村や大島の人達と交流が続いていたことが十数点の手紙からうかがい知ることができる。奄美大島の島民からは、左源太への手紙の他、黒砂糖の入った樽や塩豚等の贈り物もあった。また、左源太の方からも高級なお茶等の贈り物を島民へ送っていたことが書かれており、遠島中の名越左源太が、小宿村や奄美大島の人々に慕われ、親しく交流していたことが手紙を通して読み取れる。

左源太と特に交流のあった藤由気・嘉美行・亀蘇民《きそたみ》について紹介すると、藤由気は左源太に住居を提供した者で、学識のある富裕層の一人であった。左源太の日記には、魚や野菜・菓子等様々な差し入れをしている様子が

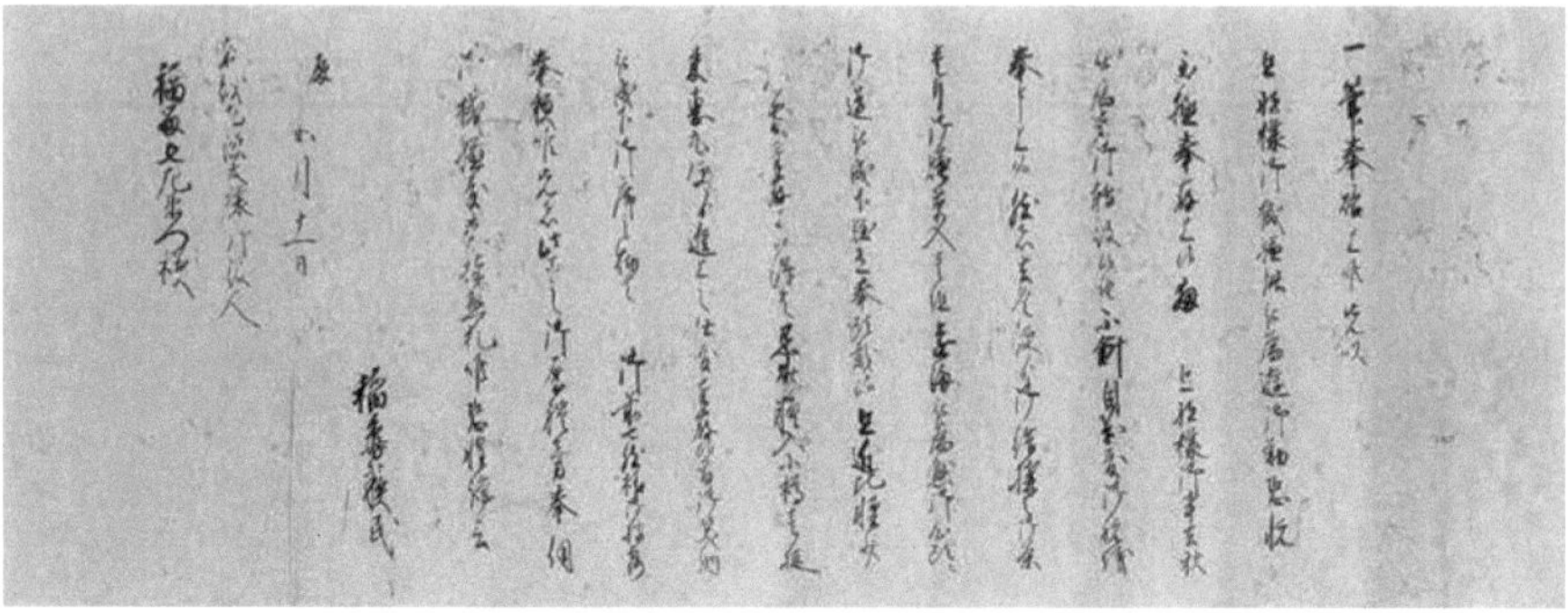

小宿村・亀蘇民から左源太に宛てた書簡

記されている。藤由気の子孫は、後に「藤野」姓を名乗っている。

嘉美行は藤由気の養子で、左源太の赦免後に同行して鹿児島に行き、医術を習得した。奄美大島へ戻った後、名前を「加勇田藤良《かゆたとうりょう》」と改めた。

亀蘇民は、当時の学識者の一人で、左源太の住居の近所に住んでいたため、手習いや差し入れのために左源太宅を訪れている様子が日記に記されている。子孫は後に「稲《いな》」姓を名乗っている。

⑤『南島雑話』以外の左源太の著書

『南島雑話』以外の名越左源太の著書は、『遠島日記』や『夢留《ゆめとどめ》』等数多くある。『遠島日記』と『夢留』は、「名越左源太関係史料」として平成一三年（二〇〇一）に名越左源太の子孫の方より奄美市立奄美博物館へ寄贈された史料群に含まれている。

『遠島日記』は、名越左源太が小宿村に遠島中の嘉永三年（一八五〇）三月二七日から一一月四日までの日記と安政二年（一八五五）四月一日から六月三日までの日記である。この日記は、当時の出来事や食事等、左源太の生活の様子が記されている。

『夢留』は、名越左源太が嘉永四年（一八五一）七月から翌年一二月二四日までの期間、その日みた夢の内容を書き留めたものである。『遠島日記』と比べると、左源太の心情的な内面を知ることができる日記ともいわれている。

(4) 奄美博物館所蔵『南島雑話』写本の成立について

①永井家本『南島雑話』の所有者について

奄美博物館が所蔵する『南島雑話』五巻(「南島雑話」、「南島雑話附録」、「大嶹竊覧・大嶹便覧・大嶹漫筆」、「地理纂考《ちりさんこう》・通昭録《つうしょうろく》・南島雑記」、「川辺郡七島記」)には、共通して「宮里《みやざと》」という印鑑が押されている。

博物館本『南島雑話』は、そもそも昭和初期に鹿児島市にある古書店「今井書店」で、五巻一組で売られていたものである。五巻のいずれも、表紙をめくった最初のページの右下に「宮里」の押印があるので、この「宮里」の押印は、これら写本五巻を所有していた人物による蔵書印である可能性が考えられる。

写本のサイズについては、「南島雑話」・「南島雑話附録」の二冊が縦二三・五㎝×横一四・七㎝、「大嶹竊覧・大嶹便覧・大嶹漫筆」・「地理纂考・通昭録・南島雑記」・「川辺郡七島記」の三冊が縦二二・五㎝×横一四・五㎝で、五巻ともほとんど同じ規格である。写本装丁も同じ仕様で行われており、一緒に製作された可能性がきわめて高い。

写本五巻に記載されている地域については、表に記載しているとおり、「南島雑話」・「南島雑話附録」・「大嶹竊覧・大嶹便覧・大嶹漫筆」は奄美大島を対象としたものであるが、「通昭録」は奄美群島、「地理纂考」は種子島・屋久島を除く大隅諸島とトカラ列島、「川辺郡七島記」はトカラ列島と、現在の薩南諸島(鹿児島県)に当たる島嶼に関する情報を持つものである。他機関に所蔵されている『南島雑話』写本にはみられない記載地域の特徴がある。

そうした奄美博物館所蔵『南島雑話』写本に関する以上の情報に基づき、押印されている「宮里」という人物について、奄美博物館では調査を重ねてきた。その結果、『大島代官記』に記載されていた「宮里正静《みやざとまさやす》」という人物が浮上してきたのである。宮里は、明治一八年(一八八五)に大島郡長(現在の大島支庁長)として奄美大島に赴任してきた官僚である。

明治時代初期には、全国的に行政区域の編成が進められ、明治一二年（一八七九）には郡区町村編成法の施行に伴い、奄美群島は大島郡として鹿児島県大隅国に編入され、大島郡役所が名瀬金久村《かねくむら》に設置された。

さらに明治一八年（一八八五）になると、大島郡役所が廃止、新たに金久支庁が設置され（現在の名瀬市街地のかねく公園）、管轄地域として熊毛郡《くまげぐん》・馭謨郡《ごむぐん》と薩摩国川辺郡における黒島《くろしま》・竹島《たけしま》・硫黄島《いおうじま》・諏訪之瀬島《すわのせじま》・臥蛇島《がじゃじま》・平島《たいらしま》・口之島《くちのしま》・中之島《なかのしま》・悪石島《あくせきじま》・宝島《たからじま》の一〇島が新たに編入さ

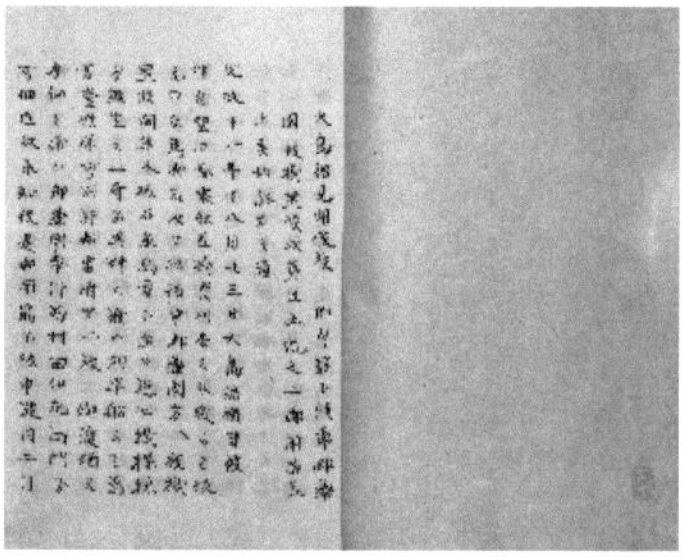

「南島雑話附録」の印影の様子

奄美博物館本『南島雑話』写本	サイズ	写本に記載されている地域
南島雑話	二三・五cm×一四・七cm	奄美大島
南島雑話附録	二三・五cm×一四・七cm、	奄美大島
大嶹竊覧・大嶹便覧・大嶹漫筆	二三・五cm×一四・五cm	奄美大島
地理纂考・通昭録・南島雑記	二三・五cm×一四・五cm	大隅諸島（種子島・屋久島を除く）・トカラ列島、奄美群島、奄美大島
川辺郡七島記	二三・五cm×一四・五cm	トカラ列島

奄美博物館本『南島雑話』写本の規格・内容

れたのである。こうした行政編成が行われた年に、大島郡長として人事異動してきた人物が宮里正静である。「大島郡」の行政範囲として、大隅諸島とトカラ列島が新たに加えられた時の大島郡長となる宮里が、職務上必要となるこれらの島嶼地域の情報と、「今井書店」で販売されていた「宮里」の押印がある『南島雑話』五巻の記載情報はよく一致することがわかる。

現在の奄美博物館本『南島雑話』五巻に共通して押印されている「宮里」の印影については、これまでほとんど検討されたことがない。河津梨絵氏は、沖縄県教育委員会『史料編集室紀要』第二九号に掲載された論考「南島雑話の構成と成立背景に関する一考察」の中で、「「宮里」印が押されている」と述べ、その存在については指摘している。

奄美博物館本『南島雑話』五巻に認められる「宮里」の押印を、所有者の蔵書印と理解するならば、その「宮里」なる人物は、明治一八年（一八八五）に大島郡長に就任した「宮里正静」である可能性がきわめて高いと考えられる。

②宮里正静について

宮里正静は、弘化三年（一八四六）に薩摩で生まれ、明治四年（一八七一）に開拓使一四等出仕官となり、明治六年（一八七三）には東京で洋式染工所や西洋薬種製造所を設立している。著書に『化学対訳辞書』（明治七年）や『染工新書化学実験』（明治九年）、『染工全書化学実験』（明治一一年）等があり、洋学知識の持ち主でもあったことがわかる。

［**内務省勤務時代**］明治七年（一八七四）に内務省勧業寮が設立されてから、宮里は、内務省勧業寮、内務省勧農局に勤務し、明治一一年（一八七八）から明治一四年（一八八一）まで駒場農学校において、お雇いイギリス人教師キンチの助手や、「綿糖共進会」の砂糖審査掛長や第二回「内国勧業博覧会」の審査官等を務めている。農商務省（明治一四年以前は内務省）は、博覧会も共進会も殖産興業政策の主要な柱の一つと考えており、宮里

も内務省と農商務省勤務時代には審査官として審査を行っている。

［**農商務省勤務時代**］明治一四年（一八八一）に内務省・大蔵省から独立する形で農商務省が設立されてからは、宮里は農商務省農務局に配属となり、糖業振興のため奄美大島へ派遣されている。

明治一四年は松方デフレの影響もあり、農産物の価格が下落し、砂糖の価格も下落していた。政府は価格の高い白下糖の生産を全国に奨励していたが、奄美群島ではそれ以前にまず栽培技術を向上させ、サトウキビの収穫量を上げることが優先されたのである。

宮里は、明治一五年（一八八二）一月二八日に伊津部村《いつぶむら》のサトウキビ畑を巡視し、サトウキビの糖分調査を行い、その結果を『大日本農会報告』第四三号に「甘蔗発穂図説」として報告している。

また、明治一六年（一八八三）一月にも讃岐式甘藷圧搾機を携えて奄美大島へ来島し、古志村《こしむら》（瀬戸内町）・伊津部村（奄美市名瀬）で白下糖《しろしたとう》製造に従事し、砂糖の品質改善にあたっている。古志村での製糖試験の結果は、『大日本農会報告』第四一号に「鹿児島県大隅国大島郡西方古志村甘蔗栽培及び製糖試験顛末」として報告している。

宮里正静　写真出典：「鹿児島商工会議所六十年史」

［**奄美大島勤務時代**］奄美大島における糖業振興の功績があったためか、明治一八年（一八八五）三月から九月まで大島郡長（現在の大島支庁長）として赴任している。宮里の大島郡長としての在任期間はわずか六カ月であったが、明治二一年まで大島島庁でも勤務した。宮里の次に大島郡長に就任したのは新納中三《にいろちゅうぞう》である。新納は、鹿児島の絵師・木脇啓四郎《きのわきけいしろう》に『南島雑話』の写本（島庁本）を作成するよう依頼した人物でもある。

［**奄美大島勤務以降**］奄美勤務から離れた後は、清国地方糖業他の調査で上海・香港・広東・台湾等を巡視した。その後、明治二六（一八九三）年に鹿児島商工会議所の初代会頭となり、明治二七年

（一八九四）には鹿児島紡績所所長に就任、その他にも鹿児島実業新聞初代社長、鹿児島興産株式会社社長、鹿児島電気株式会社取締役、薩摩煙草株式会社社長等の要職に就き、鹿児島の実業界に功績を残している。

③農商務省による農書蒐集事業

明治一四年（一八八一）四月七日、内務省・大蔵省から独立する形で農商務省が設立される。これは、明治一三年一一月に、伊藤博文と大隈重信の建議を受け、組織改革で経費削減を図り、勧業政策の推進のために、内務省・大蔵省で分任している農商務行政について、一省にまとめる必要があると主張されたことによる。

明治一五年（一八八二）一〇月、農商務省に統計課が設置され、四月には同課に「農書編纂掛」が配置されている。明治一六年（一八八三）に農商務省農務局が作成した『農商務省図書類別目録　和書之部』によると、「南島雑記」「南島雑話附録」が地誌として登録されている。また、同年、各府県に対し、民間に残存している古文書旧記類の調査指示が布達されている。東京国立博物館所蔵の『南島雑録植物部抄録』によると、明治一八年四月、農商務省博物局天産課が農書編纂掛より「南島雑録」を借用し、植物のみを抜粋した抄録「南島雑録植物部抄録」を作成している。

農商務省の官僚であった宮里正静は、こうした一連の情勢にも通じていた人物と考えられ、大島郡長として赴任した際、職務に当たる管轄地域の情報収集、概要把握のために、必要な文献の写本五巻を作らせたのではないだろうか。写本五巻は、同じ寸法・規格で製作され、いずれも「宮里」の押印があり、それらの記載情報は、宮里が赴任した大島郡長の管轄地域である大隅諸島、トカラ列島、奄美大島、奄美群島のものであった。

そして、その後、どの段階なのかはわからないが、写本五巻が古書店に売りに出されたと推察するものである。今後のさらなる研究に期したい。（山下）

4　境界の歴史―奄美史の特徴

（1）伸縮する国家領域

たとえば、太平洋戦争の敗戦後、南西諸島は、北緯三〇度以南が行政分離され、米軍の占領統治下に置かれた苦難の歴史がある。その後、米軍占領統治下の島嶼は、トカラ列島、奄美群島、琉球諸島（沖縄県）と段階的に日本に返還されてきた。この事実は、現代においても日本という国の範囲が伸縮していたことを私たちに教えてくれる。日本の国家境界は、奄美群島の南北で揺れ動き、伸縮していたのである。

本章2「重層する歴史の島―奄美通史―」で、奄美群島の歴史を通時的に概観してきた。この概観に際して意図したのは、国家の政治的体制が歴史的に変遷していく過程で、日本という国家の南側の境界はどこに置かれてきたのかという事実を通時的に確認することであった。そのために、それぞれの時代概説で南西諸島の地図を必ず挿入し、そこに国家境界の位置を示してきた。そうした視点を持ち、奄美通史を概観してみる時、日本の国家境界は、南西諸島の中で伸縮を繰り返してきた様子をご理解いただけたと思う。

このような国家境界が伸縮を繰り返してきた国家の周縁地域は、「境界領域」と呼ばれてきた。「境界領域」とは何かということについて、村井章介《むらいしょうすけ》氏は、「交易活動の盛衰により伸縮する曖昧で弾力のある領域」（村井一九九七）であると指摘する。古代史・中世史研究では、南西諸島の北側の島嶼、すなわち薩南諸島（鹿児島県）、とりわけ奄美群島が、日本の境界領域に当たる海域として、今、大いに注目されている。

国家の境界については、政治地理学において二つの概念がある。ひとつは、「BOUNDARY（バウンダリー）」と呼ばれるもので、「線」の境界である。もうひとつは、「FRONTIER（フロンティア）」と呼ばれるもので、「面」の境界である。線では区切れないあの地域から向こう側は違う地域になるというような、面（地域）を境としてとらえた概念が「FRONTIER」である。それに対して、線の境界は、文字どおり一本の線で、ある所属地域が明確に区画されてしまうものである（岩田一九五三）。二〇世紀という時代は、地球上のほとんどの土地がどこかの国家に所属するようになり、それらの土地が線の国境で管理されるようになった稀有の時代である。前近代においては、国家の境界は、「線」ではなくて「面」として認識されていた。あのあたりから向こう側には違う言葉を話す人たちが住んでいるというような認識がされていたが、近代以降は、国家の範囲が線で示されるようになり、その線を境として別々の国家に分割されるようになっていったのである。

国家の範囲は、ある政治的事情等により伸び縮みするものである。日本の南側の国家境界というものに目を向けた時、それは南西諸島の中で歴史的に伸縮を繰り返してきていて、固定された不動不変なものではなかった。特に奄美群島は、伸びたり縮んだりする国家境界にいつも隣接し、あるいは包摂され、国家の内外に所属を複雑に変えてきた。国家境界に注意しながら奄美群島の歴史を通時的に概観した時、奄美群島の歴史的位相として、「境界領域」という姿が理解されてくるのである。

(2) 日本歴史の理解に欠かせない奄美史

私たちは、奄美群島の歴史について、さまざまな観点からたくさんのことを学ぶことができる。前節で述べてきた日本の南側の国家境界が、南西諸島の中で伸縮を繰り返し、奄美群島は「境界領域」として理解できるということもそのひとつである。奄美群島については、これまで鹿児島県と沖縄県、あるいは薩摩藩と琉球国の「狭間」であるとしばしば指摘されてきたが、「狭間」でなく日本という国家の「境界領域」と理解する時、奄美群島に刻まれてきた苦難の歴史が、普遍的な学びの対象として鮮明に現れてくるように思われる。

日本の南側の国家境界は、奄美群島の南北で揺れ動き、伸縮を繰り返してきた。だから、それぞれの時代における国家の範囲はどこまで広がるのか、国家境界の位置はどうしてそこにあるのか、その意味を理解することは、日本の歴史を理解することに繫がっている。そうした奄美群島の歴史とは、日本の行政統治と不可分の関係にあり、日本の歴史を理解する上で欠かせない地域史であると位置づけられ、注目されはじめている。

特に、古代史・中世史の研究では、平成時代を中心に、奄美群島からヤコウガイ大量出土遺跡（奄美大島）、カムィヤキ陶器窯跡（徳之島）、城久遺跡（喜界島）等の重要遺跡の考古学的発見が相次ぎ、その歴史的背景の考察にも高い関心が寄せられている。城久遺跡は、九州から南漸した移住集団により営まれた特異な遺跡で、最盛期を迎える一一～一二世紀は、南方物産交易にも深く関わる荘園「島津荘」の成立期に当たり、徳之島における窯業生産（カムィヤキ陶器窯跡）の出現とも同一時期となる。さらにこの時期は、ヤコウガイ貝殻を原材とする厚貝螺鈿の最盛期とも合致していて、南海産のヤコウガイ貝殻の需要、消費が著しく上昇していた時期でもある。

奄美群島北部に位置する喜界島・奄美大島・徳之島の三島は、九州から最も近距離に位置する南方物産の産出地であった。そうした南方物産の交易拠点として「最北の亜熱帯」の島嶼において開発が進められ、整備された前線基地が城久遺跡であると考えられる。カムィヤキ陶器窯跡も、城久遺跡に陶器類を供給するために設置された可能性が高い。古代・中世における南方物産交易の活発化が、国家領域に隣接する「境界領域」の開発となり、その範囲の拡大に繫がっていくのである。そうした「境界領域」の特質は、その後の薩摩藩統治時代において、植民地的なサトウキビのプランテーションを出現させるのである。

「境界領域」として歴史的に複雑な行政統治を経験してきた奄美群島は、鹿児島県・沖縄県の歴史的、政治的立場性（ポジショナリティー）が交錯する地域である。私たちが奄美群島の歴史を学ぶ際には、その立場性を十分確認することが大切である。特に鹿児島県では、薩摩藩統治時代に奄美群島において特異な行政統治が施行されているので、その歴史的理解をめぐっては、統治・被統治の立場性が顕在化しやすく、自分の所属社会に収斂させた理解論が示されがちであった。先学の諸説をただ踏襲するのではなく、根拠史料（資料）を十分に渉猟、確認しながら、科学的な学びを謙虚に実践したい。（高梨）

第三章　亜熱帯雨林に育まれた奄美

1　奄美群島の自然

（1）奄美群島の自然

鹿児島県の南に位置する奄美群島は、トカラ列島と沖縄諸島の間に点在する喜界島《きかいじま》・奄美大島・加計呂麻島《かけろまじま》・請島《うけじま》・与路島《よろじま》・徳之島《とくのしま》・沖永良部島《おきのえらぶじま》・与論島《よろんじま》の有人八島からなる。

奄美群島は、西側を流れる暖流の黒潮とモンスーンの影響を受け、年間降水量が二二〇〇～三〇〇〇㎜（奄美大島の平均値）にも及ぶ「亜熱帯海洋性気候」に属する。年間平均気温は二一度前後で、最も冷え込む一～二月でも、一〇度を下回る日はほとんどない。そのため、冬眠する動物はおらず、ハブ等の変温動物も気温の低下により活動が鈍くなる程度である。

また、国内最大級の常緑広葉樹林、琉球石灰岩の急峻な断崖や熱帯的なカルスト地形、日本で二番目の面積を誇るマングローブ群落、広大なサンゴ礁等、島によって様々な自然環境が存在し、陸域から海域まで多様な生態系が残されている。これらの環境には、多様な動植物が生息・生育しており、地球上で奄美群島にしかいない種も多く生き残っていることから、「生物多様性」の島々として注目されている。

亜熱帯照葉樹林（奄美大島：湯湾岳展望台から大和村側（北側）を望む）

（2）奄美群島の成り立ち―遺存固有種・新固有種・遺存固有かつ新固有種―

①奄美群島の成り立ち

約一二〇〇万年前、現在の南西諸島に相当する陸地は、ユーラシア大陸の東端に位置していた。大陸を起源とするアマミノクロウサギやケナガネズミ等の祖先種は、この頃に内陸部から大陸の東端まで移動してきたと考えられている。

その後、二〇〇万年前頃までに、プレートの沈み込みに伴い、沖縄トラフと呼ばれる海底盆地が形成され、奄美群島と沖縄島等を含む中琉球は一つの陸塊として、ユーラシア大陸から分断された。陸塊に取り残された大陸

豊富な水量を誇る渓流（奄美市名瀬金作原生林）

サンゴ礁の広がる海（奄美市笠利町アヤマル岬）

広がる石灰岩台地（沖永良部島知名町）
（前利潔氏撮影）

起源の動物は、島という閉ざされた環境の中で、独自の進化を遂げ、固有化していった。

二〇〇万年前以降、陸塊はさらに奄美大島・徳之島・沖縄島等の島々に分断され、現在のような位置関係となった。約一八〇万年前には、ユーラシア大陸と南西諸島の間に暖流の黒潮が流れ始めたことで、海水温は上昇し、造礁サンゴが発達した。その結果、琉球石灰岩起源の喜界島・沖永良部島・与論島が形成された。陸塊が島ごとに分断されたことによって、島の中でさらに独自の進化を遂げ、奄美大島と徳之島では多くの固有動物が誕生したと考えられる。

つまり、奄美大島と徳之島に生息する固有種の多くは、ユーラシア大陸と陸続きだった時代に移動してきた大陸起源の動物で、大陸から分断された後、捕食者のいない、年間を通して温暖で湿潤な気候という恵まれた環境の中で独自に進化を遂げた。奄美群島に固有かつ希少な動植物が数多く残されているのは、奄美群島の成り立ちと大きく関わっているのである。

奄美群島の成り立ち

②固有種

〔遺存固有種〕

かつてはユーラシア大陸等に広く分布していた生物が、新たな捕食者や競争相手の出現、環境の変化等により、多くの地域では絶滅したが、特定の地域だけに取り残されて生きのびた固有種を指す。近い血縁をもつ種は、周辺の地域ではみられず、大陸等の離れた地域に分布

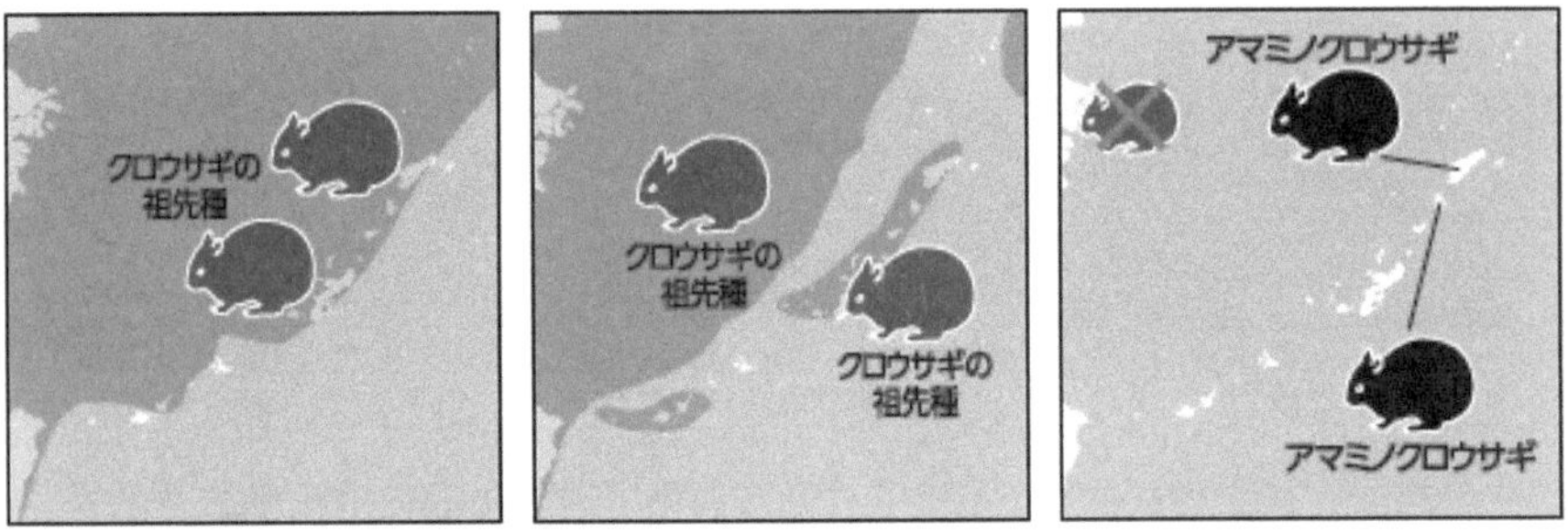

遺存固有種（例：アマミノクロウサギ）

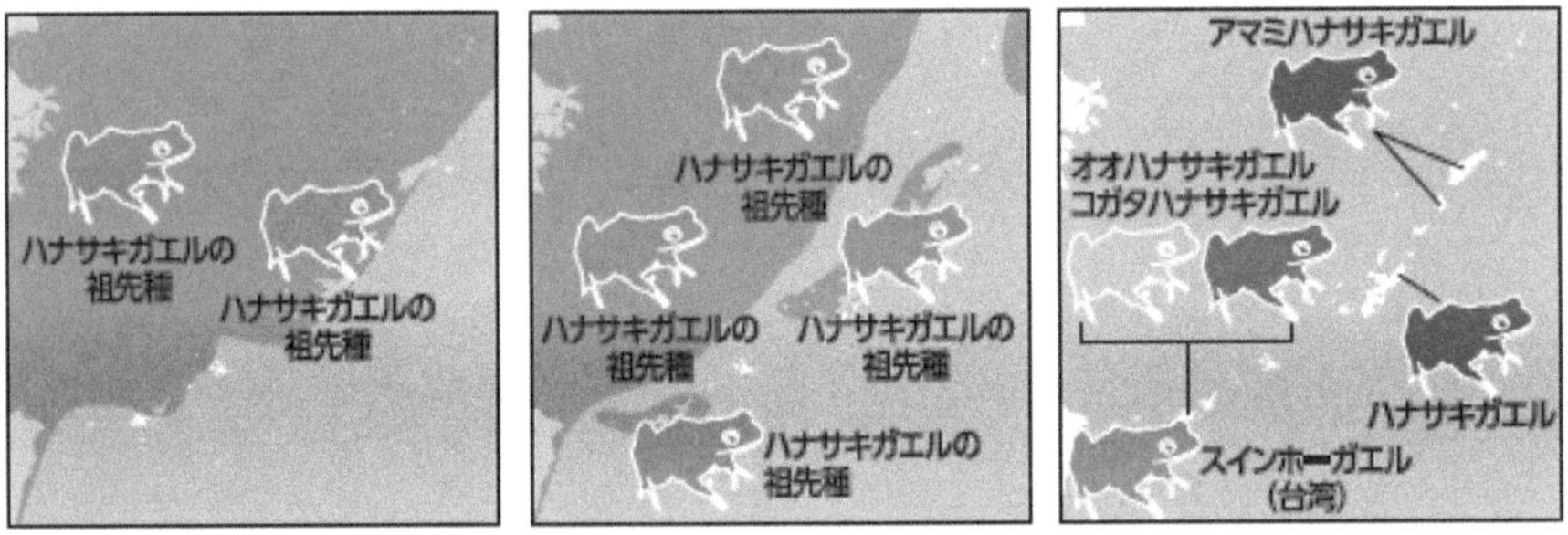

新固有種（例：ハナサキガエルの仲間）

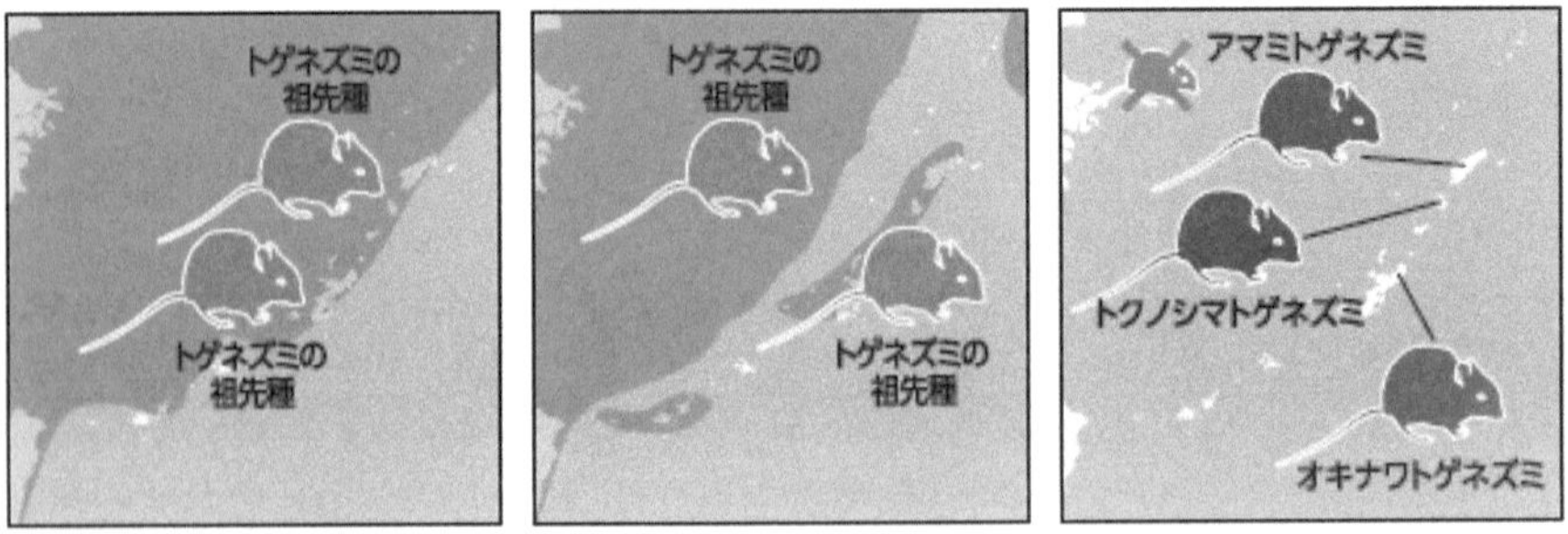

遺存固有かつ新固有種（例：トゲネズミの仲間）

するのが特徴である。

［新固有種］かってはユーラシア大陸等に広く分布していた生物が、いくつかの島に分断された後、それぞれの島で、遺伝的に新たに分かれて固有化した種を指す。遺存固有種とは違い、近い血縁をもつ種は周辺の地域に分布している。

［遺存固有かつ新固有種］大陸では絶滅したが、特定の地域だけに取り残され、かつ、それぞれの島に分断された後、島ごとに遺伝的に新たに分かれ、固有化した種を指す。

(3) 黒潮とモンスーンがもたらす湿潤な気候

奄美群島は、北緯二七〜二八度に位置する亜熱帯地域である。同緯度地域の大半は、エジプトのサハラ砂漠等に代表される乾燥地帯が占めている。

しかし、奄美群島は、年間二二〇〇〜三〇〇〇㎜の降水量がもたらされる多雨地域である。様々な植物が花を咲かせる三〜四月頃のよく小雨の降る様子はウルズムと呼ばれる。ゴールデンウイーク前後から六月末頃にかけてはナガシ（梅雨）、快晴の多い七〜九月頃には、台風の襲来に伴いまとまった雨が降る。接近する台風が少ない年は、水不足による干ばつ等が発生することもある。冬は九州側から冷たくて強い「モンスーン」が吹きつけるため、体感気温は低く感じる。奄美群島の西側を流れる「黒潮」の上を通過する際、暖かい蒸気を蓄えた「偏西風」は、モンスーンと衝突しながら奄美大島の高い山々に吹き寄せるため、島の上空には雲が形成されやすく、曇りもしくは雨の日が多くなる。奄美群島の年間日照時間が、北海道札幌や東京都よりも短い理由は、冬に晴れる日が少ないことが大きく関係している。

奄美群島は、黒潮とモンスーンの影響を受けた「亜熱帯海洋性気候」及び梅雨・台風等のまとまった降雨により、年間を通して暖かくて湿潤な気候が保たれているのである。

・代表的な遺存固有種

ルリカケス
（最も近縁な種はヒマラヤ周辺）

ケナガネズミ
（最も近縁な種はユーラシア大陸）

・代表的な新固有種

アマミハナサキガエル
（奄美大島・徳之島）

ハナサキガエル
（沖縄島）

・代表的な遺存固有かつ新固有種

ヒャン
（奄美大島・加計呂麻島・与路島・請島）

ハイ
（徳之島及び沖縄諸島）

（４）世界自然遺産の登録を目指す奄美大島

日本には、知床《しれとこ》半島・白神《しらかみ》山地・小笠原諸島・屋久島の四つの世界自然遺産が存在し、鹿児島県と沖縄県にまたがる「奄美大島・徳之島・沖縄島北部及び西表島」の四島が、令和三年（二〇二一）の世界自然遺産登録を目指している。

世界自然遺産は、世界的にも貴重な価値を有する重要な地域として、顕著な普遍的価値を有する必要がある。認定されるためには、三つの条件がある。一つ目は、「自然美」・「地形・地質」・「生態系」・「生物多様性」の四つの評価基準のうち、一つ以上適合すること、二つ目は、完全性（適切な面積を有し、開発等の影響を受けず、本来の自然の姿が維持され続けていること）を満たしていること、三つ目は、顕著な普遍的価値を長期的維持できるだけの保護管理が行われていることである。

①生物多様性

奄美大島を含む四島は、四つの評価基準のうち

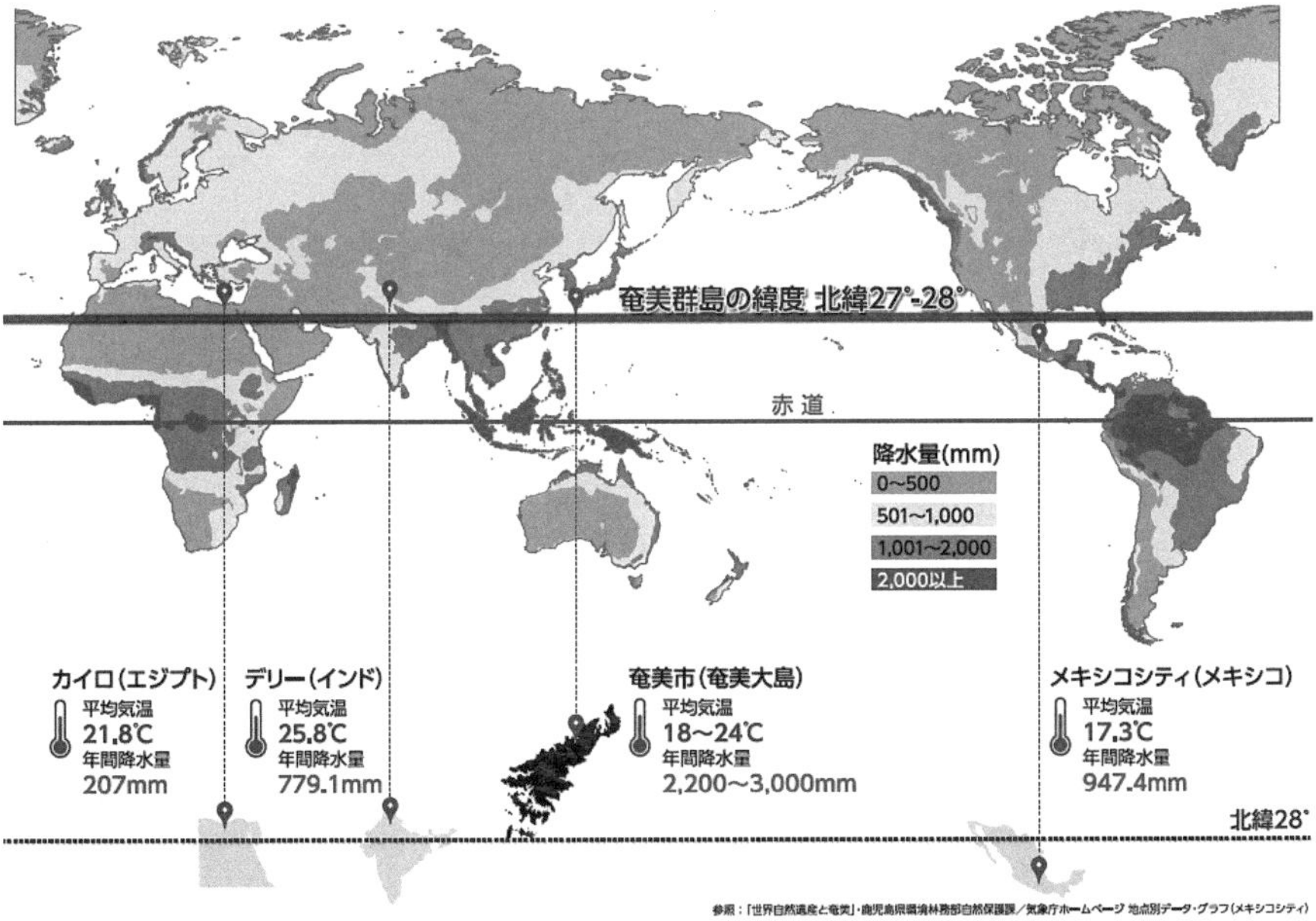

参照：「世界自然遺産と奄美」・鹿児島県環境林務部自然保護課／気象庁ホームページ 地点別データ・グラフ（メキシコシティ）

世界の降水量分布

「生物多様性」で、推薦を目指している。本来、生物多様性という言葉は、「種の多様性」・「生態系の多様性」・「遺伝子の多様性」の三つに分けて説明されるが、今回は「種の多様性」のみに着目して、奄美大島と徳之島に生息・生育する動植物の種数を紹介する。

奄美大島は、日本の面積の約〇・一九％にしか満たない小さな島でありながら、日本で確認されている動植物のうち、哺乳類約一二％、鳥類約五〇％、両生類約一四％、爬虫類約二二％、維管束植物約一九％が分布している。また、ユーラシア大陸と繋がっていた形成史が大きく

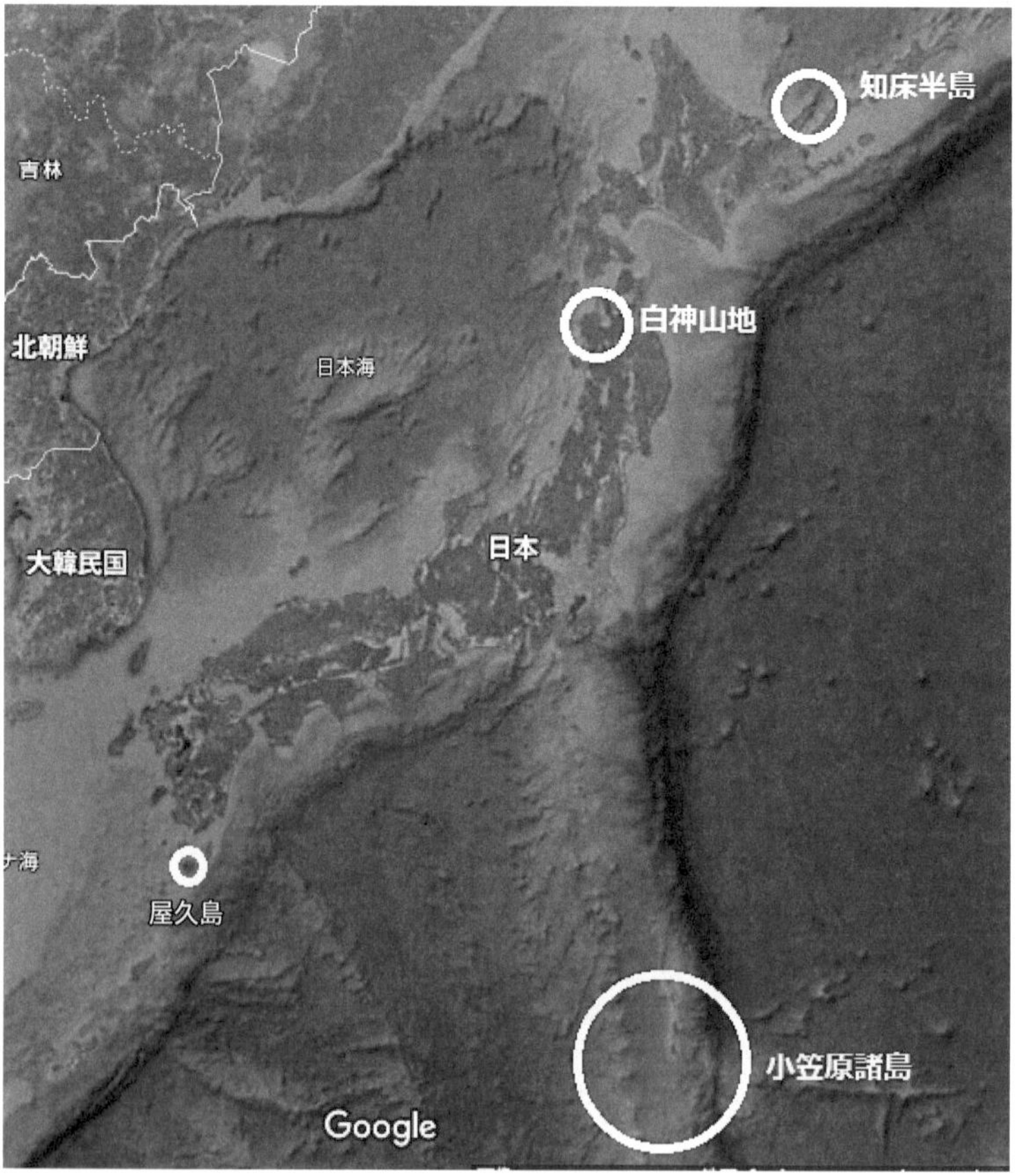

日本の世界自然遺産

影響し、奄美大島・徳之島に分布する種は、固有種が非常に多い。

奄美大島を含む四島は、それぞれの島の生物が独自の進化を遂げ、国際的に希少な奄美大島・徳之島固有のアマミノクロウサギ、沖縄島北部固有のヤンバルクイナ、西表島固有のイリオモテヤマネコに代表される「生物多様性」に富んでいる地域として、その価値は世界的に高く評価されている。

②世界自然遺産を目指す四島のこれまでの経過

世界自然遺産推薦地「奄美大島・徳之島・沖縄島北部及び西表島」の主な経過は、左記のとおりである。

平成一五年（二〇〇三）国が「琉球諸島」という名称で世界自然遺産候補地に選定

アマミノクロウサギ

ヤンバルクイナ

カンムリワシ

●奄美大島

	哺乳類	鳥類	両生類	爬虫類	昆虫類	維管束植物
種数	14	315	10	16	3252	1306
固有種数	8	2	9	10	693	124

●徳之島

	哺乳類	鳥類	両生類	爬虫類	昆虫類	維管束植物
種数	13	196	7	17	1009	956
固有種数	8	1	6	11	173	79

奄美大島と徳之島に生息・生育する陸生生物の種数

平成二五年（二〇一三）政府が「奄美・琉球」という名称で暫定リストへの掲載を決定
平成二八年（二〇一六）候補地の名称がさらに「奄美大島・徳之島・沖縄島北部及び西表島」に変更
平成二九年（二〇一七）政府がユネスコ世界自然遺産センターへ推薦書を提出
奄美群島国立公園が誕生
ユネスコの諮問機関である国際自然保護連合（ＩＵＣＮ）が現地調査を実施
平成三〇年（二〇一八）国際自然保護連合（ＩＵＣＮ）が「登録延期」を勧告
政府が推薦を取り下げることを決定
政府がユネスコへ再推薦することを決定
平成三一年（二〇一九）政府がユネスコ世界自然遺産センターへ推薦書を再提出
国際自然保護連合（ＩＵＣＮ）が現地調査を再実施
令和二年（二〇二〇）世界遺産委員会が新型コロナウイルス感染症感染拡大により延期
令和三年（二〇二一）世界遺産委員会が中国・福州市で開催予定

「奄美大島・徳之島・沖縄島北部及び西表島」の世界自然遺産推薦地は、当初は平成二八年（二〇一六）の登録を目標にしていたが、いよいよ審査が目前となった五月、推薦地四島で現地調査を実施した国際自然保護連合（ＩＵＣＮ）から「登録延期」が勧告された。政府は、勧告を受けて推薦を取り下げ、令和二年（二〇二〇）の再推薦に向けて再出発することを決定した。登録延期の主な理由として、推薦地が細かく分断されていること、ノネコ等の外来種問題に対する対策が不十分であること、沖縄島のアメリカ軍北部訓練場返還地を推薦地に加えること等があげられた。

そうしたＩＵＣＮの指摘事項を受け、まず二四もの区域に分断されていた推薦地は五区域（奄美大島は九区域から一区域）に統合された。外来種問題に対しては、根絶間近のマングース防除事業に加え、奄美大島の世界自然遺産推薦地域内におけるノネコ捕獲事業が開始された。また、適正利用に関して、奄美大島では貴重な自然散策スポットとして有名な金作原原生林における認定のガイド同行や利用者数の制限が、徳之島では固有種の多い山クビリ林道の通行を規制する等の自主ルールが作られた。

令和二年（二〇二〇）の世界自然遺産登録に向けて、さまざまな取り組みが進められてきたが、新型コロナウイルス感染症の影響により、世界遺産の可否が審査される世界遺産委員会は延期となった。現在、令和三年（二〇二一）六〜七月に当初の予定地だった中国・福州市で開催されることが正式に決まったところである。

③世界自然遺産登録を目指す上での課題

奄美大島と徳之島では、人間が原因となって生じている自然界のさまざまな問題がある。ここでは特に問題視されているものについて紹介する。

［ロードキル］動物が道路上で車等に轢かれることをロードキルという。平成一九年（二〇〇七）四月から平成二八年（二〇一六）三月の一〇年間に報告されたアマミノクロウサギのロードキルの死亡個体数は、確実なものだけでも一一三件に及ぶ。主な出産期にあたる九〜一二月は、ロードキルによる死亡件数の増加が報告されている。

ノネコ捕獲用の罠

山クビリ線通行規制用のゲート
（池村茂氏撮影）

ロードキルに遭ったアマミノクロウサギ

道路に設置された減速帯

ロードキル件数の増加に伴い、アマミノクロウサギ等の夜行性動物が多く観察できる場所では、スピードの抑制を図るための減速帯やロードキル防止の注意喚起を促す看板等の設置が行われている。また、奄美大島エコツアーガイド連絡協議会では、夜間の動物観察の際に、晴天時には時速二〇キロ以下、雨天時には時速一〇キロ以下で走行する等の自主ルールも定められており、ロードキル防止に向けた取り組みが進められている。

〔**外来種**〕人為的に他の地域から持ち込まれた外来種が、奄美大島に生息する希少動物を脅かしている。外来種問題が注目されるようになったのは、ハブの駆除を目的として、昭和五四年（一九七九）に現在の奄美市名瀬に三〇頭ほど放たれたフイリマングースの存在である。放たれたフイリマングースが、ハブを捕食することはほとんどなく、アマミノクロウサギ・アマミイシカワガエル等の固有種やオオゲジ・マダラコオロギ等を捕食していることがわかってきた。環境省は平成一二年（二〇〇〇）から本格的なマングース駆除に着手し、平成一七年（二〇〇五）には外来生物法に基づく駆除事業が進められ、マングースバスターズ（マングース捕獲集団）が組織化された。彼らを中心とした懸命な捕獲活動によって、最大一万頭以上といわれていた個体数は、令和二年（二〇二〇）現在、推定個体数は一〇頭以下まで減少したと報告されている。

フイリマングース

ノネコ

ムラサキカッコウアザミ

アマミアワゴケ盗掘前
（森田秀一氏撮影）

アマミアワゴケ盗掘後
（森田秀一氏撮影）

盗掘されたカクチョウラン

一方、フイリマングースの根絶が進む中、奄美大島の森の中ではノネコ（ヒトには依存せず、山奥に生息する動物を捕食するネコ）が、固有種を捕食する事例が報告されるようになってきた。この対策として、ノラネコ（基本的に野外で活動するが、食べ物の多くをヒトに依存するネコ）の個体数をこれ以上増やさず、ノネコの発生源を断つために、奄美大島全域でＴＮＲ（Trap：捕獲→Neuter：避妊手術→Return：戻す）が行われている。また、平成三〇年（二〇一八）の七月からは、環境省によるノネコ捕獲事業が開始され、世界自然遺産推薦地域内には多くの罠が仕掛けられている。

また、ムラサキカッコウアザミやアメリカハマグルマ等の外来植物も、自生する植物の生育環境を脅かしているが、近年は環境省や自治体、地元企業等が連携して、定期的な駆除活動が行われている。

［盗掘・盗採］ 奄美大島と徳之島には、希少植物が多く、それらの多くは生育場所が限られている。しかし、

販売や栽培を目的として、自生地から持ち出すケースが後を絶たない。近年は、絶滅危惧のランクが最も高い奄美大島固有のアマミアワゴケ、同じく絶滅危惧種に選定されているダイサギソウやカクチョウラン等が、相次いで被害に遭った。

現在、環境省や奄美大島五市町村で構成されている奄美大島自然保護協議会並びに関係機関が連携して、定期的に希少種保護のパトロールが実施されている。

希少な動植物は、捕る（採る）のではなく、撮るもしくは自然の中で観察してほしいと強く願う。

（5）日本初の「環境文化型国立公園」

①環境文化型国立公園

国立公園とは、優れた自然の風景地を保護し、後世に伝えていくために、国が管理する公園のことである。平成二九年（二〇一七）三月、「奄美群島国立公園　生命にぎわう亜熱帯のシマ～森と海と島人（しまっちゅ）の暮らし～」は、日本で三四番目の国立公園に指定された。奄美群島全ての島が範囲に含まれ、その面積は、陸域四二一八一ヘクタール、海域三三〇八二ヘクタールの計七五二六三ヘクタールにもおよぶ。

奄美群島国立公園の特徴は、生態系全体を保全する「生態系管理型」という考え方に加え、文化的側面に焦点を当てた「環境文化型」という考え方が初めて盛り込まれたことである。これまでの日本の国立公園は、自然保護を中心とした管理が図られてきたが、その中に初めて人間の視点が加えられた日本の自然保護行政上、注目すべきものといえる。

アマミノクロウサギをはじめ、多くの固有種や希少種が生息・生育する広大な常緑広葉樹林を中心とした環境や自然景観を、科学的データに基づいて管理するのが「生態系管理型」の考え方である。

また、奄美群島の島々は、山の島、山と台地の島、台地の島で構成されており、生活に直結する建築材や水の確保、耕作地の面積等も島によってさまざまである。そうした自然環境を熟知し、季節に応じて人と自然が密接に関わりあい、海・山からの恩恵を受ける生活（＝環境文化）を、今後も継承していくように努めるのが「環境文化型」の考え方である（本章6「奄美の環境文化」参照）。

奄美群島は、世界自然遺産推薦地のエリアと人の暮らしているエリアの近接度が非常に高いため、自然を保護するのが難しい地域だといえる。しかし、海から陸に至るさまざまな自然環境において、希少で固有な動植物が今でも数多く生き残っていることを考えるならば、奄美群島の自然を保護するためにはこれまで営まれてきた、自然がダメージを受けないように利用する生活を維持することの重要性も評価されたことを意味している。それが「環境文化型」という考え方が新たに発想されるようになった理由でもある。

［コラム2］ジオラマ「奄美大島の森」

奄美博物館の三階展示室の中央には、開館当初から、奄美大島の森をイメージしたジオラマがある。展示リニューアルの際に、実際の生息・生育環境を十分に考慮しながら、ジオラマ内の動物剥製標本を大幅に増やし、動物一六種の剥製標本と植物三五種のレプリカが展示されている。

また、ジオラマ内の動植物すべてと奄美大島産のカエル九種が調べられる検索装置「あまみいきもの図鑑」を新設した。学名・方言名・生態等の解説に加え、動物の鳴き声を聴くこともできる。動植物を検索すると、来館者が自然の中で動植物を見つけたように、ジオラマ内の該当部分がライトアップされる仕組みになっている。

来館者からは、「ハブの近くにネズミ（アマミトゲネズミ）の剥製標本を置くのはどうなのか？」と指摘されたことがある。アマミトゲネズミは、ピョンピョンと跳ねながら移動するが、この動きはハブの攻撃をかわすための行動だといわれている。長い歴史の中で獲得されたこの行動を紹介するために、敢えて隣り合わせに展示をしたのである。この行動については、「シマの一年」コーナー（三階）でパネル展示している。ほかにも、ケナガネズミの親子をはじめ、剥製標本が多数あるので、ぜひ探していただきたい。これまで以上に情報量が充実した楽しい展示となり、特に親子連れの方々からご好評をいただいている。奄美大島に生息・生育する動植物について、興味を持つきっかけになることを願いたい。（平城）

ハブの攻撃をかわすアマミトゲネズミ
（服部正策氏提供）

ジオラマ「奄美大島の森」の様子

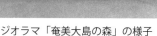

2　奄美大島を代表する動物

先述してきたとおり、奄美大島には多くの希少種が生息している。ここでは、天然記念物や国内希少野生動植物種等に指定されている種を中心に紹介する。

（1）哺乳類

①アマミノクロウサギ（国指定特別天然記念物・国内希少野生動植物種）

奄美大島と徳之島の固有種。環境省レッドリスト二〇二〇では、絶滅危惧ＩＢ類（ＥＮ）に選定されている。平成一四年（二〇〇二）から平成一五年（二〇〇三）に行われた個体数調査では、奄美大島に二〇〇〇頭～四八〇〇頭、徳之島に二〇〇頭前後が生息していると推測された。

全長は三六～五八㎝ほどで、耳の長さは本土に生息するウサギの半分ほどで、足も短い。主に森林地帯に生息するが、海岸周辺等でも確認されている。夜行性。見通しのよい環境で食事やフンをする習性があるため、林道沿いで多く見かける。金属音のような甲高い鳴き声を発することも特徴である。秋頃からは、オスとメスが繁殖相手を求めて活動が活発になる。様々な植物の葉・茎・実・樹皮等を食べ、近年はタンカンやサトウキビの農作物被害も報告されている。

フンは、成獣が一㎝ほど、幼獣が五㎜ほどの球形である。林道上や沢沿い等の開けた環境に、一〇～四〇個ほどのフンをする。同じ場所に溜めフンをする習性があるため、しばしば古いものと新しいものが一緒にみられる。奄美大島には、アマミノクロウサギのフンをエサにする糞虫も数種生息しているが、アマミセマダラマグソコガネは、アマミノクロウサギのフンにのみ生息する糞虫である。

また、巣穴を掘って暮らすという特殊な生態ももっている。休憩用の巣は、直径が一〇～二〇cm、奥行きが一～二mの穴を斜面等に掘って作られ、岩のすき間・樹洞等が利用されることもある。子育て用の巣は、休憩用とは別に穴を掘って作られる。親ウサギは二日に一回ほどのペースで授乳に訪れる。授乳を終えた親ウサギが巣から離れる時は、ハブ等の天敵から守るために、毎回入り口が塞がれる。一～二カ月ほど巣穴の中で育った後、子ウサギは巣穴から出て、しばらくの間、親ウサギと活動を共にする。

アマミノクロウサギ（幼獣）

アマミノクロウサギのフン

アマミセマダラマグソコガネ

仔育て用の巣

②ケナガネズミ（国指定天然記念物・国内希少野生動植物種）

奄美大島・徳之島・沖縄島北部の固有種。環境省レッドリスト二〇二〇では、絶滅危惧ＩＢ類（ＥＮ）に選定されている。頭胴長は二二～三三cm、尾長は二四～三七cmで、日本最大のネズミの仲間である。尾が非常に長く、先端付近は白色であることから、他の種と見間違えることはない。

ケナガネズミ（幼獣）

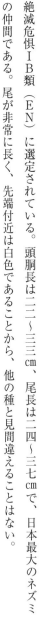

山地に生息し、主に樹上で生活するが、電線やガードレールの上、林道で活動することもある。夜行性で、季節の移り変わりにあわせて、シイの実やシマウリカエデ等の樹木の種子や果実、昆虫等を食べる。

九月頃から冬頃の繁殖期に甲高い鳴き声を発する。一二月頃には、灰色の長い毛をまとった幼獣が観察できるようになり、樹上だけでなく、林道で観察する機会も増える。

③アマミトゲネズミ（国指定天然記念物・国内希少野生動植物種）

奄美大島の固有種。環境省レッドリスト二〇二〇では、絶滅危惧ⅠＢ類（ＥＮ）に選定されている。頭胴長は一〇・三〜一六cm、尾長は八・三〜一三・五cm。体毛には、長さ二cmほどの針状毛（トゲ）が含まれており、先端は黒色、付け根は白色である。

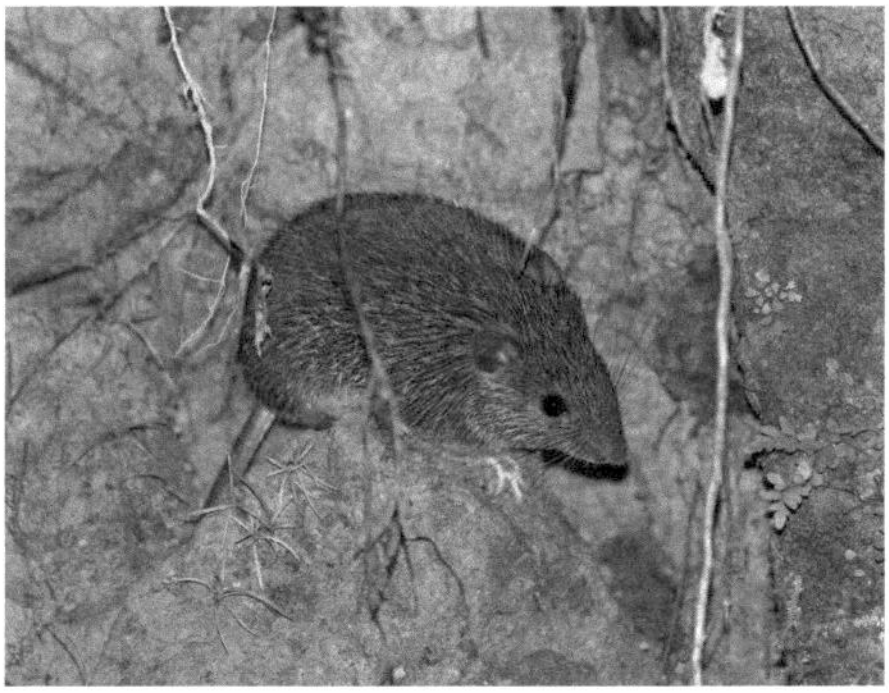

アマミトゲネズミ

山地に生息し、広葉樹の自然林や二次林等で活動する。夜行性で、シイの実やアリ等を食べる雑食性である。

地面を跳ねるように移動する姿は、カエルのように見えることがあり、ハブが攻撃するタイミングを見計らって、ジャンプしてかわす行動をとることも知られている。

また、本種は通常の哺乳類とは異なる性決定メカニズムをもつ。一般的な哺乳類の性別は、二種類の性染色体ＸとＹの組み合わせによって決まる。メスはＸが二本のＸＸ、オスはＸとＹが一本ずつのＸＹである。つまり、Ｙ染色体があればオスになり、オスを決定づける遺伝子は、Ｙ染色体上のＳＲＹ遺伝子であることも知られている。しかし、アマミトゲネズミとトクノシマトゲネズミは、オス・メスともにＸ染色体一本のみしかもたず、Ｙ染色体は失われている。これは、オスを決定づける遺伝子がＳＲＹ遺伝子以外にも存在することを意味しており、現在もその解明が進められている。Y染色体をもたず、オスもメスもXO型の性染色体をもつ哺乳類は、世界中でトゲネズミ以外に、一種しか確認されていない。

本種は、外来種のクマネズミと見間違えられるケースがあるが、本種の尾は細長く下面が白色、クマネズミの尾は太くて長く、両面とも黒っぽいこと等から、両種を識別することができる。

（2）鳥類

①ルリカケス（国指定天然記念物）

奄美大島・加計呂麻島・請島の固有種。鹿児島県の県鳥で、かつては、環境省のレッドリストに掲載されていた。全長は三八cmほどである。山地から平地に生息し、集落周辺でもしばしば観察される。冬頃から巣の材料を集め始め、春先にはヒナが巣立つ。近年は、人の住んでいない人家の軒下等での繁殖が多く確認されている。

瑠璃色の綺麗な羽は、装飾品として人気があり、乱獲されていた時代もあった。

②アカヒゲ（国指定天然記念物・国内希少野生動植物種）

奄美大島・加計呂麻島・請島・与路島・徳之島等に分布する。環境省レッドリスト二〇二〇では、絶滅危惧Ⅱ類（VU）に選定されている。全長一四cmほどである。オスは、額の前面、喉から胸、脇が黒いが、メスは黒くない。山地から平地に生息し、森林内の薄暗い場所等で活動することが多い。春先には、

ルリカケス

アカヒゲ

美しいさえずりを発する。

琉球列島には、二種類のアカヒゲが分布している。亜種アカヒゲ（トカラ列島・奄美大島・加計呂麻島・請島・与路島・徳之島等に分布）と亜種ホントウアカヒゲ（沖縄諸島に分布）である。奄美群島のアカヒゲについては、これまで渡りをしない鳥と認識されてきたが、そうではないことが確認されている。鳥類研究者の関伸一氏が、春から夏にかけてトカラ列島で繁殖した個体群が琉球諸島の島々を経由しながら先島諸島で越冬する事実とともに、奄美大島・徳之島の一部の個体についても同じような渡りをすることを明らかにされた。

③オオトラツグミ（国指定天然記念物・国内希少野生動植物種）

奄美大島の固有種。環境省レッドリスト二〇二〇では、絶滅危惧Ⅱ類（ＶＵ）に選定されている。全長は三〇㎝ほどである。山地に生息し、森林内の薄暗い環境で活動することが多い。主にミミズを食べる。

絶滅寸前まで個体数が減少していた時期もあったが、フイリマングースの駆除の推進や、森林の回復等により、近年は個体数の増加が報告されている。

秋及び春頃には、早朝の暗いうちから「キョローン」と澄んだ声でさえずる、奄美大島で最も早起きの鳥でもある。ＮＰＯ法人奄美野鳥の会は、平成六年（一九九四）から、市民参加型のオオトラツグミさえずり調査を実施しており、毎年、オオトラツグミの個体数のモニタリングが行われている。この調査から、近年は龍郷町まで分布域が北上していることが確認されている。

オオトラツグミ

オーストンオオアカゲラ

④オーストンオオアカゲラ（国指定天然記念物・国内希少野生動植物種）

奄美大島の固有種。環境省レッドリスト二〇二〇では、絶滅危惧Ⅱ類（ＶＵ）に選定されている。全長は二八cmほどである。山地から平地に生息する。頭頂部が赤いのはオス、黒いのはメスである。古い木や枯れた木の中にいるカミキリムシ等の幼虫を食べる。

繁殖期前の冬頃には、縄張りの主張や繁殖相手へアピールするため、高速で木をつつくドラミングを行う。ドラミングは、鉄塔や電柱等に行われることもある。

近年は、リュウキュウマツの松枯れ等の影響により、島の全域に分布が拡大している。

［コラム３］奄美博物館の動物剥製標本の充実に向けて

私が奄美博物館へ配属された平成二八年（二〇一六）、当館が所蔵する動物剥製標本は、アマミノクロウサギ・ケナガネズミ・ルリカケス等の文化財指定されたものが大勢を占めていた。不慮の事故等により死亡した個体を収集し、冷凍庫で保管し、破損や腐敗の少ないものから、活用できそうなものを選んで、剥製標本にしてきた。

「地域博物館として奄美大島に生息する動物剥製標本を充実させたい」と考え、希少種や普通種に関係なく、動物の死亡個体情報が入った場合は、現地へ急行してその死亡個体を収集した。死亡した動物を目の当たりにするのは悲しい出来事であるが、剥製標本として保存展示するほか、研究資料として関係機関へ情報提供する等、有効な活用方法もたくさんある。私が働き始めた当初に収集した死亡個体のほとんどは先述した種だった。アマミノクロウサギのような希少種は、発見すると「滅失」を報告しなければいけないという認識が周知されているが、身近な動物は、発見されても放置されることが多く、逆に希少種より収集するのが難しいといっても過言ではない。

そんな時、ある学校から、校舎等に衝突する野鳥が多いという話を聞き、学校との連携を試みることにした。市内各校へ動物の死亡個体を発見した場合は博物館に連絡してほしい旨の依頼をした。すると、当館が所蔵していなかった身近な野鳥（アマミシジュウカラ・リュウキュウサンショウクイ等）の死亡個体が続々と集まり、野鳥に関しては、奄美大島の留鳥の約五八％にあたる二一種を短期間で収集することができたのである。令和二年度には、校舎等に衝突することの多い鳥類をまとめた冊子を市内全校へ配付し、普及啓発を図った。また、地元の動物病院とも連携を図り、緊急保護された希少鳥類の資料等も積極的に収集した。奄美大島で観察できる動物の資料充実を図るため、引き続き収集に取り組んでいく。奄美大島で動物の死亡個体を発見した場合、当館や環境省奄美野生生物保護センター等へご一報いただきたい。

（平城）

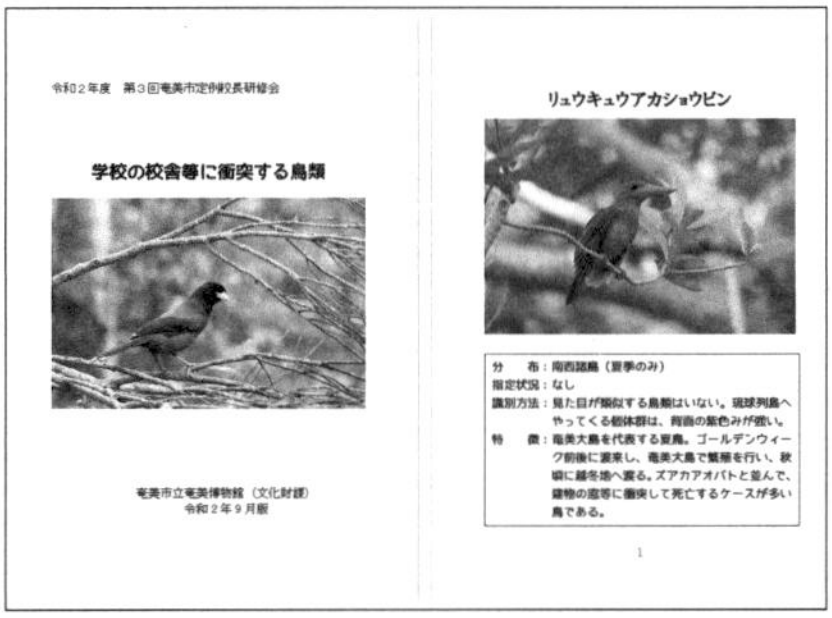

配付冊子『学校の校舎等に衝突する鳥類』

（3）両生類

①アマミイシカワガエル（国内希少野生動植物種・鹿児島県指定天然記念物）

奄美大島の固有種。全長七～一四㎝ほどの大型のカエル。環境省レッドリスト二〇二〇では、絶滅危惧ＩＢ類（ＥＮ）に選定されている。夜行性で山間部の森林や渓流等に生息する。指の吸盤が発達しており、樹上に登ることもできる。黄緑色の体色に金色の斑点があり、その色彩が美しいことから、「日本一美しいカエル」とも称される。主に小型の昆虫・サワガニ・ムカデ等を食べる。

三〜六月頃の繁殖期には、オスだけが甲高い鳴き声を発する。メスは渓流沿いの岩の割れ目等に、ゼリー状でクリーム色の卵を約一〇〇〇個産む。オタマジャクシは、全長五㎝ほどで、尾の付け根付近に褐色の模様がある。

かつては沖縄島北部に分布するオキナワイシカワガエルと同種とされていたが、成体の色彩・皮膚隆起の様子・幼生の尾長等の違いにより、平成二三年（二〇一一）からアマミイシカワガエルとして独立種になった。

②オットンガエル（国内希少野生動植物種・鹿児島県指定天然記念物）

奄美大島・枝手久島・加計呂麻島の固有種。環境省レッドリスト二〇二〇では、絶滅危惧ⅠB類（ＥＮ）に選定されている。南西諸島に分布するカエルでは最大で、全長九〜一四㎝ほどになる。がっしりとした体で、足は太くて短い。体の表面にはイボのような突起がある。通常、カエルの前足の指は四本であるが、本種は先端に鋭い爪がついている五本目の指がわずかに残っている。

アマミイシカワガエル

樹上にいるアマミイシカワガエル

アマミイシカワガエルの卵

オットンガエル

平地から山地に生息し、森林内や渓流、耕作地等で活動する。昼夜ともに活動するが、昼間は岩の隙間等でじっとしていることがほとんどである。夏場の夜間には、林道に出てくることが多い。昆虫やミミズ、サワガニ等を食べる。

四～八月頃の繁殖期には、土砂の堆積した水たまりの周辺に、三〇cmほどの穴を掘り、そこを産卵場所とする。低くて大きな声は、周辺に響き渡る。オットンガエルが繁殖する沢には、ハブが多いといわれるため、観察する時には注意が必要である。

③アマミハナサキガエル（鹿児島県指定天然記念物・奄美大島五市町村希少野生動植物種）

奄美大島と徳之島の固有種。全長六～一〇cmほどの大型のカエル。環境省レッドリスト二〇二〇では絶滅危惧Ⅱ類（VU）に選定されている。夜行性で山間部の森林や渓流沿いに生息する。雨の降った日には、林道上に出てくることも多い。鼻先はとがり、スマートな体形をしている。後ろ足が長いことからジャンプ力に優れる。主に小型の昆虫やアリ等を食べる。

アマミハナサキガエル

褐色の個体

黄緑色の個体

体色は褐色もしくは黄緑色で、二色が混ざった個体もみられる。一〇～五月ごろの繁殖期には、小さな声で「ピキッピキッ」と鳴き、集団で繁殖することも確認されている。メスは渓流の岩の縁や滝壺等に白色の卵を約一五〇〇個産む。オタマジャクシは全長約三・五cmで、全体に黒い点が散在する。

④イボイモリ（国内希少野生動植物種・鹿児島県指定天然記念物）

奄美大島・請島・徳之島・沖縄島・渡嘉敷島の固有種。環境省レッドリスト二〇二〇では、絶滅危惧ⅠB類（EN）に選定されている。全長一四～二〇cm、体色は黒褐色である。肋骨が突起のように浮き出ていることや、エラのはった頭部の骨格等が、太古の生物の特徴を残していて、「生きた化石」といわれることもある。肛門のまわり、足の先、尾の下面はオレンジ色であるが、シリケンイモリとは異なり、お腹は黒褐色である。

イボイモリ

山地に生息し、森林内・林道・林道脇の側溝等で活動する。雨の日には林道を移動する姿を見かけることが多い。昼夜ともに活動するが、日中は石や落ち葉の下等で休んでいることがほとんどである。ミミズ、小さな昆虫、カエルの幼生（オタマジャクシ）等を食べる。二～六月頃の繁殖期には、湿度の高い土の上で産卵が行われ、産まれた幼生は自力で水場まで移動する。

徳之島と沖縄島のイボイモリは比較的容易に観察できるが、奄美大島の個体は数が少なく、観察する機会にはなかなか恵まれない。

（4）爬虫類

①ハブ

奄美大島・加計呂麻島・請島・与路島・徳之島及び沖縄諸島のいくつかの島々に分布する毒ヘビ。全長一〇〇～二〇〇cmである。山地から平地に生息し、森林内だけでなく、林道や樹上、畑や人家の周辺等でもみられる。

主食はクマネズミ（外来種）だが、ケナガネズミやアカマタ等を捕食することもある。

頭部は三角形で、眼と鼻の間には熱を感知する「ピット器官」がある。島や生息場所によって模様が異なる。

ハブ

樹上で活動するハブ

捕食直後のハブ

日本に分布する毒ヘビの毒は、出血毒と神経毒に大別される。ハブの毒は出血毒で、注射針のような牙から、毛細血管を壊すたんぱく質分解酵素が注入される。ハブの毒は他の毒蛇より毒性は弱いものの、一度に多くの毒（約一㎖）を注入することから危険性は高く、死に至ることや後遺症が残ることもある。毒の主成分は島ごとに異なり、奄美群島のハブは筋肉を破壊する毒、沖縄諸島のハブは出血や腫れ等をおこす毒が強い。

（5）昆虫

①フェリエベニボシカミキリ（奄美大島五市町村希少野生動植物種）

奄美大島の固有種。全長二八㎜ほどである。山地に生息し、梅雨が明けた六月末から七月上旬頃の限られた時期にオキナワジイやオキナワウラジロガシ等の枯れた木から発生する。オスがオスに交尾をしようとすることがある。本種が出現する時期には、周囲に捕食動物であるバーバートカゲがいることが多い。

②アマミマルバネクワガタ（奄美大島五市町村希少野生動植物種）

奄美大島・加計呂麻島・徳之島の固有種。全長四二〜六四㎜ほどである。山地に生息し、九〜一〇月頃に観察できる。オキナワジイ等の朽木が発生木であり、その周辺で見かけることが多い。近年は、採集等により個体数が激減している。

フェリエベニボシカミキリ

アマミマルバネクワガタ

(6) その他

表は、奄美大島に生息・生育する動植物のうち、左記の法律及び条例に基づいて、捕獲・採取等が禁止されている種をまとめている。それぞれ法律・条例の名称は、略記してある。

・国指定天然記念物（国天）：文化財保護法　・県指定天然記念物（県天）：鹿児島県文化財保護条例
・市指定天然記念物（市天）：奄美市文化財保護条例
・国内希少野生動植物種（国希）：種の保存法（絶滅のおそれのある野生動植物の種の保存に関する法律）
・鹿児島県希少野生動植物種（県希）：鹿児島県希少野生動植物の保護に関する条例
・奄美大島五市町村希少野生動植物種（奄希）：奄美大島五市町村の希少野生動植物の保護に関する条例

本稿では、植物の個別説明は割愛したため、ここで概要を紹介する。奄美大島には、約一五〇〇種の植物が生育している。そのうち、維管束植物が約一三〇〇種、シダ植物が約二〇〇種である。奄美大島の動植物といえば、アマミノクロウサギやルリカケスがクローズアップされがちだが、奄美大島の固有種は、圧倒的に植物の方が多い。そのため、法律・条例によって、採取等に規制のかかる種も多い。

No.	和名	指定状況
1	アマミデンダ	国希
2	ヤドリコケモモ	国希
3	コゴメキノエラン	国希
4	ヒメシラヒゲラン	国希
5	ウスイロホウビシダ	国希
6	オオバシシラン	国希
7	アマミチャルメルソウ	国希
8	ミヤビカンアオイ	県希
9	アマミアセビ	県希
10	アマミセイシカ	県希
11	テンノウメ	県希
12	ウケユリ	県希
13	クスクスラン	県希
14	シコウラン	県希
15	アマミエビネ	県希
16	レンギョウエビネ	県希
17	オナガエビネ	県希
18	カンラン	県希
19	フウラン	県希
20	カクチョウラン	県希
21	ナゴラン	県希
22	サガリラン	奄希
23	キバナノセッコク	奄希
24	アマミカヤラン	奄希
25	ダイサギソウ	奄希
26	タイワンショウキラン	奄希
27	ヤクシマネッタイラン	奄希
28	ナギラン	奄希
29	チケイラン	奄希
30	ヒメトケンラン	奄希
31	トリガミネカンアオイ	奄希
32	グスクカンアオイ	奄希
33	カケロマカンアオイ	奄希
34	フジノカンアオイ	奄希
35	オオバカンアオイ	奄希
36	ナゼカンアオイ	奄希
37	アサトカンアオイ	奄希
38	リュウキュウヒモラン	奄希
39	ヨウラクヒバ	奄希
40	リュウキュウスズカケ	奄希
41	ハマトラノオ	奄希
42	アマミアオネカズラ	奄希
43	アマミイワウチワ	奄希
44	アマミテンナンショウ	奄希
45	ハマジンチョウ	奄希
46	モダマ	奄希・奄天
47	アマミクサアジサイ	奄希
48	アマミスミレ	奄希
49	コショウジョウバカマ	奄希
50	アマミアワゴケ	奄希
51	ヒメミヤマコナスビ	奄希
52	アマミカタバミ	奄希
53	アツイタ	奄希
54	アマミナツトウダイ	奄希
55	アマミマツバボタン	奄希

採取が禁止されている植物

No.	分類群	和名	指定状況
1	哺乳類	アマミノクロウサギ	国特天・国希
2	哺乳類	ケナガネズミ	国天・国希
3	哺乳類	アマミトゲネズミ	国天・国希
4	哺乳類	リュウキュウテングコウモリ	国希
5	哺乳類	ヤンバルホオヒゲコウモリ	国希
6	哺乳類	リュウキュウユビナガコウモリ	国希
7	哺乳類	オリイコキクガシラコウモリ	国希
8	鳥類	ルリカケス	国天
9	鳥類	オーストンオオアカゲラ	国天・国希
10	鳥類	アカヒゲ	国天・国希
11	鳥類	オオトラツグミ	国天・国希
12	鳥類	カラスバト	国天
13	鳥類	アマミヤマシギ	国希
14	鳥類	クロツラヘラサギ	国希
15	両生類	アマミイシカワガエル	国希・県天
16	両生類	オットンガエル	国希・県天
17	両生類	アマミハナサキガエル	県天・奄希
18	両生類	イボイモリ	国希・県天
19	爬虫類	バーバートカゲ	県希
20	昆虫類	フチドリゲンゴロウ	国希
21	昆虫類	ウケジママルバネクワガタ	国希
22	昆虫類	ハネナガチョウトンボ	国希
23	昆虫類	リュウキュウヒメミズスマシ	国希
24	昆虫類	アマミキンモンフタオタマムシ	奄希
25	昆虫類	ヒメフチドリゲンゴロウ	奄希
26	昆虫類	フェリエベニボシカミキリ	奄希
27	昆虫類	ヨツオビハレギカミキリ	奄希
28	昆虫類	アマミマルバネクワガタ	奄希
29	昆虫類	アマミシカクワガタ	奄希
30	昆虫類	アマミミヤマクワガタ	奄希
31	昆虫類	マルダイコクコガネ	奄希
32	昆虫類	アマミナガゴミムシ	奄希
33	甲殻類	オカヤドカリ	国天
34	甲殻類	リュウキュウシオマネキ	奄希
35	甲殻類	ヤエヤマシオマネキ	奄希
36	甲殻類	ルリマダラシオマネキ	奄希
37	腕足類	ミドリシャミセンガイ	奄希
38	魚類	リュウキュウアユ	県希
39	魚類	タナゴモドキ	県希
40	魚類	タメトモハゼ	県希
41	魚類	キバラヨシノボリ	県希
42	魚類	ヨロイボウズハゼ	奄希
43	魚類	ルリボウズハゼ	奄希
44	貝類	ヤエヤマヒルギシジミ	県希
45	貝類	シマカノコ	県希
46	貝類	ムラクモカノコガイ	県希
47	貝類	ネニヤダマシギセル	奄希

捕獲が禁止されている動物

特に、ラン科は、アマミエビネやコゴメキノエラン等を含めた一八種、ツツジ科は奄美大島固有のアマミセイシカ・アマミアセビ・ヤドリコケモモの三種、ウマノスズクサ科は奄美大島に生息するカンアオイ八種が指定されており、奄美大島固有のアマミスミレやアマミアワゴケ、アマミデンダ等も含まれている。（平城）

［コラム４］奄美大島動植物データベース

奄美博物館では、平成三〇年度から、奄美大島に生息・生育する陸生動物（哺乳類・鳥類・両生類・爬虫類・植物）全種をリストアップし、それぞれの種について、学名・和名・生態・形態・人との関わり・方言名等の情報をまとめたデータベース作成に取り組んでいる。これらの情報をインターネット上に公開することで、いつでも、どこからでも奄美大島の動植物が検索できるようになる。

先述した五つの分類群の種数は約一九〇〇種にも及ぶ膨大な量となるため、完成版の公開にはもうしばらく時間を要する。現在、解説や写真の準備を進めながら公開に向けて取り組んでいる。掲載内容については、各分類群の専門家からご指導いただきながら、すべて当館で作成している。令和二年度には、哺乳類・鳥類の一部・両生類・爬虫類のページを、令和三年度中には植物を含めた全ページを公開する予定である。

このデータベースの特徴は、専門用語はできる限り使わずに、小学校中・高学年程度から読めるような内容となるように努めていることである。世界自然遺産の登録を見据えて、地元の子どもたちが奄美大島に生息・生育する動植物を、手軽に正しく調べられる情報を提供し、学習教材の一つとして活用していただけるようなものを目指している。

現在は、掲載する分類群が限定されているが、いずれは昆虫類や海洋生物、希少種や外来種等の項目も追加し、奄美大島の生物情報全般について紹介できるデータベースに発展させていきたいと考えている。本書が刊行される令和三年（二〇二一）三月末には、第一弾の公開開始を予定している。このページに掲載されているQRコードからサイトにアクセスしていただき、ぜひ動植物を検索、調べてみていただきたい。（平城）

奄美大島動植物データベース（暫定版）

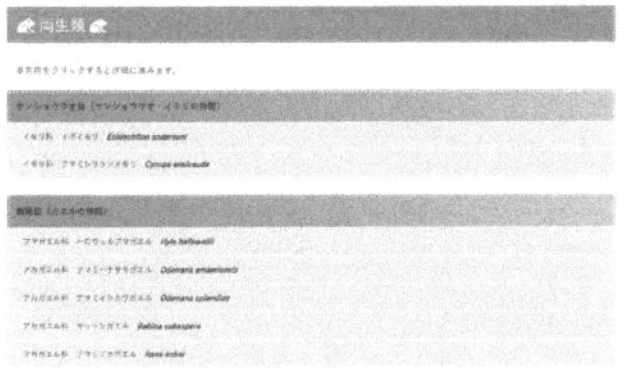

両生類の目次（一部）

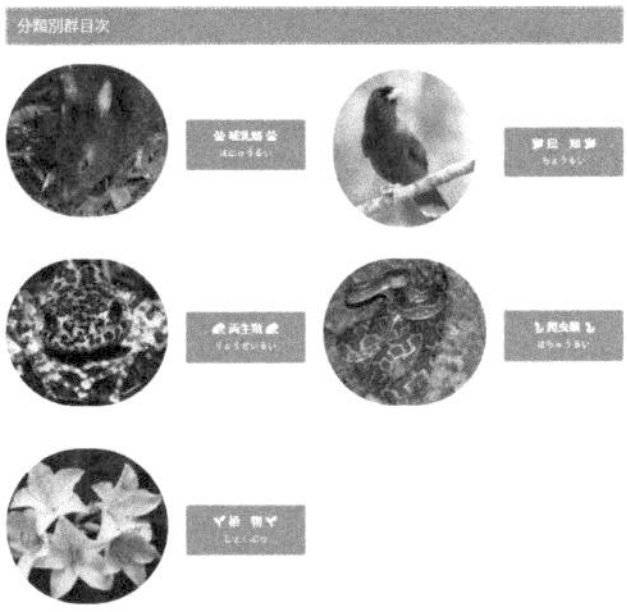

掲載予定の分類群

ケナガネズミのページ

3　シマの一年―受け継がれる自然と暮らし―

奄美群島の人びとの暮らしは、「山の島」と「台地の島」という異なる自然環境の下で展開していて、それぞれの島で蓄積されてきた環境に対する「知識」が、必要な資源利用を行うための「知恵」として生かされ、体系的活動として営まれてきた。

奄美群島は、かつて琉球国に含まれていたが、江戸時代以降は、琉球国から切り離され、薩摩藩の支配下に置かれた歴史がある。そうした歴史の違いが、奄美と沖縄の似て非なる文化の違いを生み出してきた。

奄美群島の人びとの暮らしは、自然環境だけではなく、歴史的環境の影響も強く受けながら、長い年月の中で醸成されてきたものであることに注意しなければならない。

以上の視点をふまえながら、奄美大島の一年（一二カ月）について、自然の移り変わりに目を配りつつ、そこで営まれる人びとの行事と暮らしの様子を紹介していく。（高梨）

回遊してきたザトウクジラ（興克樹氏撮影）

行事	旧暦
元日	新(1月1日)
大工の祝・作の祝	新(1月2日)
歳の祝い	新(1月2日または1月3日)
七草(ナンカンジョセ)	新(1月7日)
ナリムチ	新(1月14日)
小正月	新(1月15日)
ヒキャゲ	新(1月18日)
カメザライ	新(1月20日)
旧正月	1月1日
山神祀り	1月16日
三月節句(サンガツサンチ)	3月3日
与論十五夜踊り《与論町》【国指定】	3月15日
ハマオレ	4月の申または寅
オーホリ	4月最初の癸
マーネ	4月最初の午
五月節句(ゴガツゴンチ)	5月5日
山神祀り	5月16日
シキョマ	6月の戊
アラホバナ	6月第1庚または第2庚
七夕	7月7日

行事	旧暦
フーウンメ(大折目)	7月中の壬
旧盆(迎え)	7月13日
旧盆(送り)	7月15日
ツカリ	アラセツ前日
アラセツ	8月最初の丙
八十八歳の祝い	8月8日
シバサシ	アラセツから数えて7日目の壬
八月十五夜	8月15日
与論十五夜踊り《与論町》【国指定】	8月15日
九月九日(クガツクンチ)	9月9日
山神祀り	9月16日
与論十五夜踊り《与論町》【国指定】	10月15日
ムチモレ踊り《大和村》	10月16日
タネオロシ	9〜10月
カネサル	シバサシ後の庚申
ドンガ	アラセツ後の甲子(またはカネサル後の甲子)
ソーリ	11月1日
フユウンメ(冬折目)	11月の初戊
大晦日	新(12月31日)

年中行事一覧

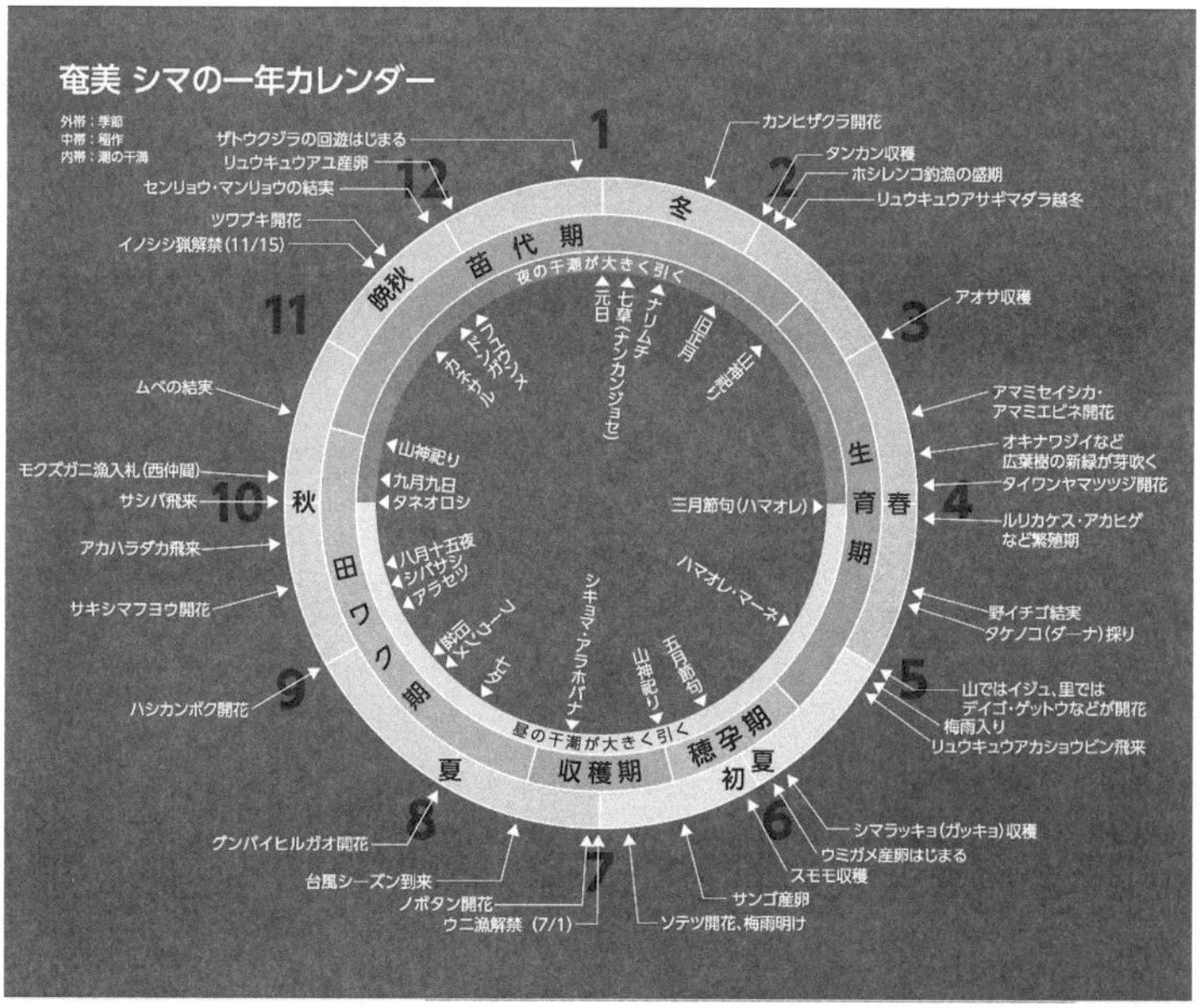

シマの一年カレンダー

（1）一月～シマの一年の始まり　［月平均気温一四・八度、月平均降水量二〇〇㎜］

①自然

北西から季節風が強く吹き寄せ、一年でもっとも寒くなる。東シナ海は大荒れとなる日が多い。一～三月は、ザトウクジラが繁殖及び子クジラを育てるためにロシア方面から奄美大島の近海に南下してくる時期で、陸地から観察できることもある。集落周辺ではカンヒザクラが咲き始め、森では子ウサギが巣立ちを迎え、親ウサギといっしょに活動する姿が見かけられる。（平城）

②行事

元旦の早朝、神山の麓から湧き出るイジュンゴ（聖泉）に若水を汲みに行く。この聖水を汲むところから、シマの一年は始まる。それぞれの家では、おごそかに「アサユウェー（朝祝）」が行われ、「サンゴン（三献）」の膳がならび、神とともに食事が行われる。（高梨）

コゴメキノエラン

アマミテンナンショウ

カンヒザクラ

ジョウビタキ

アマミノクロウサギ（子ウサギ）

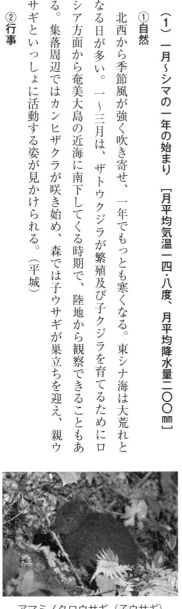

〔奄美大島の正月行事〕〈元日〉朝早く泉に行って水（若水）を汲み、この水で顔を洗うと若返るといわれ、三献やお茶等にも使っていたという。三献は一の膳が餅の吸い物、二の膳が刺身、三の膳が鶏または豚の吸い物で、家族が揃って正月を祝う儀式である。三献が終わると、年始の挨拶回りに出掛ける。（高梨）

〈二日　大工祝い・作の祝い〉「大工祝い」大工関係の家ではセク（大工）の神を祀る日。万丈がね・墨つぼ等の大工道具を祭壇に祀り、料理を供え、大工の神を祀る。新築した人は大工の家に行き、大工の神を拝む。（久）

「作の祝い」農家の家では、午前中畑に出て仕事始めをする日。かつては飢饉に備えてソテツを植えていたという。（久）

〈二日または三日　歳の祝い〉生まれ歳の干支が回ってきたことを祝う日。特に一回目の一三歳、十干・十二支の組み合わせが一巡する六一歳、さらに一巡後の一回目と二回目の七三歳と八五歳は盛大に行う。（高梨）

〈七草〉数え年七歳の子どもが親戚や近所の家七軒からナンカンジョッセ（七日雑炊）をもらい、子どもの無病息災と成長を祝う。子どもは、七歳になるまでは神様の子どもと考えられていて、七歳になったことを盛大に祝う。（高梨）

〈一五日　小正月〉大晦日同様、ウヮンフニ（豚骨）を食べ、墓参りをして過ごす日。（久）

〈一八日　ヒキャゲ〉一月一四日に飾ったナリモチとサツマイモを一緒に煮こみ、これ混ぜて先

正月飾りオオバリ（喜界町上嘉鉄）

三献

ナリムチ

祖に供えてから食べる日。（久）

〈二〇日　カメザライ〉正月行事の締めくくりの日。「カメザライ」の名のとおり、作っておいた正月用の料理をすべて食べる。（久）

［**『南島雑話』に描かれた正月飾り**］一二月二二日に薪を庭に立てる正月飾りを「セチギ（節木）」という。セチギは一月一一日に片付けるが、この薪で床の間に飾っている餅を煮る。一一日の行事は、「トコザラエ」や「トクムチ（床餅）おろし」という。（山下）

［**節田マンカイ**］奄美市笠利町の節田《せった》集落では、「節田マンカイ」（鹿児島県指定文化財）という旧正月の遊び行事が行われる。「まんかい」とは、招くという意味があるといわれている。節田マンカイは、向かい合って座った男女が、チヂン（太鼓）と三線に合わせて歌を掛けあい、手を左右に振る（招く）動作をしたり、向かい合っている相手と手を打ち合わせたり等の手踊りを繰り返す。また、一連の踊りが終わると、豚骨とシマアザミを一緒に煮込んだ「アザンヤセ（アザミ野菜）」の料理が振る舞われる。（高梨）

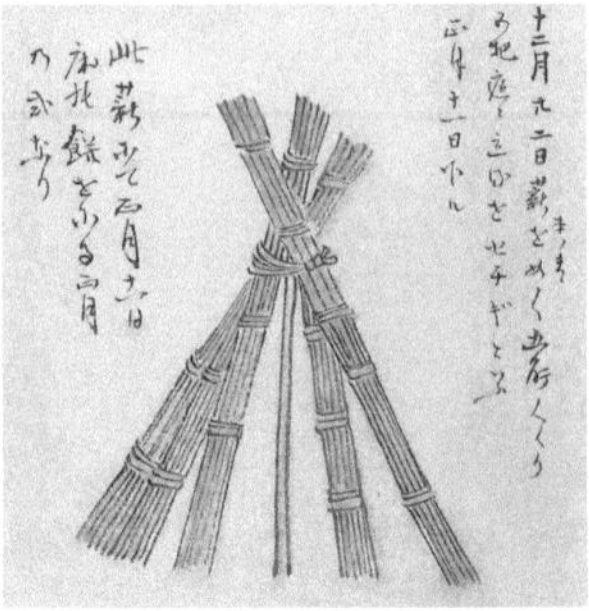
『南島雑話』の正月飾り

ナンカンジョッセ（七日雑炊）

節田マンカイ（笠利町節田）

③暮らし

一月から製糖期が始まり、笠利町赤木名《あかきな》では製糖工場（富国製糖《ふこくせいとう》）が稼働しはじめ、街にサトウキビの香りが漂い出す。収穫された大根は、短冊切りにされ、軒先や高倉の下にならび下げられる。吹き寄せる寒風を利用した「切干大根」作りである。一月下旬から二月上旬ごろに、カンヒザクラが満開になり、植栽された地域では各種イベントが開催され、花見客でにぎわう。（高梨）

［**有良ダイコン**（**アッタドコネ**）］奄美市名瀬の有良《ありら》集落で栽培されているダイコン。葉が大きいのが特徴で、煮物や切干大根等に利用される。（山下）

［**サトウキビ**］サトウキビの開花は（一二月

切干大根づくり（奄美市名瀬有良）

サトウキビ畑（奄美市笠利町）

有良ダイコン（奄美市名瀬有良）

サトウキビの収穫作業（奄美市笠利町）

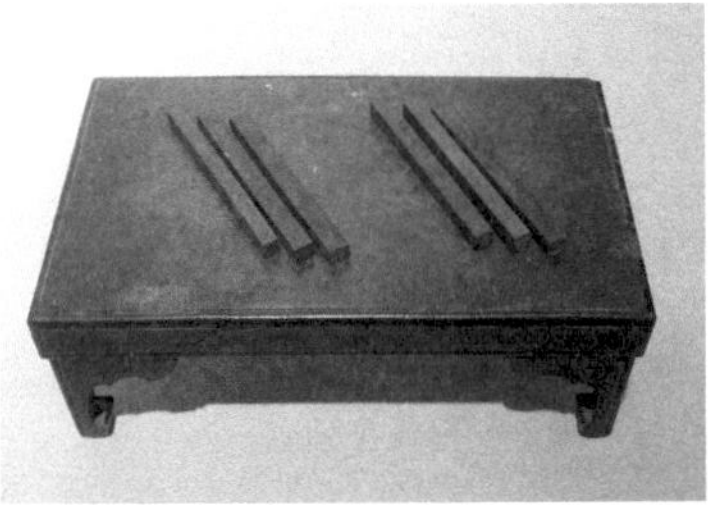

ナンコ

操業されている製糖工場の様子

頃）、収穫時期の訪れの目安となる。

［サトウキビの刈り取り（ウギハギ）］ 花（穂）が咲いたウギ（サトウキビ）は刈り取られ、製糖工場へ運ばれる。現在では手作業の刈り取りはほとんど行われておらず、ハーベスター（収穫用の農業機械）で収穫されている。（高梨）

（2）二月～タンカン収穫は春のきざし　［月平均気温一五・二度、月平均降水量一六二㎜］

①自然

奄美の冬は、それほど気温が下がるわけではないが、北西風が吹きつけるため、体感温度はかなり低く感じられる。気温が一五度を下回る寒い日には、リュウキュウアサギマダラが同じ木に集まり、身を寄せ合いながら寒さをしのぐ。集落周辺では群生するアカボシタツナミソウやリュウキュウウマノスズクサが、森では多くのカンアオイ類等が花を咲かせる。（平城）

②行事

かつては旧正月行事も盛んに行われていたが、昭和五〇年代以降はだんだん姿を消し、今では数えるほどしか行われていない。（高梨）

［山神祭り］ 猟をする人や山の仕事に携わっている

リュウキュウアサギマダラの集団越冬

イボイモリ

グスクカンアオイ

人達が、山中で災いが起こらないよう山の神を鎮める安全祈願。開墾事業をする際、ケンムンを恐れて事業が推進できなかったことから、「山神の碑」を建立し祀り、ケンムンの祟りから逃れようとして始まったともいわれている。（久）

③暮らし

住用町の市《いち》・和瀬《わせ》、名瀬の小湊《こみなと》あたりでは、古来より続く鯛釣漁（ホシレンコ釣り）が最盛期を迎える。ホシレンコは名瀬では「テーヌユ」

アカボシタツナミソウ

サクラツツジ

ムベ（花）

リュウキュウウマノスズクサ

リュウキュウバライチゴ

山神祭り（奄美市名瀬小宿・ウサキ）

山神祭り（奄美市名瀬・オガミ山）

と呼ばれ、正月用の祝鯛として食べられてきた。住用町を中心に、山麓の果樹園は鮮やかなオレンジ色の果実に彩られ、「タンカン」の収穫が始まる。（高梨）

［ホシレンコ］ 奄美大島には、大型のレンコダイの一種で、平成二七年（二〇一五）に新種認定された「ホシレンコ」という魚が生息している。奄美大島近海の固有種であると新たに判明したが、奄美市名瀬の小湊集落、奄美市住用町の和瀬集落、市集落等では、古くから釣漁が行われ、特産品として知られてきた。春から秋は水深三〇〇m前後の深い場所に生息するが、産卵期の冬は水深五〇～八〇m程度の浅瀬に移動するので、その場所を狙い釣漁が行われる。（高梨）

収穫期のタンカン（奄美市住用町）

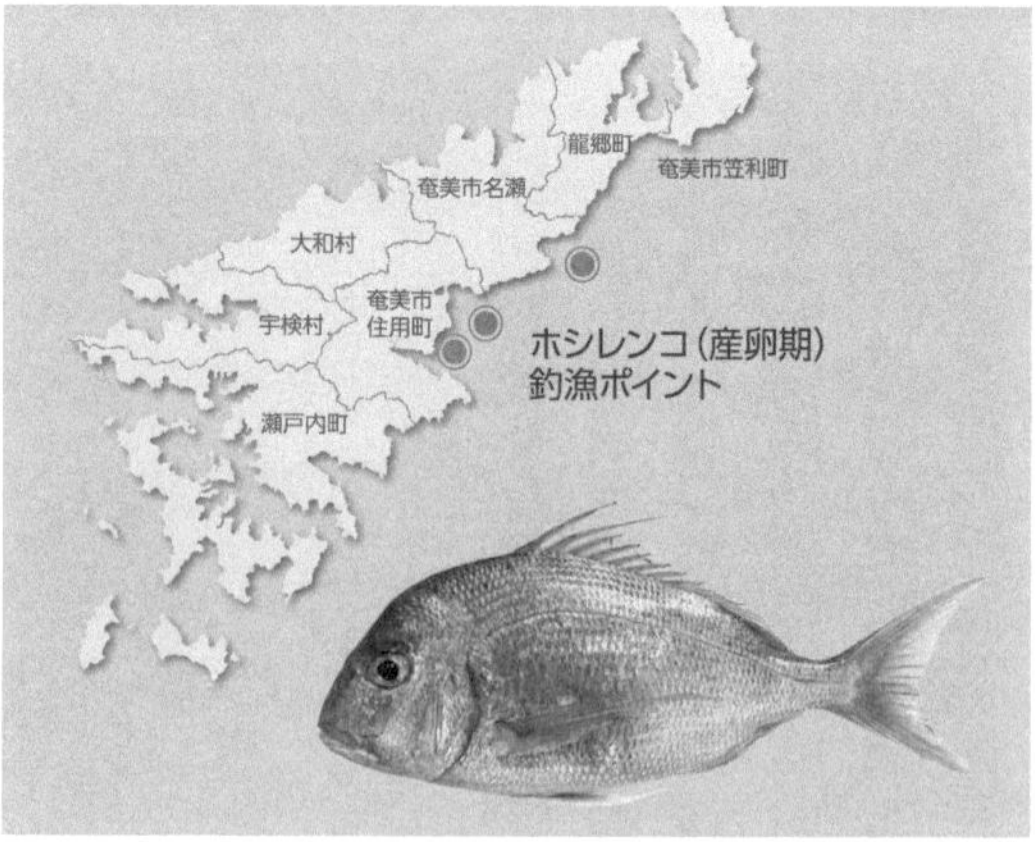

ホシレンコ釣漁

［コラム5］奄美大島の鳥「留鳥」

奄美大島は、日本の面積の約〇・一九%にしか満たない島でありながら、日本の鳥類（約六五〇種）の約五〇％にあたる約三二〇種が確認されている野鳥の宝庫だ。そのうち、季節による移動を行わず、一年中同じ地域に生息する留鳥は三六種、それ以外は繁殖地と越冬地の間を、毎年決まった季節に移動する渡り鳥である。

奄美大島に生息する留鳥は、表をご覧いただきたい。代表的な種は、国指定天然記念物に指定されているルリカケス・オーストンオオアカゲラ・アカヒゲ・オオトラツグミや、主に夜間に観察できるアマミヤマシギやリュウキュウコノハズク等である。

本書におけるコラム6・7・8・9では、季節ごとに観察できる鳥類も紹介している。（平城）

No.	和名	科名
1	カイツブリ	カイツブリ科
2	リュウキュウヨシゴイ	サギ科
3	ゴイサギ	サギ科
4	クロサギ	サギ科
5	オシドリ	カモ科
6	カルガモ	カモ科
7	ツミ	タカ科
8	ミフウズラ	ミフウズラ科
9	リュウキュウヒクイナ	クイナ科
10	シロハラクイナ	クイナ科
11	バン	クイナ科
12	シロチドリ	チドリ科
13	アマミヤマシギ	シギ科
14	カラスバト	ハト科
15	リュウキュウキジバト	ハト科
16	ズアカアオバト	ハト科
17	リュウキュウコノハズク	フクロウ科
18	リュウキュウアオバズク	フクロウ科
19	ヒメアマツバメ	アマツバメ科
20	カワセミ	カワセミ科
21	オーストンオオアカゲラ	キツツキ科
22	アマミコゲラ	キツツキ科
23	リュウキュウツバメ	ツバメ科
24	リュウキュウサンショウクイ	サンショウクイ科
25	アマミヒヨドリ	ヒヨドリ科
26	アカヒゲ	ヒタキ科
27	イソヒヨドリ	ヒタキ科
28	オオトラツグミ	ヒタキ科
29	リュウキュウキビタキ	ヒタキ科
30	セッカ	セッカ科
31	アマミヤマガラ	シジュウカラ科
32	アマミシジュウカラ	シジュウカラ科
33	リュウキュウメジロ	メジロ科
34	スズメ	スズメ科
35	ルリカケス	カラス科
36	リュウキュウハシブトガラス	カラス科

奄美大島の留鳥

オーストンオオアカゲラ

オオトラツグミ

リュウキュウコノハズク

ルリカケス

アカヒゲ

アマミヤマシギ

（3）三月〜春雷とハブ　［月平均気温一七・一度、月平均降水量二二三・二㎜］

①自然

北西風はしだいに南風に変わりはじめ、多くの渡り鳥が休憩場所として奄美大島に立ち寄る。冬鳥のサシバは、繁殖地へ向け北上していくので、姿が見られなくなる。山地の渓流沿いでは、アマミイシカワガエルが繁殖期を迎え、オスが甲高い鳴き声を発する。森では奄美大島固有のアマミセイシカ・アマミエビネ等が花を咲かせ、春の訪れを知らせてくれる。（平城）

［**ハブから身を守る動物**］アマミトゲネズミは、ハブが攻撃するタイミングを見計らって、ジャンプしてかわす行動をとることが知られている。ハブが近寄ってきても、すぐに逃げることはないという。ほかにも、長い歴

活動が活発になるハブ

アマミセイシカ

アマミエビネ

史の中で培われてきたハブ対策の行動として考えられるのは、アマミノクロウサギが林道や沢沿い等の見晴らしのよい場所でフンをすることや、リュウキュウアカショウビン等の鳥類が夜間の休息を枝先で行うこと等である。（平城）

②行事

かつて大和村では、旧暦二月に「オムケ（お迎《むか》え）」と呼ばれる奄美大島独特のノロ祭祀が行われていた。海岸で海から来るテルコ神を、あるいは神山から来るウブツ神を迎え、シマ（集落）に暮らす人びとの健康と安全を願って祈りが捧げられた。（高梨）

③暮らし

就職・進学、また人事異動等で、多くの人びとが島を離れ旅立っていく。三月下旬の名瀬港や奄美空港は、見

繁殖期を迎えるアマミイシカワガエル

ヤツガシラ

アマミトゲネズミ

送る家族、友人、職場の同僚、生徒たちで独特のにぎわいをみせる。製糖期は三月で終わり、収穫を終えたサトウキビ畑の赤土が目立つ時期でもある。暖かくなりはじめた海では、二月後半ごろからオーサ（アオサ）等の海藻も採りはじめる。三月下旬ごろから天候が不安定になり、雷鳴とともにハブの活動が活発になると言われ、シマ（集落）では安全対策のためにハブの用心棒があちこちに立てかけられる。（高梨）

［ハブの用心棒］集落には、長さ二メートルほどの棒が、一〇メートルほどの間隔で、壁等にしばしばたてかけられている。これは、ハブ対策のための「用心棒」と呼ばれるもので、毎年、ハブの活動が活発になる三〜四月頃に新調される。かつて、ハブは森林に生息していたが、帆船等に紛れて奄美大島へ入り込んできたクマネズミ等が増加したことで、集落周辺まで生息場所を広げたと考えられている。（平城）

［異動する人の見送り］転勤・進学・就職等で島を離れる恩師や友人らを見送るため、空港や船乗り場等に集まる。

アオサ摘み

立てかけられたハブの用心棒
（奄美市名瀬根瀬部）

異動者を大勢の人々が見送る名瀬港

横断幕やのぼり旗等で異動する人たちへ感謝や激励を伝える。船の場合は、色鮮やかな紙テープを船から投げてもらい、船が出港するまで地上と紙テープでつないで、別れを惜しむ姿が見られる。（久）

［奄美旧暦行事カレンダー］奄美群島や沖縄県の島々では、今でも日常生活の中のあちこちに旧暦が使われている。島のみなさんは、月の満ち欠けをよく観察されていて、旧暦の一日（新月）、一五日（満月）の墓参を欠かさない。自然界のちょっとした変化にもすぐ気がつかれて、季節の移ろいを感じられている。

奄美旧暦行事カレンダーＡ４版 200 円

奄美旧暦行事カレンダーＡ３版 700 円

奄美博物館では、奄美大島を中心に、地域の行事や暮らしの調査を継続的に実施している。訪れたシマ（集落）の古老たちから、海山の幸をはじめとする折々の食材や暮らしの知恵を教えていただいている。亜熱帯の島にも、細やかな季節の変化があることをあらためて思い知らされ、次第に奄美大島における自然界の変化と、海山の旬の食材、伝統的行事等を、一二カ月で整理するようになった。自然界の変化は、旧暦の二四節気とよく合致していた。これが、「奄美旧暦行事カレンダー」を博物館で製作しはじめたきっかけである。

現在は、Ａ４版（二〇〇円）とＡ３版（七〇〇円）の二種類を販売している。Ａ４版は、当館自慢の環境文化カレンダーで、自然・行事・暮らしの三項目を中心に、各月の代表的、特徴的な素材の写真が多数レイアウトされ、亜熱帯の島の自然と暮らしの移ろいを感じさせてくれる内容になっている。暦部分には、満月・新月の情報が○●マークで記載してあり、あわせて海の干潮・満潮時刻も掲載してある。旧暦行事についても、開催情報をふんだんに記載してあるので、シマ（集落）で暮らしているみなさんにとっても、親しみやすい便利なカレンダーであると大好評だ。Ａ３版は、奄美大島の季節の自然写真に特化したカレンダーである。こちらも、当館学芸員が撮影した動植物の高精細写真が満載の豪華なものになっていて、ぜひご覧いただきたいカレンダーである。

カレンダー製作を担当しているのは、名瀬生まれ、名瀬育ちの旧暦行事をほとんど知らない若い職員たちだ。この旧暦行事カレンダーの製作意図をよく理解してくれて、見て楽しく、使って便利なカレンダーに、みんなで毎年進化させてくれている。写真撮影からデザイン、編集に至るまで、すべての作業を博物館職員でこなしており、このカレンダー製作に携わることで、奄美大島の自然の移り変わりとシマ（集落）の暮らしの様子について理解が深まっていくのである。（高梨）

うるずむ森（湯湾岳）

（4）四月〜うるずむ春　【月平均気温一九・八度、月平均降水量二二九㎜】

①自然

小雨が多く、一雨ごとに暖かさを増していくこの時期は、「ウリジン」等といわれる。沖縄地方の「ウリズン」と同義で、小雨期ともいえる降雨の多さを表す「潤い初め（うるいぞめ）」、あるいは「降り滲む（おりじむ）」という言葉が語源であるとされる。

オキナワジイ等の広葉樹がいっせいに芽吹きはじめ、森林は鮮やかな黄緑に彩られていく。ルリカケス・アカヒゲ・オーストンオオアカゲラ等、この季節に繁殖期を迎える鳥が多く、森の中は早朝から夕方までさえずりで

にぎやかになる。また、道路沿いに生える野イチゴ類が食べ頃になる。（平城）

［渡りをするアカヒゲ］ 琉球列島には、トカラ列島・奄美大島・徳之島等で繁殖をする亜種アカヒゲ、沖縄島北部で繁殖をする亜種ホントウアカヒゲが分布している。アカヒゲは渡りをしない鳥と考えられていたが、鳥類研究者の関伸一氏によって渡りをする個体の存在が確認された。春から夏にトカラ列島で繁殖した個体群が、琉球列島の島々を経由して先島諸島で越冬することや、奄美大島・徳之島の一部の個体も同様の渡りをすることが明らかにされたのである。（平城）

ハロウェルアマガエル

シマアザミ

テッポウユリ

②行事

旧暦三月三日には、サンガツサンチ（三月節句）が行われる。この日は大潮なので、昼に潮が引きはじめるサンゴ礁のリーフで「ニャーヒレー（貝拾い）」をしたり、フツ（ヨモギ）を混ぜた「フツモチ」を食べて遊ぶ。大和村では、この日に海に行かないと「クフ（コノハズク）」になると伝えられている。（高梨）

［三月節句（サンガツサンチ）］ 旧暦三月三日を三月節句といい、フツモチ（ヨモギ餅）を作り先祖に供え、女の子の将来を祝福する。この日に海水に浸かると、夏に風邪を引かないといわれている。また、初めて生まれた子どもを海岸に連れ出す地域もある。その他にも、海に出ないとフクロウになる、災いが起こる等といわれている。（高梨）

③暮らし

春の到来とともに気温は上昇しはじめ、奄美市役所では四月中旬からクールビズが始まる。小雨が多いこの時期は、かつては田植えのシーズンであった。今もサトウキビの春植えははじまり、農繁期を迎える。最近、学校の体験学習等の目的で、小規模ながらも水田の復活があちこちで見られるようになってきた。

三月節句が近づくと、フツモチ（ヨモギモチ）が食卓や店

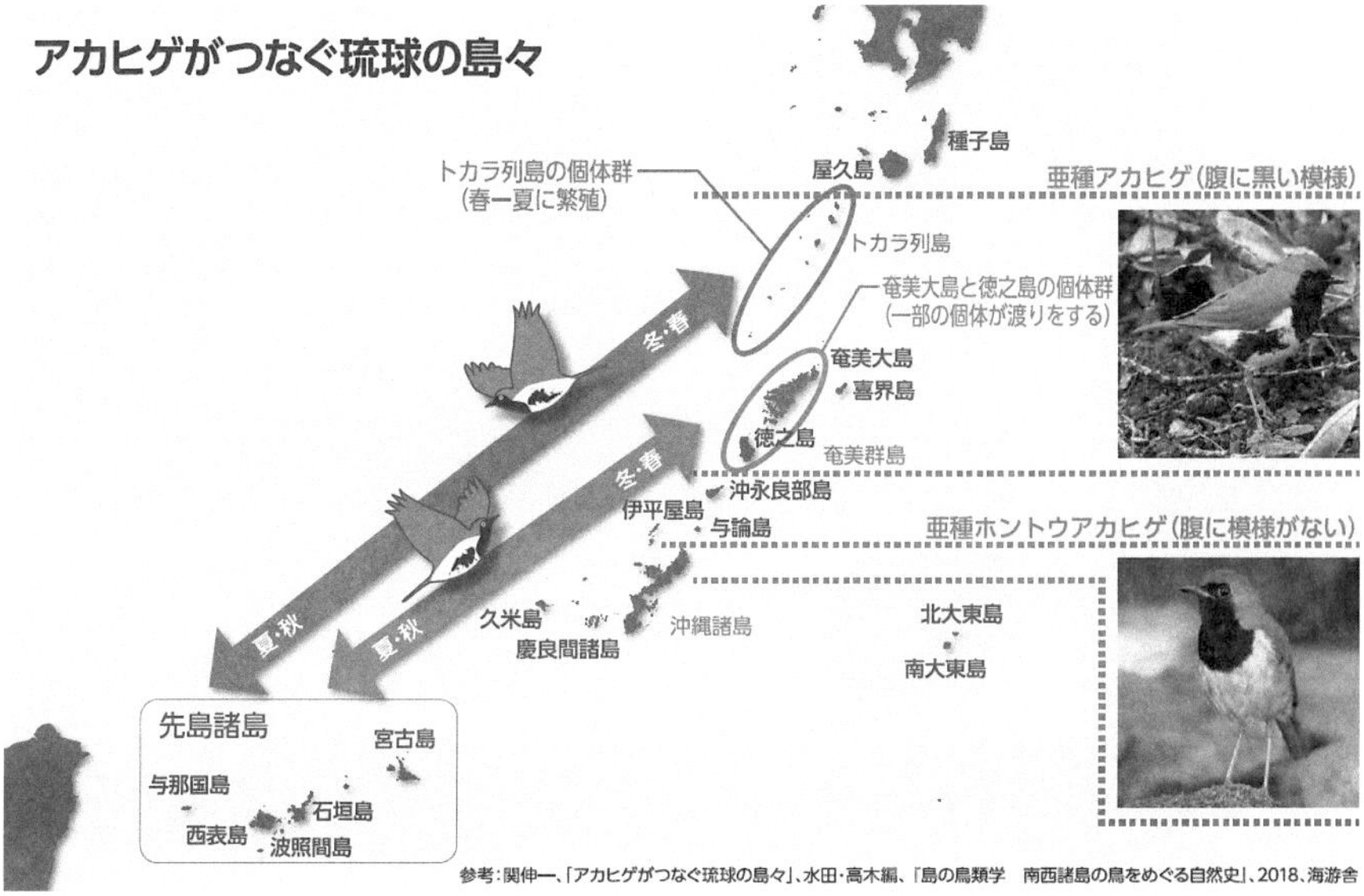

参考：関伸一、「アカヒゲがつなぐ琉球の島々」、水田・高木編、『島の鳥類学　南西諸島の鳥をめぐる自然史』、2018、海游舎

渡りをするアカヒゲ（関 2018）

三月節句

アカヒゲ雛の給餌を復元した剥製標本

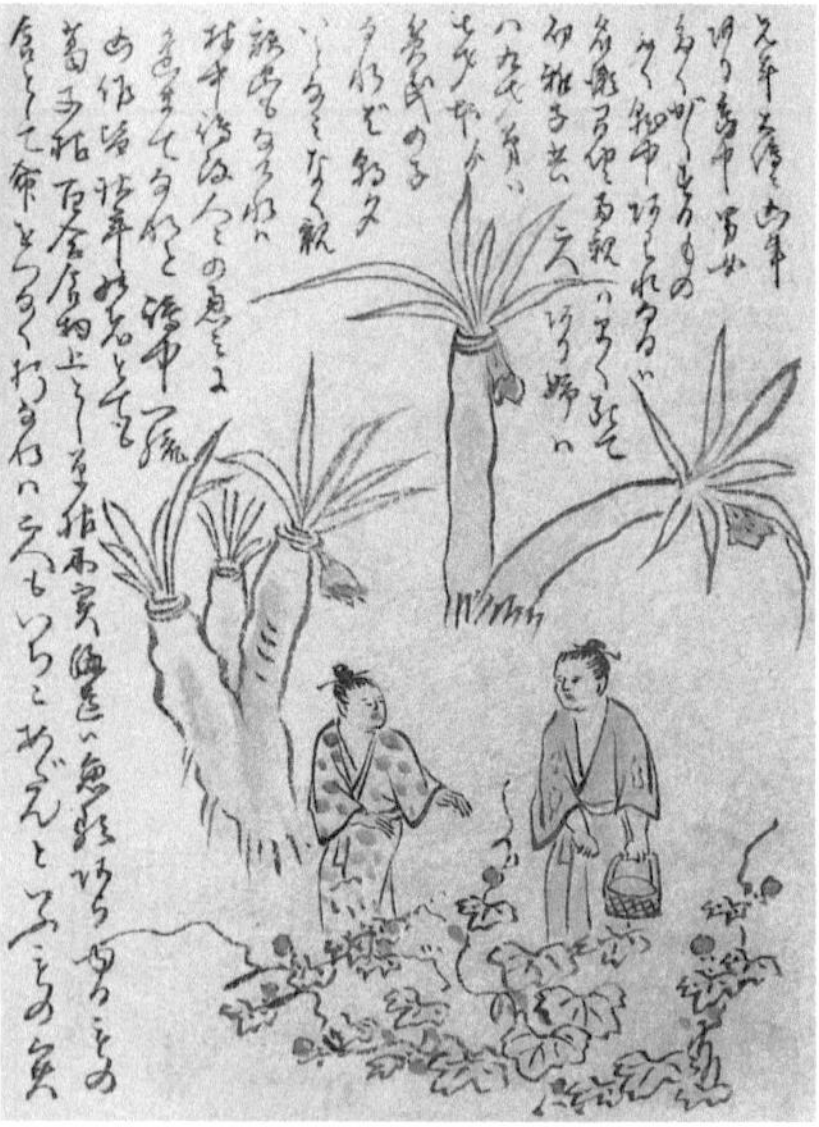

『南島雑話』に描かれたイチゴ

リュウキュウイチゴ

リュウキュウバライチゴ

ホウロクイチゴ

田植え

サトウキビの植え付け

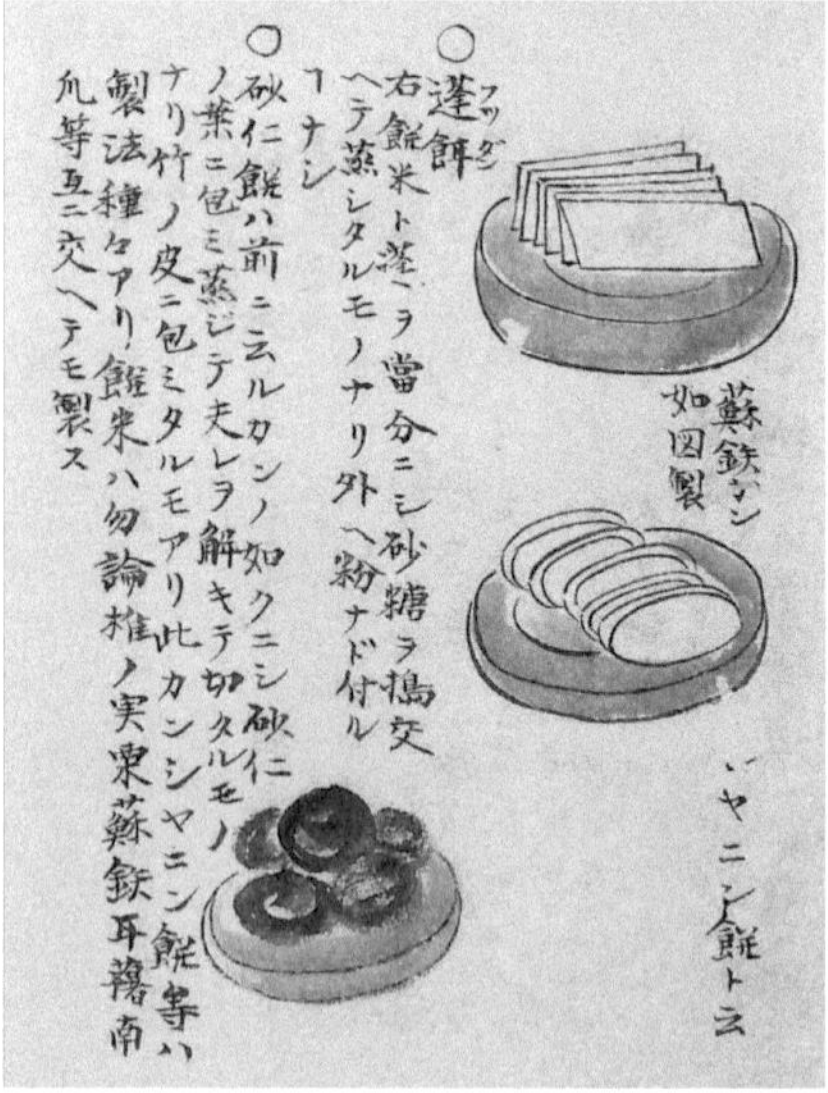

『南島雑話』に描かれたフツモチ

頭でも見られるようになる。野山ではイシュビ（野イチゴ）が熟し、子どもたちが採って食べたりするが、ハブに咬まれることも多く、十分注意しなければならない。海では、スノリ（モズク）採りもはじまる。（久）

［田植え］旧暦三月三日の前後に田植えを行っていた。現在、田んぼがある集落はほとんどなく、奄美市名瀬の芦花部《あしけぶ》集落や龍郷町秋名《あきな》集落等少数である。また、教育の一環として、稲作体験（米作り・稲刈り・脱穀・モチつき・しめ縄作り等）を行っている学校もある。（久）

［『南島雑話』に描かれたフツモチ］もち米とフツ（ヨモギ）を同じ分量にして、砂糖を加え、臼でよく搗き、混ぜる。ほどよい固さになると丸め、サネン（クマタケランやゲットウ）の葉で包む。葉で包んだ後、ススキの新芽等でもちを括る地域もある。その後、一時間ほど蒸したらフツモチ（ヨモギ餅）の完成となる。（山下）

［『南島雑話』に描かれたイチゴ］飢饉があった時に、村人が、イチゴやアダンの実等、野山にある食べ物を採り尽くしたため、食べ物がなくなり、身寄りのない幼い子ども二人が餓死した事件があった。イチゴやアダンの実が熟すころになると、子どもの声で「アダン採ってちょうだい、イチゴも採っ

満開のイジュ（5月）

コンロンカ（5月）

アマミスミレ（5月）

モダマの花（5月）

てちょうだい」と歌が聞こえるという。（山下）

（5）五月～ナガシ（梅雨）の初夏　［月平均気温二二・七度、月平均降水量二五八・五㎜］

①自然

ゴールデンウイーク前後にナガシ（梅雨）に入る奄美では、雨の降り注ぐ日が続き、晴れる日は少ない。この時期に開花する植物は、イジュ・コンロンカ・ゲットウ・ヤンバルセンニンソウ等で、白い花が多い。また海底にミステリーサークルが現れ、アカウミガメやサンゴの産卵等と、海洋生物の活動が目立ちはじめる時期でもある。梅雨を代表する野鳥のリュウキュウアカショウビンやリュウキュウサンコウチョウが南から渡ってきて、特徴ある美しい鳴き声が響き渡る。（平城）

［**海底のミステリーサークル**］平成七年（一九九五）頃、奄美大島の海底で放射状の不思議な模様が発見され、その幾何学的な形状は、「ミステリーサークル」と呼ばれるようになった。しばらくの間、そのサークルは、誰が何のために作っているのか不明であった。

平成二六年（二〇一四）、奄美大島の近海で、「アマミホシゾラフグ」という新種が発見された。五～六月

シイノトモシビダケ

アマミホシゾラフグの「ミステリーサークル」
（興克樹氏撮影）

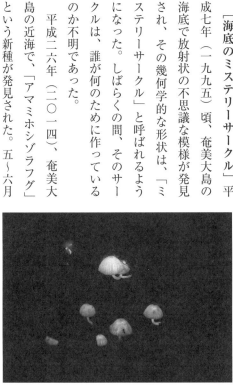

ムシケラシ（奄美市住用町市）

米つき踊り（奄美市住用町市）

クワズイモの葉で包んだ虫（奄美市住用町市）

舟漕ぎ競争（奄美市笠利町赤木名）

ハマオレの重箱（奄美市住用町市）

頃、オスは、水深一〇～三〇mほどの砂地の海底に、直径二mほどの円形の産卵床を作る。謎に包まれていた「ミステリーサークル」は、体長一〇cmほどの小さなフグによって作られたものであることが判明した。サークルは、中央部を囲むように、いくつもの溝が掘られた二重の土手が作られ、そこに貝殻やサンゴのかけら等が飾り付けられる。巣が完成すると、メスがサークルの中央部にやってきて産卵が行われ、オスは卵の世話も行う。（平城）

②行事

海岸にご馳走を持ち寄り、成長しはじめた稲の害虫駆除と豊作を祈願する「ハマオレ（浜降）」行事が行われる。住用町の市《いち》集落では、作物の害虫をクワズイモの葉に包んで海に流す「ムシケラシ」が行われている。大和村では、旧暦二月に迎えたテルコ神・ウブツ神を送る「オホリ（お送り）」の神事が行われていた。（高梨）

「ハマオレ」稲の害虫駆除をして、稲の豊作を祈る行事。田畑へ行って稲につく虫をクワズイモの葉で包み、ススキの葉で縛った後、海に向かって後ろ向きで投げ捨てる（ムシケラシ）。かつては、駆除した害虫が再び集落内に持ち込まれないよう、他の集落からの出入りを禁止し、集落の人びとは浜に出て弁当を持ち寄り、舟こぎ競争や多様な遊び、芸能が行われた。（久）

③暮らし

里山では、伸びてきたダーナ（ホテイチク）採りが盛んとなる。家庭の食卓でもダーナの煮物や汁物等の料理が多くなるころである。またサツマイモの植え付けの時期で、ツルを刈り取り、畑に挿して植える光景がみられ

サツマイモの植え付け

るほか、ガッキョ（シマラッキョ）の収穫も行われている。（高梨）

［**サツマイモの植え付け**］五月の入梅前後、畑に畦をつくり、トン〈北部〉・ハヌス〈南部〉（サツマイモ）のツルを挿して植えつけが行われる。一一月ごろの収穫の時期にかつては、ターマン（田芋）やコーシャマン（山芋）等の芋類の収穫に感謝するノロ祭祀「フユウンメ」が行われていた。『南島雑話』には、奄美の人びとの主食であるサツマイモの植え付けと収穫は、凶作に備えて年間を通して行われていたことが記述されている。（久）

［コラム6］春の鳥

奄美大島を代表する留鳥の多くが繁殖期を迎える春は、早朝の暗いうちからオオトラツグミが「キョローン」とさえずる。続いてアカヒゲやリュウキュウメジロ等の小鳥がせわしなく鳴き始める頃には、夜が明けていく。春の森は、朝から鳥類のさえずりで賑やかだ。

ルリカケス・アカヒゲ・オオトラツグミ・オーストンオオアカゲラ等は、冬の終わり頃から、親鳥が巣材運び等を行い、繁殖の準備を始める。ヒナがふ化すると、親鳥はヒナのエサを捕まえたり、巣の中に溜まったヒナのフンを巣の外に運び出したり、ヒナ育てに奔走する。オーストンオオアカゲラの場合、好奇心が旺盛なヒナ鳥は、外の世界が気になり、頻繁に巣から顔を出すようになる。やがて、エサをねだるヒナに対して、親鳥はエサをくわえながら巣の裏側へ移動し、すぐにエサを与えることはやめて、巣立ちを促す。巣立ち後、しばらくの間は親鳥と一緒に行動する。同じ頃、ルリカケスやアカヒゲのヒナも巣立ちを迎える。

一方、渡り鳥は、越冬地から繁殖地へ向けて北上する時期で、休憩地点として奄美大島に立ち寄る。三月中旬以降は、驚いたときや着地するとき等に冠羽をうちわのように広げるヤツガシラや、北上途中のサシバの小さな群れ、海岸・河川・水田ではシギ・チドリ・カモ等の仲間が観察できる。天候の崩れや風向き等によっては、通常の渡りのルートをそれて、偶然やってくる迷鳥の記録も多く、平成三一年（二〇一九）四月には、奄美大島初記録のオオカラモズ、令和二年（二〇二〇）三月にはクロウタドリ等の迷鳥が確認されている。

春は繁殖期を迎える鳥が多いため、巣立ったばかりのヒナを保護したという連絡が増える。道端でじっとしているヒナを見ると不安な気持ちになるのは重々理解できるが、ほとんどの場合は近くで親鳥が見守っている。怪我をしている、明らかに衰弱している、もしくは近くでネコやイヌが襲おうとしている等のやむを得ない場合を除いては、野生の鳥類の生命力や絆を信じて、何もしないで立ち去る勇気も必要だ。（平城）

オーストンオオアカゲラ（ヒナ）

アカヒゲ（ヒナ）

オオカラモズ

（6）六月～アラブェー（新南風）から真夏へ　［月平均気温二六・〇度、月平均降水量四一〇・三㎜］

①自然

五月頃に南から渡ってきた夏鳥たちが、子育てに奔走する時期である。「アラブェー（新南風）」と呼ばれる突風・荒波が発生する頃で、海難事故が多い時期でもある。下旬頃には、ソテツやフクギ等が開花し、梅雨の終わりを告げる。梅雨明けから数日間は空気が澄んでいるので、海や山等の風景がくっきりと美しい。このころ、アカウミガメは産卵のピークを迎え、また満月の夜にはサンゴの大産卵が観察されることもある。（平城）

②行事

旧暦五月五日に「ハマオレ（浜降）」が行われるシマ（集落）もある。それぞれの家々の軒先や玄関口等に、ショウブの葉とフツ（ヨモギ）の葉を挿して、悪霊ばらいをする。干潟が発達した海岸に築かれた「カキ（半円形に

ルリカケス（ヒナ）

ヤツガシラ

クロウタドリ

石を積み上げ、潮の干満を利用して魚を捕獲する施設）」の崩れた石を積みなおす作業も、このころ行われる。（久）

［五月節句（ゴガツゴンチ）］　軒先にショウブとフツ（ヨモギ）を挿すと悪霊を払い、万病を避けると言われている。また、潮の干満を利用して石垣の中に取り残された魚を採る「カキ」漁法では、半円形（扇形）に積み上げられた石を五月節句に積み直す（カキ積み）地域もある（※

リュウキュウアカショウビン

アオウミガメ

ゲットウ

ウケユリ

アオノクマタケラン

旧五月節句のショウブとフツ（ヨモギ）

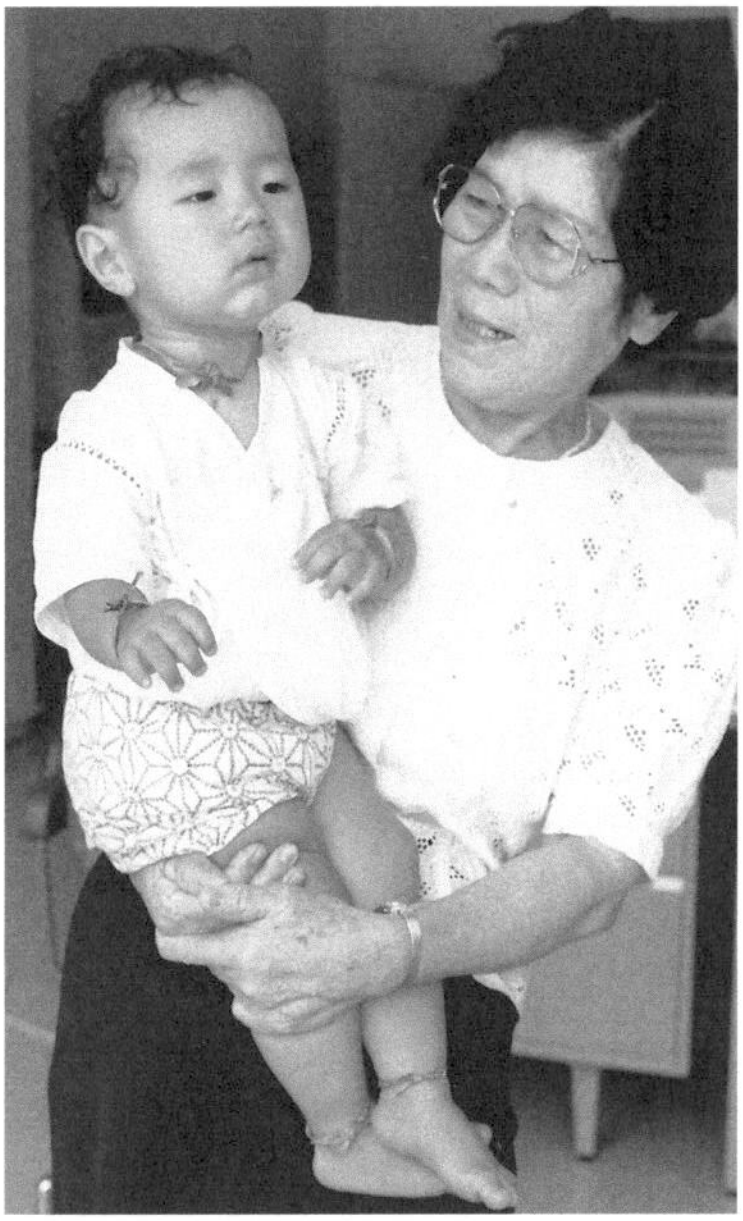

クヮギダマ

ヤギ汁

カキ跡（龍郷町屋入）

カキ積みを三月節句に行う地域もある)。(久)

③暮らし

奄美大島の西海岸、奄美市名瀬の里集落から大和村あたりを中心に、日本一早いスモモ(台湾原産のカラリという品種)の収穫がはじまる。奄美の梅雨は、六月ごろまで続く。自然災害の多い時期でもあり、集落の「ユイワク(共同作業)」として、河川、用水路、側溝等の氾濫に備えて、点検、除草、補修作業等が行われる。そして、ソテツやフクギが開花したり、羽アリがたくさん飛来するようになると、まもなく梅雨が終わることを予測し、真夏の到来を待つのである。そして夏本番に向けて、各自治体による夏祭りで開催される「舟こぎ競争」に出場するため、各集落の海岸で練習が始まるころである。(久)

[ヤギ・ヤギ汁] 奄美群島や沖縄の人びとにとってヒンジャ(ヤギ)は、牛や馬、鶏と同じように家畜としての役割に加え、貴重な動物性たんぱく源として食べられている。滋養強壮にすぐれており、蒸し暑い梅雨や非常に暑い夏を乗り切るために「六月ヤギ」といって食べる人も多い。近年は、夏場に行われるスポーツ大会に備えて、チームの結成を期に集まる「結団式」で食べる場合もある。羊肉のような独特の匂いがあり、好き嫌いが分かれる。(久)

(7) 七月~実りの夏 [月平均気温二八・七度、月平均降水量二〇二・四㎜]

①自然

六月頃に梅雨が明けると、一気に日差しが強まり、本格的な夏を迎える。青い空と海が広がり、夏鳥のアジサシ類が群れをなして海上を飛び回る。ウミガメは、アオウミガメの産卵が多くなる一方で、アカウミガメの卵からかえった子ガメもみられるようになる。森では、巣立ちしたリュウキュウコノハズクのヒナのネコのような鳴き声や、オットンガエルの太い鳴き声が響き渡る。(平城)

②行事

旧暦六月には、稲穂の成熟を祝う儀式として、戊《いぬ》の日に「シキョマ」、第一または第二庚《かのえ》の日に「アラホバナ」が行われていた。どちらも稲が実るころに合わせて日取りを決めていた。シキョマは個人、アラホバナは集落単位で、ノロが行う儀式であった。（久）

〔シキョマ〕 実った稲穂を三本取ってきて床の間に飾り、その年の万作を祝う。また、シキョマの日に「コーイリガシキ」という水の神の祭りを行う地域もある。コーイリガシキは、水難予防のため一歳未満の子どもを川に連れて行き、顔や体を水で清める。その後、新米を数粒入れた赤飯を食べさせるまねをする。「コ」は川、イリは「入」、「ガシキ」は「赤飯」という意味である。（久）

リュウキュウコノハズク（幼鳥）

ベニアジサシ

フェリエベニボシカミキリ

アラホバナ
（奄美市名瀬大熊、西田テル子氏撮影）

稲の刈り取り作業（住用町市）

稲干し（龍郷町秋名）

ふ化した子ガメ（興克樹氏撮影）

ノボタン

ソテツの雄花

［アラホバナ］稲の初穂を刈って祭り、稲の豊作に感謝するノロの祭り。稲の成熟を見て祭りを行う日を決めていた。（久）

③暮らし

台風が、奄美に近づいてくる季節となり、人びとは家屋敷、河川、船舶等の点検・対策にも気を配る。稲穂は成熟し、七月中旬から下旬にかけて、稲刈りが行われる。かつては家族総出、親族も参加して稲刈りをする光景があちこちで見られたが、最近では稲作が減少してほとんど見られなくなっている。稲刈りをした家では、稲穂を三本あるいは三束持ち帰り、床柱に吊るしたり、神棚に供えたりして稲穂の成熟を祝い感謝する「シキョマ」が行われる。（久）

（8）八月〜ウヤフジが家に帰る夏の終わり［月平均気温二八・四度、月平均降水量二六八・二㎜］

①自然

奄美の夏は暑い日が多いが、風が吹いているので日陰に入ると涼しく感じられる。海岸はグンバイヒルガオやオオハマボウの花が咲き、アダンの実等で美しく彩られる。干潟に生息するミナミコメツキガニは、褐色から鮮やかな青色に変化しはじめ、秋の訪れが近いことを知らせてくれる。森では、「夏エビネ」ともいわれるツルランや奄美大島固有のアマミクサアジサイが開花する。（平城）

②行事

旧暦七月七日は「七夕」で、その一週間後の七月一三日から一五日は「旧盆」である。先祖は、七夕飾りを目印に帰ってくると言われ、提灯に火を灯してその霊を迎えに行く。送りの日には、提灯に火を灯し、家族全員で墓まで先祖を送り届けに行く。

かつては、壬《みずのえ》の日に、稲や粟等の農作物の豊作を願うノロ祭祀「フーウンメ」が行われていた。この時期、各自治体や町内会等による夏祭りも開催され、舟こぎ競争・八月踊り・花火大会等が盛大に行われる。令和二年（二〇二〇）は、コロナ禍を考慮して、ほとんど開催中止となった。（久）

［**七夕**］お盆の一週間前に先祖の霊を迎えるため、高く目立つように七夕飾りが作られる。お盆（迎え）の日の朝に七夕飾りを撤去して、お盆の準備をする。七夕の竿で魚を釣ると良く釣れるという。また、七夕の頃にダイコンを植える。（久）

［**フーウンメ**（**大折目**）］稲や粟等の農作物の豊作を願うノロの祭り。（久）

［**旧盆**］お盆は、迎え・中日・送りの三日間で行われる。迎

ミナミコメツキガニ

グンバイヒルガオ

ツルラン

七夕

フーウンメ
（奄美市名瀬大熊、西田テル子氏撮影）

フーウンメ
（奄美市名瀬大熊、西田テル子氏撮影）

オットンガエル（幼体）

ミフウズラ

アマミクサアジサイ

アマミイワウチワ

えの日は、提灯を持って墓にお参りし、墓の掃除をする。掃除が終わると、提灯に火をつけて、祖先の霊をお供して家に迎え入れる。中日は、一日中ご馳走でもてなす。送りは、家族揃って祖先の霊と一緒にご馳走を食べ、夕方に提灯に火を灯し、家族全員で墓まで送り届ける。かつては、送りの翌日は休息の日といわれ、仕事をしない日であった。

　旧盆は、八月後半にあたることが

浜送り（送り盆、笠利町屋仁）

浜送り（送り盆、笠利町屋仁）

川遊び（住用町役勝川）

浜送り（送り盆、笠利町赤木名）

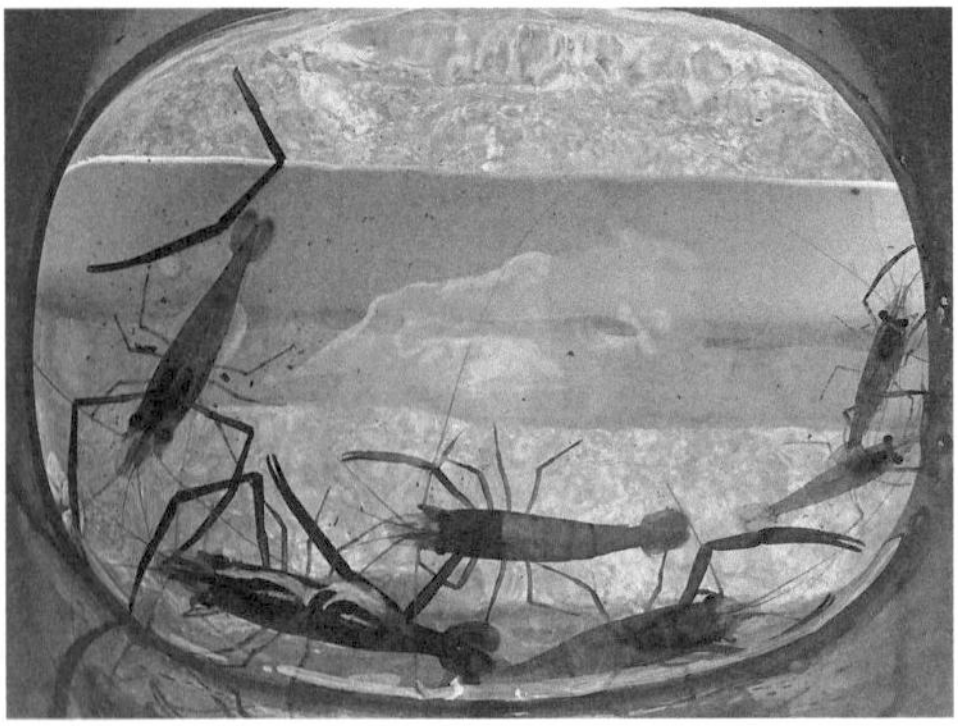

タナガ採り

多いので、墓参のために帰省する島出身者も多い。日本復帰後の昭和三〇年代から進められた新生活運動で、お盆の行事が新暦の月遅れ盆に移行した集落や、少子高齢化・過疎化のため、帰省者が多いこの時期に豊年祭を実施する集落もある。（久）

③暮らし

農作業や海水浴は、昼間の強い日ざしを避けて早朝や夕方に行われている。集落内にあるカジュマル等の木陰では、夕涼みしながら団らんする光景もよく見られる。子どもたちは、河川で泳いだり、タナガ（テナガエビ）等を楽しむ。この時期、ナリ（ソテツ）の実や幹から採取したデンプンを暑い日差しを利用して干す光景も見られ、それらはナリミソやナリガイ（粥）として食べられている。（高梨）

［コラム7］夏の鳥

五月上旬の初夏、フィリピン等の東南アジアからリュウキュウアカショウビンや、リュウキュウサンコウチョウがやってくる。島民にとっては、早朝に聴こえてくるリュウキュウアカショウビンの鳴き声が、梅雨の始まりを想起させる。

同じ頃、リュウキュウキビタキが繁殖期を迎える。この鳥は、奄美大島の留鳥の中で最も観察する機会が少ない鳥の一種で、深い森の中でさえずる鳴き声で存在を確認し、観察できたときの喜びは大きい。日本本土でみられるキビタキに比べ、頭部の黒色部分が黄緑色みを帯びているのが特徴である。

六月初旬頃には、ベニアジサシやエリグロアジサシ等のカモメの仲間が海岸沿いにやってくる。岩場で繁殖が行われるが、近年、渡ってくる個体数は減少傾向にあるといわれている。

六月中旬頃からは、主に農耕地でみられるミフウズラがヒナを連れて行動する。繁殖は一妻多夫制で、メスがオスに求愛し、一般的にメスが行う抱卵やヒナ育てはオスが行う。メスは出産した後、別のオスと繁殖行動を行う。

七、八月頃の夜の森では、日本で最も小型のフクロウの一種であるリュウキュウコノハズクのヒナが巣立つ時期である。樹上で親鳥が持ってくるエサを、ネコのような鳴き声を発しながら待ち続ける姿を観察できるのは、夏ならではの光景だ。親鳥は、カマキリやバッタ、時にはアマミサソリモドキ等を、エサとして与える。巣立ったばかりの幼鳥が、首をぐるぐる回しながら、親鳥にエサをねだる姿は、非常に愛らしい。

また、同じく夜の森では、巣立ったばかりのリュウキュウアカショウビンの幼鳥が樹上で休息している。成鳥のような赤みがないことから、すぐに幼鳥だと判断できる。幼鳥が頻繁に観察できる時期になると、夏から秋への移り変わりを感じる。（平城）

リュウキュウアカショウビン

リュウキュウキビタキ

ミフウズラ

（9）九月〜夏正月に賑わうシマ［月平均気温二六・八度、月平均降水量三〇二・七㎜］

①自然

大型の台風が、奄美周辺を襲来することも多い時期である。アカハラダカ（旅鳥）が南下する途中、奄美を通過し鷹柱を作りながらいっせいに渡っていくようすは初秋の風物詩ともいえる。

林道の脇には、ピンク色の花が美しいハシカンボクが開花し、森では、牛のようなカラスバトの鳴き声が聞こえてくる。（平城）

②行事

旧暦八月丙《ひのえ》の日の「アラセツ」を皮切りに「八月踊り」が始まる。アラセツ後七日目の壬《みずのえ》の日には「シバサシ」、アラセツ後の甲子《きのえね》の日には「ドンガ」が行われ、これらは「ミハチガツ」と言われている。

リュウキュウサンコウチョウ

ベニアジサシ

リュウキュウコノハズク（幼鳥）

旧暦八月一五日には、子どもたちが集落内の厄払いをする「十五夜綱かつぎ」（奄美市名瀬小湊）、豊年を感謝し祈願する姿を描いた「油井《ゆい》の豊年踊り」（瀬戸内町油井）、五穀豊穣等を願う「与論十五夜踊り」（与論町）

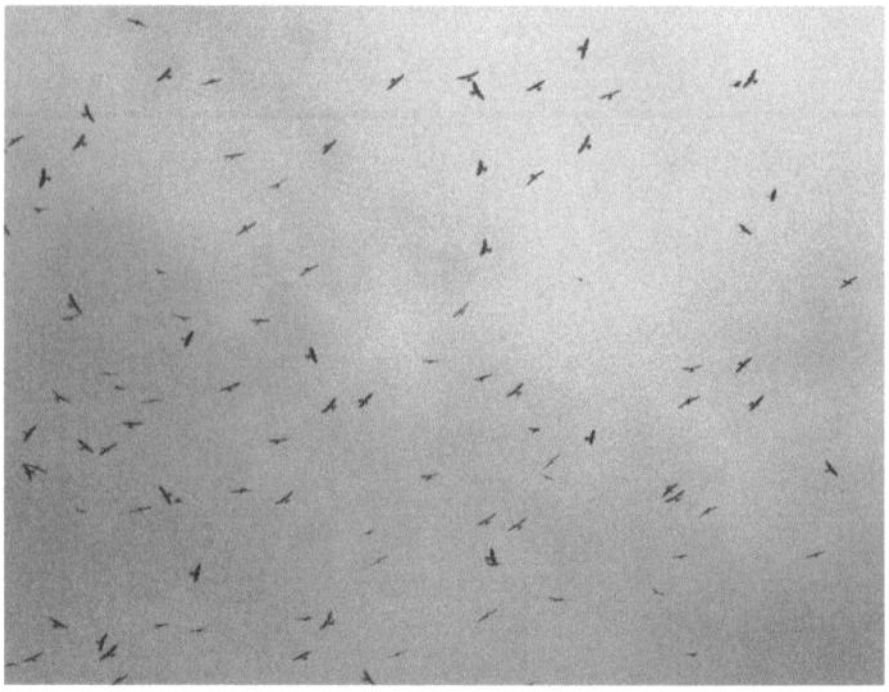

アカハラダカの鷹柱（高美喜男氏撮影）

アマミマルバネクワガタ

ハシカンボク

ダイサギソウ

カラスバト

ルリシャクジョウ

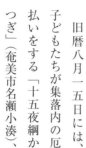

が行われる。十五夜豊年祭は、敬老会も兼ねて実施する集落が多く、両親および配偶者の出身集落の行事にも出かけて参加する。

龍郷町秋名《あきな》では、「アラセツ行事」として「ショチョガマ」「平瀬《ひらせ》マンカイ」が行われ、笠利町の各集落では、シバサシの日までの約一週間、連日連夜「八月踊り」が行われる。かつては、集落内の家々を一軒ずつ踊っていく「ヤーマワリ（家廻り）」が行われていた。（高梨）

［**ツカリ（シカリ）**］先祖の霊や神々を迎える準備の日。アラセツやシバサシの前日がツカリで、前夜祭的な意味合いもある。（久）

［**アラセツ**］旧暦八月最初の丙《ひのえ》の日は節を新たにするという意味（新節）があるという。新米で作ったミキと赤飯を供えて、先祖や神々に感謝し豊年を祝う。龍郷町の秋名集落では、「秋名アラセツ行事（ショチョガマ・平瀬マンカイ）」（国指定重要無形民俗文化財）が行われる。奄美市笠利町の各集落では、かつてはアラセツ前後からシバサシの日まで七日七晩踊り明かしていたが、断続的に八月踊りが行われる。佐仁《さに》集落で行われる「佐仁の八月踊り」は、県指定無形民俗文化財である。（久）

［**シバサシ**］畑や家の軒先等にシバ（ススキ）を立てる。シバを立てる（挿す）ことで屋敷を清浄にし、悪神を払うといわれている。また、シバサシの前日（ツカリ）に家の門でチカラグサといわれる草を焼く地域や、家

ツカリ（龍郷町秋名）

ツカリの供え物（龍郷町秋名）

左綱の準備（奄美市名瀬小湊）

シバサシ（宇検村阿室）

ショチョガマ（龍郷町秋名）

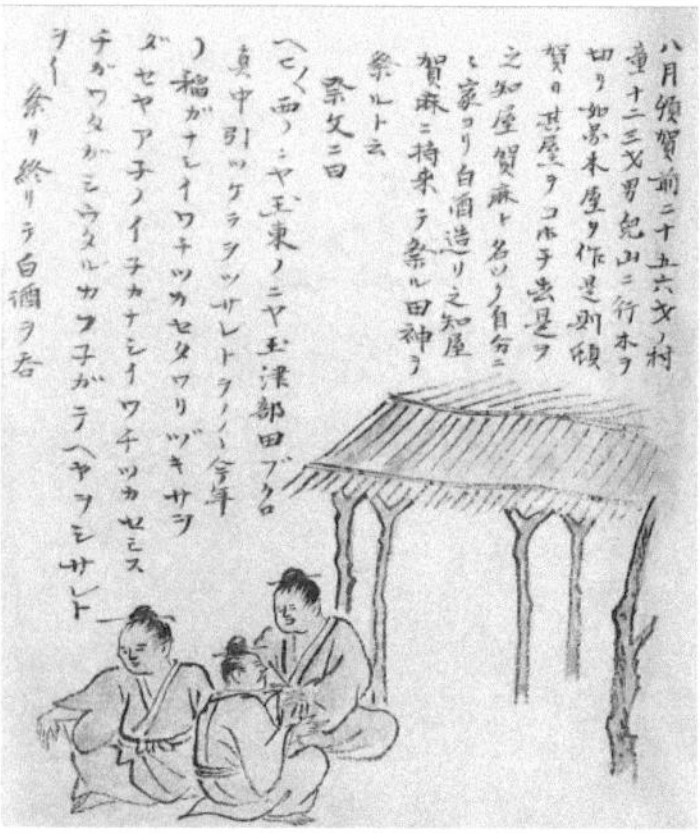

『南島雑話』に描かれたショチョガマ

平瀬マンカイ（龍郷町秋名）

『南島雑話』に描かれた八月踊り

神ヒラセに供えられるアムガシキ（龍郷町秋名）

豊年祭の願立て（住用町見里）

十五夜綱引き（奄美市名瀬西仲勝）

十五夜綱かつぎ（奄美市名瀬小湊）

豊年祭（カマ踊り、瀬戸内町網野子）

悪綱引き（住用町西仲間）

の門で迎え火を焚き、翌日には送り火を焚いてその煙を目印として先祖の霊を迎え送る地域もある。（久）

［八月十五夜］ 旧暦八月一五日に、豊年祭や十五夜綱引き等が各地で行われる。与論島では五穀豊穣や子孫繁栄等を願い「与論十五夜踊り（国指定重要無形民俗文化財）」が奉納される。また、敬老会も兼ねて行う集落もあり、豊年相撲や八月踊り等多彩な余興が行われる。（久）

［『南島雑話』に描かれたショチョガマ］ 八月のドンガ前に、一二～一六歳の男子が山に行って木を切り、「之知屋賀麻（シチャガマ）」という小屋を作り、ドンガの日にこの小屋を壊した。

各自家で作った白酒（ミキか）をシチャガマに持参し、田の神を祭る。かつて、名瀬間切だった奄美市名瀬芦《あし》花部《けぶ》・有良《ありら》・大熊《だいくま》・浦上《うらがみ》、龍郷町秋名・嘉渡《かど》集落で行われていたという。現在は龍郷町秋名集落でのみ行われており、旧暦八月最初の丙の早朝に、男性がショチョガマの上に乗って左右に揺らし、日の出の直前に揺すり倒し豊作を祈願している。（山下）

［『南島雑話』に描かれた八月踊り］ 旧暦八月に踊られる踊りを「八月踊り」という。男女が輪になって太鼓（チヂン）を叩く人と踊り手に分かれ、男性と女性の掛け合い（唄）に合わせて、七日七晩夜どおし踊っていた。当時は、集落内のすべての家々を踊りながら回っていたが、現在では新築の家や指定された家等、当番制で時間も制限して集落の人が踊っている。（山下）

③暮らし

テーフー（台風）は、七月ごろから奄美近海

ミキ作り（住用町城）

ミキ作り（住用町川内）

に接近するようになり、九月のものはもっとも被害をおよぼすといわれている。そのため、人びとは、家屋敷、河川、船舶等の点検・対策を怠らない。また市街地の各公園では、週末の夕方になると、名瀬に在住している奄美群島各地の出身者たちで組織されている「郷友会《ごうゆうかい》」の「八月踊り」が踊られる。（高梨）

［ミキ作り］「ミキ」は、アラセツ・豊年祭・九月九日（クガツクンチ）等の行事に欠かせない飲み物である。クガツクンチでは、ミキを祭壇に供えて家内安全を祈る。製粉した米を水に溶かし、沸かした鍋に少しずつ入れかきまぜる。熱を冷ましたら、サツマイモをすって搾った汁を入れてかきまぜて、後に甕に入れ、バショウの葉で甕の口を閉じ、左綯りの綱でしばって二〜三日寝かす（発酵を待つ）。地域によって二日ミキ、三日ミキがある。近年は飲みやすくするために砂糖を入れたり、冷蔵庫で保管する。（久）

（10）一〇月〜ミーニシ吹けば秋の始まり［月平均気温二三・七度、月平均降水量二三四・五㎜］

①自然

暑さをもたらしていた南風はしだいにおさまり、吹き寄せる風は北西風に変わりはじめる。吹きはじめの涼しい北西風は、「ミーニシ」と呼ばれている。この頃に飛来する渡り鳥は、アカハラダカからサシバへ変わり、秋の訪れを告げる。ほかにも、サキシマフヨウが白色やピンク色の花を開花させたり、ヤマヒヨドリバナの花が咲いてアサギマダラが集まったり、オキナワジイ等のドングリが実る等、秋のよそおいを深めていく。（平城）

［モダマ］奄美市住用町の東仲間集落には、世界最大のマメ科植物で、市の天然記念物に指定されている「モダマ自生地」がある。五月頃には歯ブラシのような形をした花を咲かせ、秋頃には一メートルほどの大きなさやをつける。つるが木々に巻き付いて広がる様子は、「ジャックと豆の木」と表現されることもある。『南島雑話』には薬入れや火薬入れとして利用されていたことが記されており、「大島古図」には藻玉山という記載が二カ所ある。（平城）

［奄美大島と徳之島のドングリ］奄美大島と徳之島の森には、ドングリをつけるブナ科の木がいくつか生育しているが、広く知られているのはオキナワジイ・アマミアラカシ・オキナワウラジロガシの三種である。九～一一月頃のドングリが実る時期には、アマミノクロウサギやルリカケスをはじめとして、多くの動物の重要なエサとなる。

・オキナワジイ：大きさは二cmにも満たない。動物だけではなく、人間の食用にもなる。

サシバ

モダマ

ミサゴ

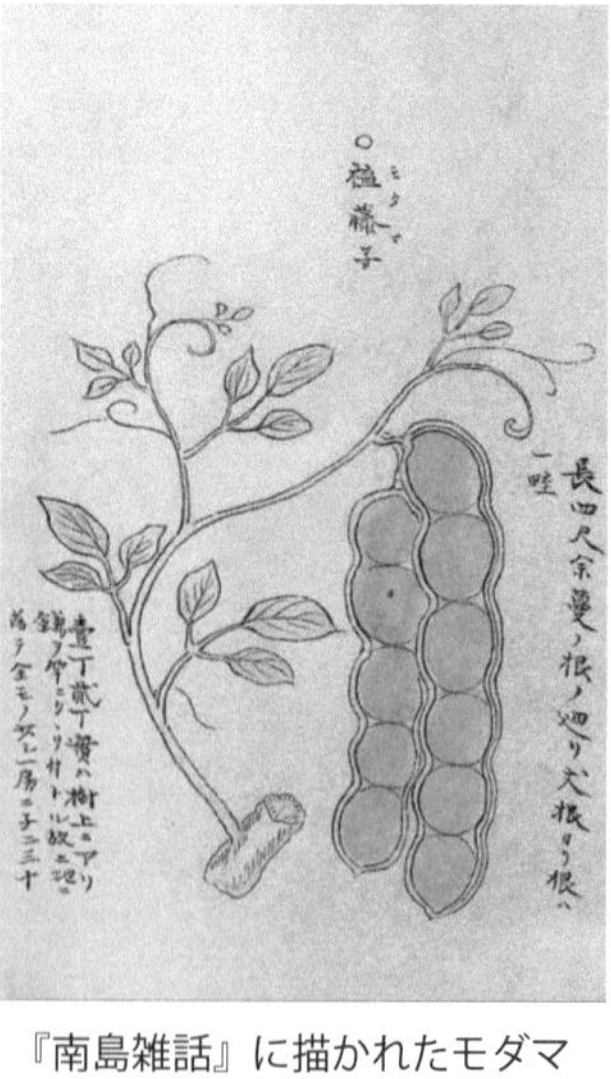

『南島雑話』に描かれたモダマ

ヤマヒヨドリバナとアサギマダラ

サキシマフヨウ

左綱の準備（奄美市名瀬西田）

ビッコ（綱）引き（奄美市名瀬西田）

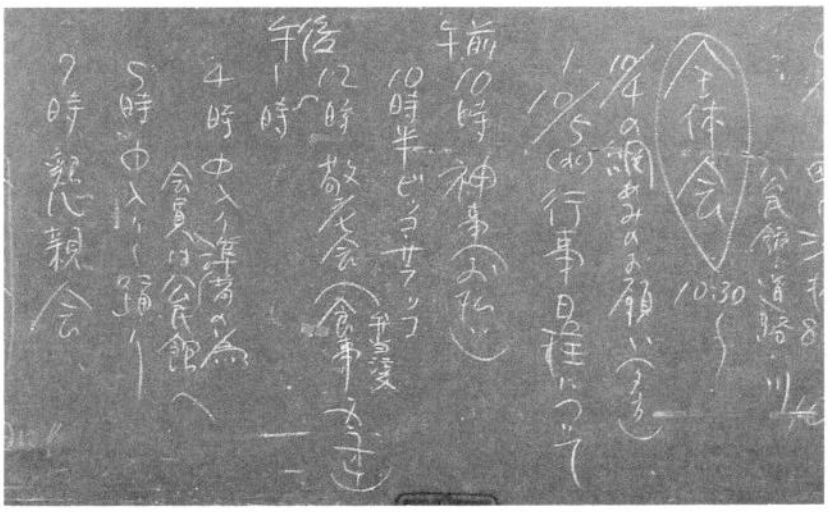

ビッコ引きの準備（奄美市名瀬西田）

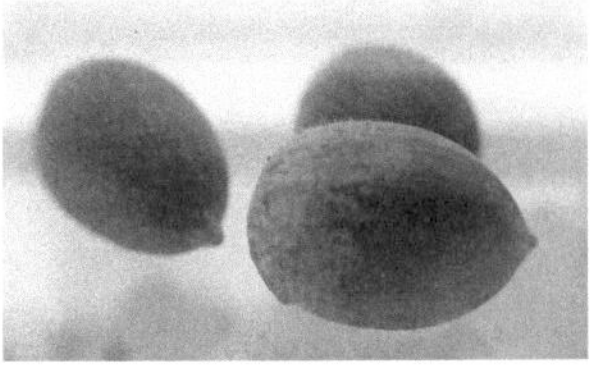

オキナワジイ

アマミアラカシ

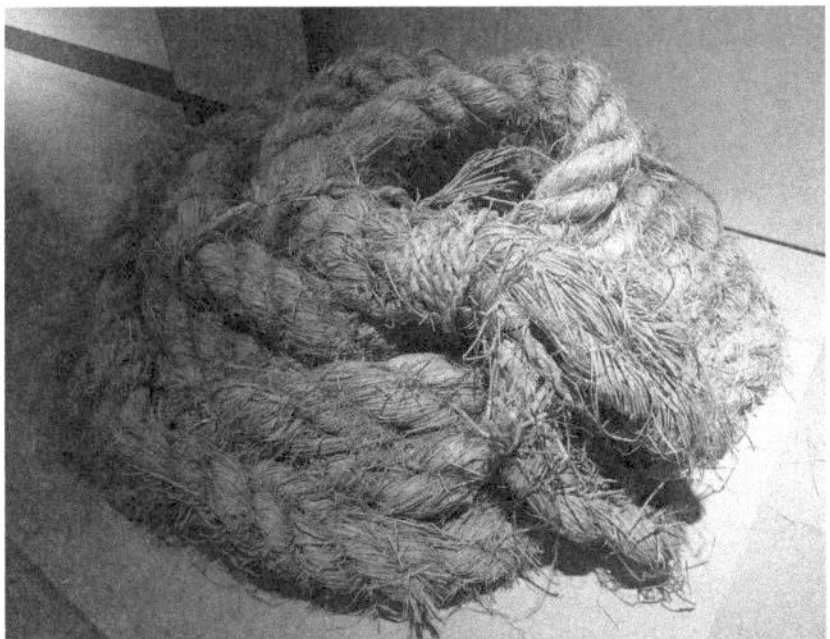

ビッコ引きに使われる綱（奄美博物館所蔵）

オキナワウラジロガシ

諸鈍シバヤ（瀬戸内町諸鈍）

・アマミアラカシ：大きさは一・五～三・〇㎝ほど。形は細長く、とがっている。

・オキナワウラジロガシ：大きさは三㎝ほど。形は丸く、日本最大のドングリである。（平城）

②行事

旧暦九月九日（クガツクンチ）には、綱引き行事の「ビッコサラッコ」（奄美市名瀬西田《にしだ》）、加計呂麻島諸鈍《しょどん》に伝わる民俗芸能の「諸鈍シバヤ」（国指定重要無形民俗文化財）、集落の繁栄を祝い親睦を図る「豊年祭」等、旧暦八月一五日と並んで多彩な行事が各地で行われる。（久）

シイの実ご飯

ウム（ムベ）

［九月九日（クガツクンチ）］ミキ等を作って神仏に供え、一年間の無病息災を感謝し（願直し）、今後一年間の幸運を祈る日（願立て）。（久）

③暮らし

奄美の豊年祭は、集落により旧暦の八月一五日、もしくは九月九日のどちらかで行われる。豊年祭に合わせて、敬老会が開催される集落も多い。豊年祭では、「豊年相撲」が行われ、力士たちは、聖なる泉で「力水」をもらい、「トネヤ」で安全祈願を行い、それぞれのシマ（集落）独特の土俵入りをして、相撲の取組が始まる。中入りや余興も多種多彩で、伝統芸能となっているものもある。野山では、キウイに似たクガ（シマサルナシ）の実やウム（ムベ）の実が熟して食べごろとなる。シイの実が実るのもこの頃で、かつては競って採られていた。（高梨）

［コラム8］秋の鳥

ミーニシ（新北風）が吹き始める頃、中国北東部や朝鮮半島等から越冬地へ向けて南下するアカハラダカの大群が、奄美大島に立ち寄る。渡りの中継地点である奄美大島には、一日ないし数日間のみの短い滞在であるが、特に天気のよいに日には、上昇気流に乗りながら多くの個体が飛翔する姿を観察できる。アカハラダカから少し遅れて、サシバが渡来する。奄美大島を越冬地に選ぶ個体もいれば、さらに南の地で越冬するものもいる。アカハラダカとサシバの渡りは、私たちに秋の訪れを知らせてくれる。

秋の渡りといえば、どうしてもタカの仲間がメインになってしまうが、シギ・チドリ・カモ等をはじめ、様々な鳥が渡ってくる。

奄美大島有数の渡り鳥の飛来地である奄美市笠利町の大瀬《おおせ》海岸には、鳥が入れ代わり立ち代わりやってきて羽を休める。渡り鳥の移動が活発な時期である秋は、春と同様に迷鳥の記録が多く、令和二年（二〇二〇）一一月にはカナダヅルとチョウセンメジロの二種が、奄美大島で初記録された。

一〇月頃からはジョウビタキ、一一月下旬頃からはシロハラやアオジ等が続々と奄美大島へやってきて越冬する。いずれも集落周辺で姿を見ることができる身近な鳥であり、毎年必ず渡ってくるので、是非とも覚えていただきたい。

また、オキナワジイやアマミアラカシ等が、ドングリを実らせる頃でもある。アマミノクロウサギをはじめ、様々な動物が主要なエサとしてドングリを採餌するが、ルリカケスは冬場のエサ不足に備えるためなのか、アマミアラカシの貯食行動をすることが知られている。

留鳥のカラスバトは繁殖期を迎える。薩摩藩統治時代に描かれた『南島雑話』には、「牛鳩」として紹介されているが、まさしく牛のような低い音で特徴的な鳴き声を発することから、一度覚えてしまえば、聞き間違えることはない。（平城）

サシバ

ジョウビタキ

ルリカケス

カナダヅル

シロハラ

カラスバト

（11）一一月～ツバシャ咲き八月踊りが終わる秋【月平均気温二〇・二度、月平均降水量一八〇・〇㎜】

①自然

一〇月にサシバが飛来する頃から、寒さがしだいに増してくる。南下してきたサシバは、集落周辺の畑地や山地等に縄張りを作り、「ピックイー」という鳴き声が聞こえるようになる。海では、ヒュー（シイラ）が回遊しはじめ、サシバが渡ってきたらシイラが釣れるという意味で、「ピーちばヒュー」とも言われる。夏頃に畑地で繁殖していたミフウズラは、サシバの渡来とともに見られなくなる傾向がある。集落周辺では、ハクセキレイ・キセキレイ・シロハラ・ジョウビタキ等の冬鳥を見かける機会が増える。林道の脇では、奄美では食材として知られるツワブキが黄色の花を咲かせる。（平城）

②行事

ミハチガツ最後の行事として、「ドンガ」が行われる。ドンガは夏を締めくくる行事であり、その一年における八月踊りの踊り納めとなる。ドンガで夏が終わり、季節は冬へ移っていく。また戌《いぬ》の日には芋類等の畑で採れる作物の収穫祭として、かつてはノロ祭祀の「フユウンメ」が行われていた。（久）

［**ムチモレ踊り**］大和村湯湾釜《ゆわんがま》集落で行われ、タオルや風呂敷で顔を隠して踊り、各家々で餅等をもらって回り、火災予防等の願いが込められている。（高梨）

［**カネサル**］カネサル（庚申）の日は山の神やケンムンが活動するため、カシャモチを作り集落に病気等が入らないよう身を固める。小湊集落ではカネサル祭りが行われる。（久）

［**フユウンメ（冬折目）**］芋類等、土に産する作物の収穫祭でノロが行う最後の祭り。（久）

ツワブキ

シイラ（剥製、奄美博物館所蔵）

ハクセキレイ

ホソバワダン

シシ汁

ムチモレ踊り（大和村湯湾釜）

ターマン（田芋）の収穫（龍郷町秋名）

カネサル（奄美市名瀬小湊）

収穫されたターマン（田芋）（龍郷町秋名）

フユウンメ（奄美市名瀬大熊）

③暮らし

一日二回ある海の干潮は、一〇月頃から昼より夜の方が大きく潮が引くように変わり、それに合わせて夜間の「イザリ」漁が行われるようになる。干潮のときに現われるリーフ（礁嶺）上をライトで照らしながら歩き、チョウセンサザエ・ブダイ等の魚貝類を捕まえる。山では、イノシシ猟が解禁となり、猟銃やワナ猟が始まる。

また畑は、コーシャマン（山芋）やターマン（田芋）、トン〈北部〉・ハヌス〈南部〉（サツマイモ）等の芋類の収穫時期となり、畑からティル（竹製の大型背負

モクズガニの簗漁（住用町西仲間）

『南島雑話』に描かれたシイラ漁

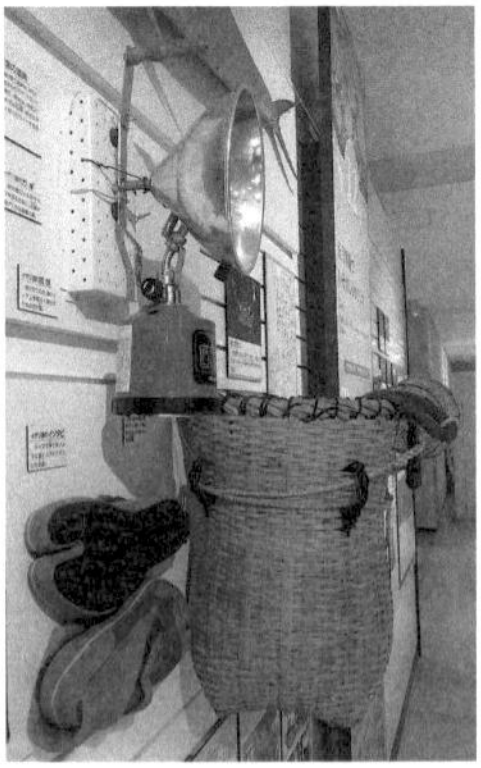

イザリ漁の道具

カニ漁の入札場所（住用町西仲間）

カニ漁の入札風景（住用町西仲間）

いカゴ）をかついで、収穫した作物を持ち帰る。そうした生業活動は、今でも残されている。

冬期は、モクズガニ漁が盛んに行われる時期でもある。一〇月ごろから産卵のために山から下りてくるマーガン（モクズガニ）を狙い、ワナ漁等が行われる。奄美市住用町の西仲間集落では、旧暦九月九日に、住用川のワナ漁の場所を決める入札がある。かつては、住用町の川内川等でもこうした入札が行われていたという。（高梨）

［『南島雑話』に描かれたシイラ］ シイラのことを奄美や沖縄では、「ヒウ（ヒュー）」という。九州ではマンビキという。旧暦八月下旬から一〇月下旬まで釣ることができる。餌はイカとイセエビ等である。クリ舟に二・三人乗って漁に出るが、波が穏やかな時は釣れず、少し風が吹いて舟が流されるくらいの時がよく釣れる。潮が悪ければ何万と魚がいても一匹も釣れないことがあるという。（山下）

⑫ 一二月～正月準備で忙しくなるシマ［月平均気温一六・五度、月平均降水量一五六・九㎜］

①自然

本格的な冬の到来となり、かなり寒さが強くなる。晴れの日は少なく、曇りの日が多い。森では、正月飾りとして使われるセンリョウやマンリョウが実をつけ、湯湾岳の登山道沿いではヤクシマツチトリモチも観察することができる。住用町を中心とする河川の下流域では、奄美大島固有のリュウキュウアユが産卵のピークを迎える。（平城）

［リュウキュウアユ］ 環境省のレッドリスト二〇二〇では、絶滅危惧ⅠＡ（ＣＲ）類に選定されているアユ。主要な生息地である住用町では、「ヤジ」の愛称で親しまれている。沖縄島では、道路建設に伴う開発等の影響で、昭和五三年（一九七八）の記録を最後に絶滅したため、野生個体が生き延びているのは奄美大島のみである。リュウキュウアユは、基本的に一年間で一生を終える一年魚であるが、中には越年して一年以上生き延びる個体もいる。（平城）

リュウキュウアユの産卵（興克樹氏撮影）

②行事

奄美群島一二市町村で定めている「奄美群島日本復帰記念日」の一二月二五日には、各地で記念式典等が行われる。正月料理の準備が忙しくなり、大晦日には家や墓を掃除し、正月飾りをする。かつては農具や三線、車等にも正月飾りが付けられていた。また、「雪松《ゆきまつ》」と呼ばれる松の枝に綿等をちぎり、雪が降ったような飾りを床の間に置く家もあった。（久）

「奄美群島日本復帰記念の日」 昭和二八年（一九五三）一二月二五日に奄美群島が日本復帰を果たした。旧名瀬市では平成八年（一九九六）の名瀬市市制五〇周年を機に、一二月二五日を「奄美群島日本復帰記念の日」と制定した。毎年、二五日には復帰運動の象徴である名瀬小学校の石段（市指定文化財）前に市内の小中学生や行政・民間の人たちが集まり、奄美市役所と民間団体で構成される実行委員会が「奄美群島日本復帰記念の日のつどい」を開催している。（久）

ヤクシマツチトリモチ

センリョウ

マンリョウ

③暮らし

中旬ごろから、正月準備が始まる。年越しや正月料理用の豚の解体は、かつては家庭ごとに河川や海岸で行われていた。この時期に「ウヮンフニ（豚骨）」に入れるツバシャ（ツワブキ）やアザン（シマアザミ）を採っていたが、現在は冷凍保存のものを使うことも多い。一一月頃からたくさんの実（ナリ）をつけるソテツも、食糧

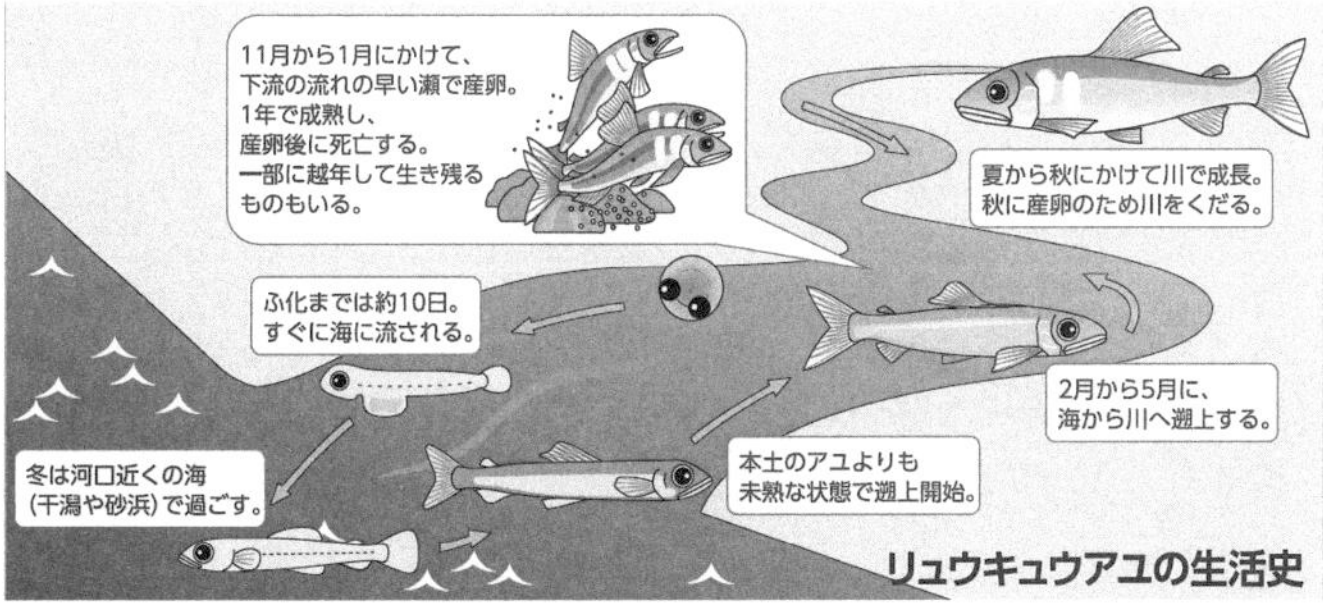
11月から1月にかけて、
下流の流れの早い瀬で産卵。
1年で成熟し、
産卵後に死亡する。
一部に越年して生き残る
ものもいる。
夏から秋にかけて川で成長。
秋に産卵のため川をくだる。
ふ化までは約10日。
すぐに海に流される。
2月から5月に、
海から川へ遡上する。
本土のアユよりも
未熟な状態で遡上開始。
冬は河口近くの海
（干潟や砂浜）で過ごす。
リュウキュウアユの生活史

リュウキュウアユの生活史（参考：奄美リュウキュウアユ保全研究会）

「奄美群島日本復帰記念の日のつどい」

「奄美群島日本復帰記念の日のつどい」で体験者の講話

難の時代には、人びとの重要な食糧であった。（久）

［大晦日］ 大晦日は、屋敷や墓を清掃し、浜砂・浜砂利を新しく敷きつめる。屋敷の門の左右に盛砂をして、松・竹とウラジロ・ユズル（ヒメユズリハ）等を立て、しめ縄を張る。また正月準備として餅をつく。すべての準備が整ったら、夕方から「ウヮンフニ（豚骨）」と「年取り餅」を食べて、家族全員で年越しの夜を過ごす。（久）

［コラム9］冬の鳥

冷たい北風が強く吹きつける中、奄美大島の海上では、羽を広げると一・五メートルにも及ぶミサゴが獲物の魚を探しながら上空を旋回する。獲物を見つけると、上空から一気に下降し、海に飛び込んで魚を捕らえる。捕まえる魚種は多様で、ボラ科・ニザダイ科・ブダイ科・タチウオ科等を持ちながら移動する姿を見たことがある。ただし、捕まえようとした魚に海底へ引きずりこまれて、溺死してしまうこともあるようだ。シロハラ・ジョウビタキ・ハクセキレイ・キセキレイ等の冬鳥は、集落付近を活動の拠点とするため、私たちにとって身近な鳥である。

一〇月上旬に渡ってくるサシバも、この時期には自らの縄張りを形成し、バッタやカエル等のエサを捕まえる姿を見かける機会が増える。サシバには稀に腹面が茶色の暗色型といわれる個体が存在するが、奄美大島の同じ場所に五年連続で渡来している。また、宇検村の鳥類写真家・与名正三氏は、顔の傷跡や成長段階から、同個体が同じ場所で越冬するケースが多いと述べている。毎年、奄美大島には多くのサシバが渡来してきているが、それらの一部は東北地方からの個体であることが確認されている。身近なサシバでさえも、まだまだ解明されていないことが多く、今後の野鳥研究に期待したい。また、農耕地周辺では、サシバよりも速いスピードで飛翔するハヤブサの仲間のチョウゲンボウが上空を旋回しながら、ネズミや小鳥の狩りをする。

年によっては、奄美大島で越冬する渡り鳥もいる。近年、大型のカモの仲間であるヒシクイは越冬することが多く、ここ数年ではハジロカイツブリやアカツクシガモ等が長期間、奄美大島に滞在した。夜の森では、大型フクロウのトラフズクが毎年のように観察されている。普段、奄美大島で見かけることのない大型フクロウの飛翔姿は圧巻だ。

アマミヤマシギと見た目が類似するヤマシギも少数越冬する。アマミヤマシギは眼の前にある二本の線（過眼線）が平行で、足が長い等の特徴が挙げられるが、ヤマシギとアマミヤマシギを、野外のわずかな時間で識別するのは難しい。（平城）

ミサゴ

チョウゲンボウ

トラフズク

ハクセキレイ

ヒシクイ

ヤマシギ

4　奄美の衣食住・信仰・集落・相撲

（1）奄美の衣

私たちはこの世に生を受け、死を迎えるまでにさまざまな衣装を身にまとう。奄美でも、ふだん着として着用していたバシャギン（芭蕉衣）のほか、子供の成長や無病息災を願った産衣や、シマ（集落）の安寧と豊年豊作を祈願するノロの衣装、殿様に謁見《えっけん》するために特別に仕立て上げられた「朝衣《ちょうぎん》」等がある。地域に自生する身近な植物等を利用して、織りや縫いたてが行われ、染色、模様等にさまざまな願いや思いが込められている。（久）

①泥染めと奄美大島の土壌

奄美大島では、亜熱帯気候の自然環境に適応して、芭蕉布や大島紬等の染織文化が発達してきた。特に奄美大島は、その気候と豊富な降水量により、土壌中で鉄分（還元鉄《かんげんてつ》）が生成しやすい条件に恵まれている。

大島紬の泥染めは、シャリンバイ液で染めた絹糸を、泥田に何回も漬け込んでいく。シャリンバイに含まれるタンニン酸と泥田の鉄分が化学反応し、黒褐色に変わるのである。大島紬も、奄美大島の環境文化が生み出した特産品なのである。（高梨）

泥染めの様子

テーチギ（シャリンバイ）

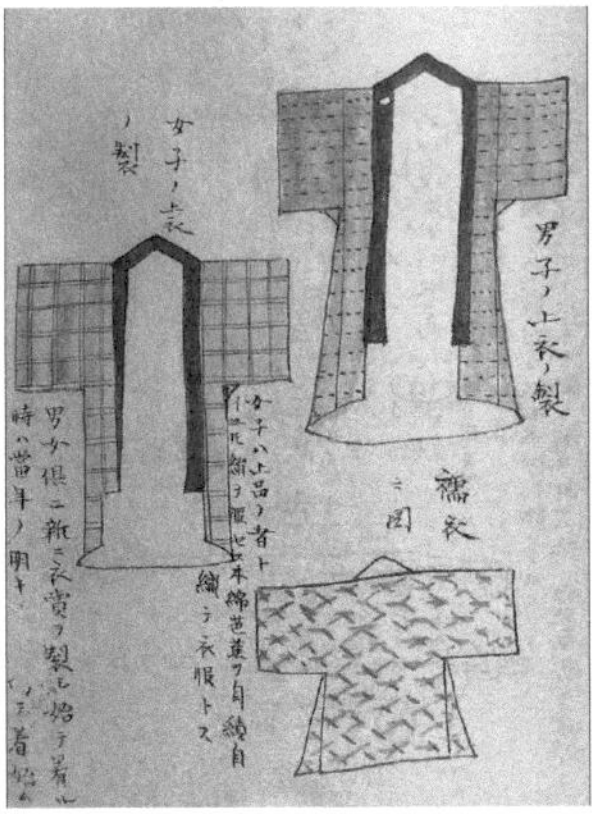

『南島雑話』に描かれた子供用の着物

②『南島雑話』に描かれた染色

『南島雑話』では、「ニチヤ染・ヒロキ染・ハツクワキ染・ハシノミ染・ガキナ染・トイモの汁染」の六種類の染色方法が記されているが、そのほかの植物等でも染色していた。六種類の染色方法については、以下のとおりである。

「ニチヤ染」は、田や溝等の腐った土につけて染める方法で、何度も染めるとネズミ色に染まった。腐っている泥のことを「ニチヤ」という。「ヒロキ染」は、ヒロキ（マングローブ群落に生えているオヒルギやメヒルギ）の皮の煮汁で染める方法である。「ハックワキ染」は、ヒロキ染よりも少し薄い色で、ハックワキ（アカメイヌビワ）の皮を煮て染める方法である。「ハシノミ染」は、ハシ（ハゼ）の木の芯を削って煮て、模様以外の生地の部分を染める（地染）方法である。「ガキナ染」は、ガキナ（メヒシバ）という草を煮て染める方法である。「トイモの汁染」は、サトイモガラの汁で染める方法である。

博物館では、染織家の安田謙志《やすだけんし》氏が再現したこれら六種類の草木染めのサンプルも展示されている。（山下）

（2）奄美の食

人びとは、シマ（集落）を取り囲む自然環境を熟知し、その知識を駆使して、環境利用するための暮らしの「知恵」を備えていた。集落の周囲にある山・川・海から、季節に応じた食材利用を図り、伝統的食文化は豊かな食材に彩られている。

奄美・沖縄地域には、前近代から日本では普及していない豚を食べる食文化があり、豚脂（ラード）も盛んに利用されている。保存食である豚肉の塩漬けも、「塩豚」と呼ばれて欠かせない食材である。あわせて山羊を食べる食文化も、奄美・沖縄地域の独特のものである。

薩摩藩統治時代に鹿児島本土の料理の影響を強く受けて奄美群島の郷土料理が醸成されてきた歴史的環境にも注意しなければならない。代表的な郷土料理として知られる「鶏飯《けいはん》」「油素麺《あぶらそうめん》」も、そうした鹿児島の影響下で成立した料理であると考えられる（「鶏飯」「油素麺」等は琉球国起源と理解する説もある）。

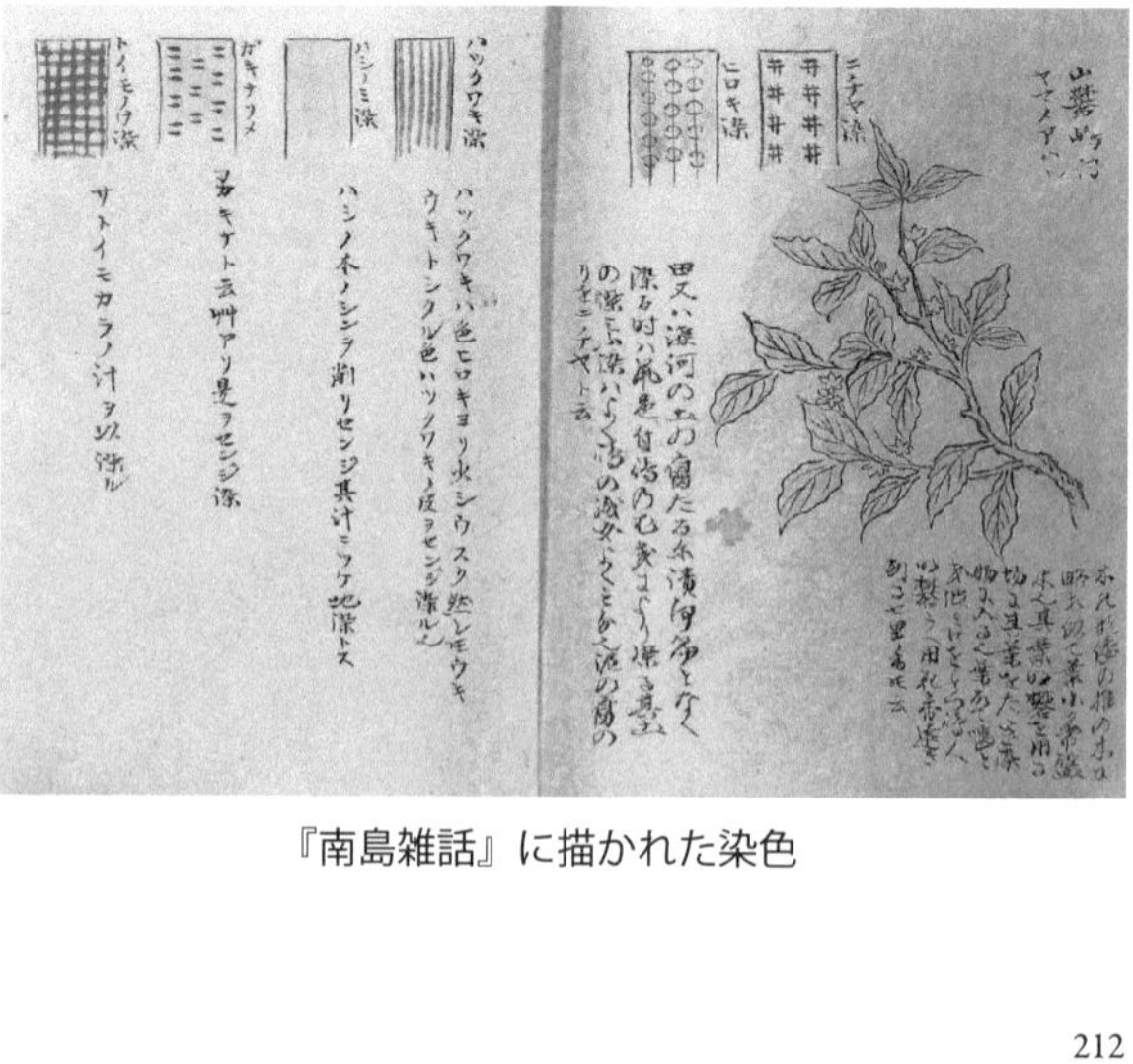

『南島雑話』に描かれた染色

また薩摩藩統治時代からプランテーション的なサトウキビ栽培が行われてきたため、サトウキビ農業が現在も盛んに行われ、高品質の黒砂糖が生産されている。一九五三年に米軍占領統治から日本復帰を果たすと、地場産業振興の一環として、昭和二九年（一九五四）から奄美群島だけに生産が許可された「黒糖焼酎」の醸造が開始され、奄美群島の各島でそれぞれの個性豊かな黒糖焼酎が生産されている。（高梨）

「保存食・発酵食」亜熱帯気候の奄美では、食べ物の長期保存を図るために、食材の「塩漬」が盛んに行われてきた。貴重な豚肉を保存する「塩豚」はその代表的なものである。また気候を生かした「発酵食品」も発達してきた。たとえば、米・麦・ナリ（蘇鉄の実）を材料とした味噌、キビ酢、焼酎、米・砂糖・サツマイモを材料としたミキ等がある。発酵させて保存することにより、独特の風味や旨み、栄養価が増す効果もある。（高梨）

「豚食・山羊食」日本の食肉文化において、牛肉や豚肉が庶民の食材として普及するのは明治時代以降である。

鶏飯

油素麺

ウヮンフニ
博物館に展示されている郷土料理サンプル

	海の食材	里の食材	山の食材
春(三・四月)	オーサ(アオサ) スノリ(モズク) カタンニャ(チョウセンサザエ) トビンニャ/テラジャ(マガキガイ) トコブシ ガシチ(シラヒゲウニ) ヒキ(スズメダイ)	フツ(ヨモギ) ハテオサ(イシクラゲ) ツバシャ(ツワブキ) シンプセリ(クレソン) サクナ(ボタンボウフウ) ニガナ(ホソバワダン) タマナ(キャベツ) ハンダマ(スイゼンジナ) フダンソウ ナーゴ(バナナ芯)	イシュビ(ノイチゴ) タラギ(タラ) クビギ(ツルグミ)
夏(五・六・七・八月)	フノリ カタンニャ(チョウセンサザエ) トビンニャ/テラジャ(マガキガイ) トコブシ ガサム(ノコギリガザミ) イセエビ等 ガシチ(シラヒゲウニ) ヒキ(スズメダイ) シュク(アイゴ稚魚) ソーラ(サワラ) ハウルメ(タカサゴ)	ヒンジャ(ヤギ) タナガ(テナガエビ) ダーナ(ホテイチク) ツバシャ(ツワブキ) ハテオサ(イシクラゲ) サクナ(ボタンボウフウ) ニガナ(ホソバワダン) シブリ(トウガン) ニガグリ(ニガウリ) ガッキョ(シマラッキョ) トッツブル(シマカボチャ) ナブラ(ヘチマ) ジマム(落花生) シマウリ(ウリ) カラフネ(サツマイモ茎) クワーリ(田芋茎) マンジョマイ/モッカ(パパイヤ) スモモ パッションフルーツ(時計草) バンシロウ(グァバ)	ホウトウ(フトモモ) ヤマモモ シマグワ(クワ) クビギ(ツルグミ)
秋(九・十・十一月)	サクチ(ボラ) カタンニャ(チョウセンサザエ)	コーガン(ベンケイガニ科) ツバシャ(ツワブキ) サクナ(ボタンボウフウ) ニガナ(ホソバワダン) マン/ウム(サトイモ) ナリ(ソテツ) シン(ソテツ)	シシ(イノシシ) マーガン(モクズガニ) シイ(オキナワジイ) ウム(ムベ) クガ(シマサルナシ) クビギ(ツルグミ)
冬(十二・一・二月)	スガリ(テナガダコ) ミズイカ(アオリイカ) テーヌユ(ホシレンコ) オゴソ(カツオ) ウンギャル(ホタ) ソージ(カンパチ)	ウァ(ブタ) ウヮンフニ(豚骨) コーガン(ベンケイガニ科) ツバシャ(ツワブキ) サクナ(ボタンボウフウ) ニガナ(ホソバワダン) ドコネ(ダイコン) コーシャマン(山芋) フル(ニンニク) ビラ(シマショウガニラ) ターマン(田芋) クワーリ(田芋茎) ウギ(サトウキビ) タンカン ポンカン	シシ(イノシシ) マーガン(モクズガニ) ナバ(シイタケ) ミングリ(キクラゲ) アクチ(モクタチバナ) シシアクチ クビギ(ツルグミ)

シマの年間食材一覧

奄美・沖縄では、江戸時代の頃から豚や山羊が食べられていて、肉だけではなく内臓・血等も余すところなく食用とする豊かな食肉文化が営まれてきた。そうした食文化は、伝統的日本食では不足気味と言われる動物性脂肪の摂取等にも優れていて、長寿地域として知られる奄美・沖縄の人びとを支えてきたのである。（高梨）

（3）奄美の住

奄美大島・徳之島は、亜熱帯広葉樹の森林に恵まれ、アカモモ（モッコク）・ユス（イスノキ）・イジュ・タブ（タブノキ）・ヒトツバ（イヌマキ）等の樹木は、先史時代から造船や建築の材料として利用されてきた。奄美の伝

『南島雑話』に描かれた蘇鉄食の処理

発酵食のミキ

フツモチ（ヨモギ餅）

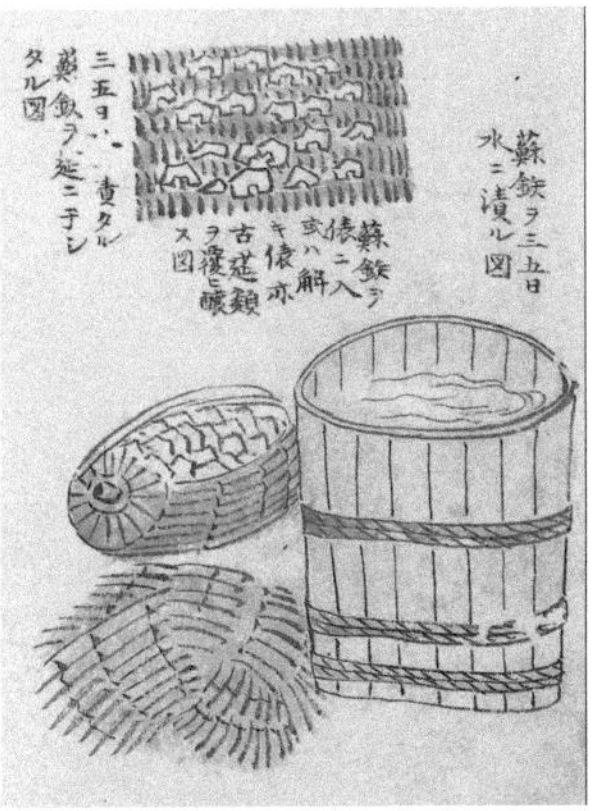

『南島雑話』に描かれた蘇鉄食の処理

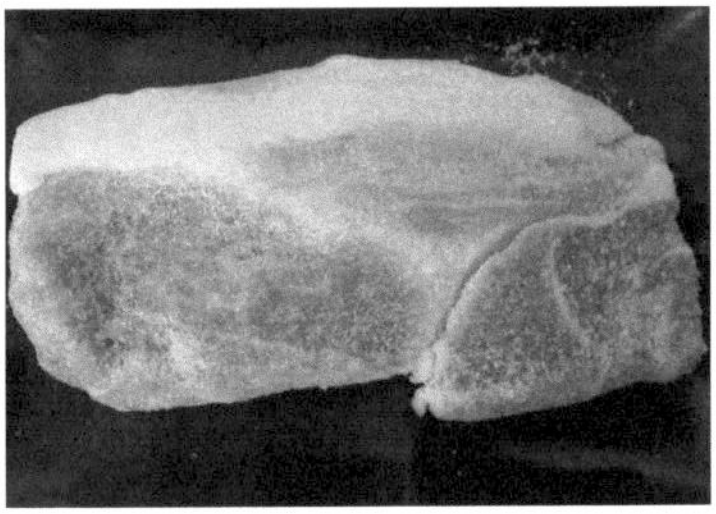

保存食の塩豚（泉和子氏撮影）

『南島雑話』に描かれたイノシシ食

蘇鉄の実（ナリ）の処理

統的木造建築物である民家や高倉では、基本的に釘は使わず、楔《くさび》で固定して組立分解が容易なプレファブリケーション（あらかじめ部材を製作して現場で建物を組み立てる工法）が発達してきた。

奄美の民家は、「オモテ（主屋・座敷）」と「トーグラ（台所・居間）」の二棟から構成され、「二棟分棟型」と言われる鹿児島とも沖縄とも違う独特の配置が認められる。建物は、主要な柱に、床下の大引（オビキ）や上部の桁（ケタ）や梁（ハリ）等の大型横架材を貫通させ、構造を固める特殊な方法が用いられている。この大型の横架材は「ヒキモン」と呼

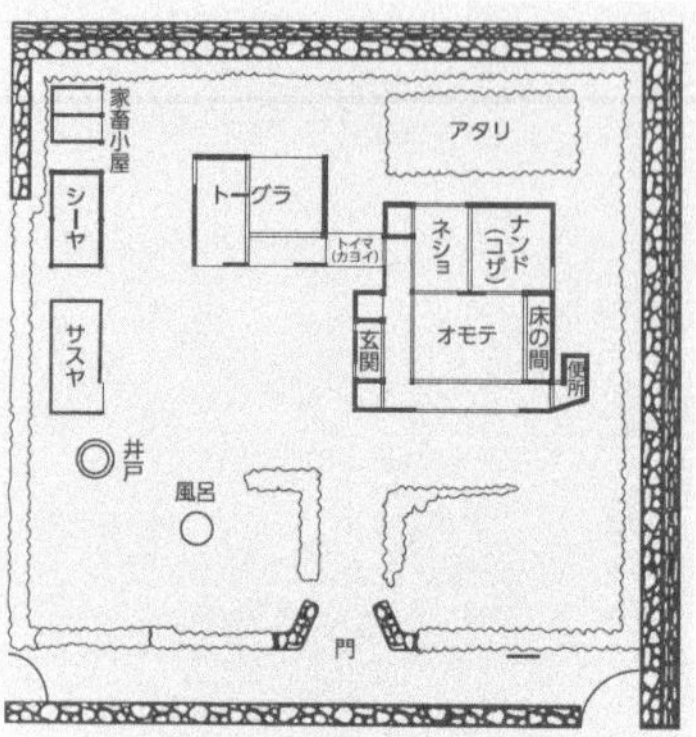

博物館屋外に展示されている
「奄美の民家（旧真島家）」

『南島雑話』に描かれた
民家建築

『南島雑話』に描かれた
高倉

建築用材に用いられるイジュ

建築用材に用いられるユス（イスノキ）

ばれている。

敷地内には、他に家畜小屋、煮炊きや軽作業をする「ジーヤ」、高床式の穀物倉庫「高倉」、高倉が少ない地域では代わりに物置・倉庫の「サスヤ」等の建物が配置される。「オモテ」の背後には「アタリ」とよばれる菜園があり、サンゴ石積の井戸等もある。屋敷地は、かつてはサンゴの石垣で囲まれている家も多かったが、ハブの危険があるため少なくなり、ゲッキツや他の植物で生垣にするほか、ブロック塀等に代えられている場合も多い。

（高梨）

（４）奄美の信仰─ノロ・ユタ・カトリック─

①身近に宿る神

シマ（集落）には、「神」を身近に感じられる行事や場所があり、そこに暮らす人びとにとって、神を敬ったり拝んだりする行為は、生活の中に自然に溶け込んだものになっている。非科学的だからそういう行事や場所を信じない、守らないのではなく、昔から先輩たちが大切にしてきた場所だから、それらを敬い守り続けていく気持ちが強いのである。

二一世紀の現代社会において、神が身近な生活空間に宿ると感じているシマ（集落）に暮らす人びとについては、むしろ精神世界の豊かさを感じることができるのではないか。そうした行為が、実は集落景観や自然景観等を保護することにも繋がっているということに、現代社会はようやく気がつきはじめた。そのひとつが、新たに指定された「奄美群島国立公園」の「環境文化型」概念の導入であり、日本で初めて自然と共生する人びとの暮らしまで視野に入れた自然保護行政の方向性が示されたのである。（高梨）

②奄美のノロとユタ

ノロとユタの違いについて、現代の職業に例えて説明するならば、ノロは琉球国の国家公務員に、ユタは神拝みをする民間自営業に、それぞれ当たると考えられる。

　ノロの祭祀とは、国家祭祀であり、また農耕と密接に関わるものである。集落の人びとに対して、作物の豊作や国家の安泰等を願い感謝する性格の祈りである。ノロの神役は、女性しか務めることができず、娘・孫・姪等、血縁関係で継承されるのが基本である。ノロ祭祀が行われていたのは、沖縄諸島と奄美群島だけで、先島諸島にはノロ祭祀はない。代わりに「ツカサ」と呼ばれる神女がいる。ユタは、奄美群島・沖縄諸島・先島諸島に分布している。奄美群島におけるノロ祭祀は、祭祀組織が消滅してしまい、残された神役たちにより形骸化した祭祀がわずかに行われているだけとなった。

　これに対して、ユタの祈りは、個人に対して行われる性格のものである。現代の奄美・沖縄社会において、ユタは、気軽にたずねられ、相談できるカウンセラーであり、また占い師であったりもする。その職能はさまざまであるが、霊界との交信が行えることが重要な能力である。奄美では霊のことを「マ

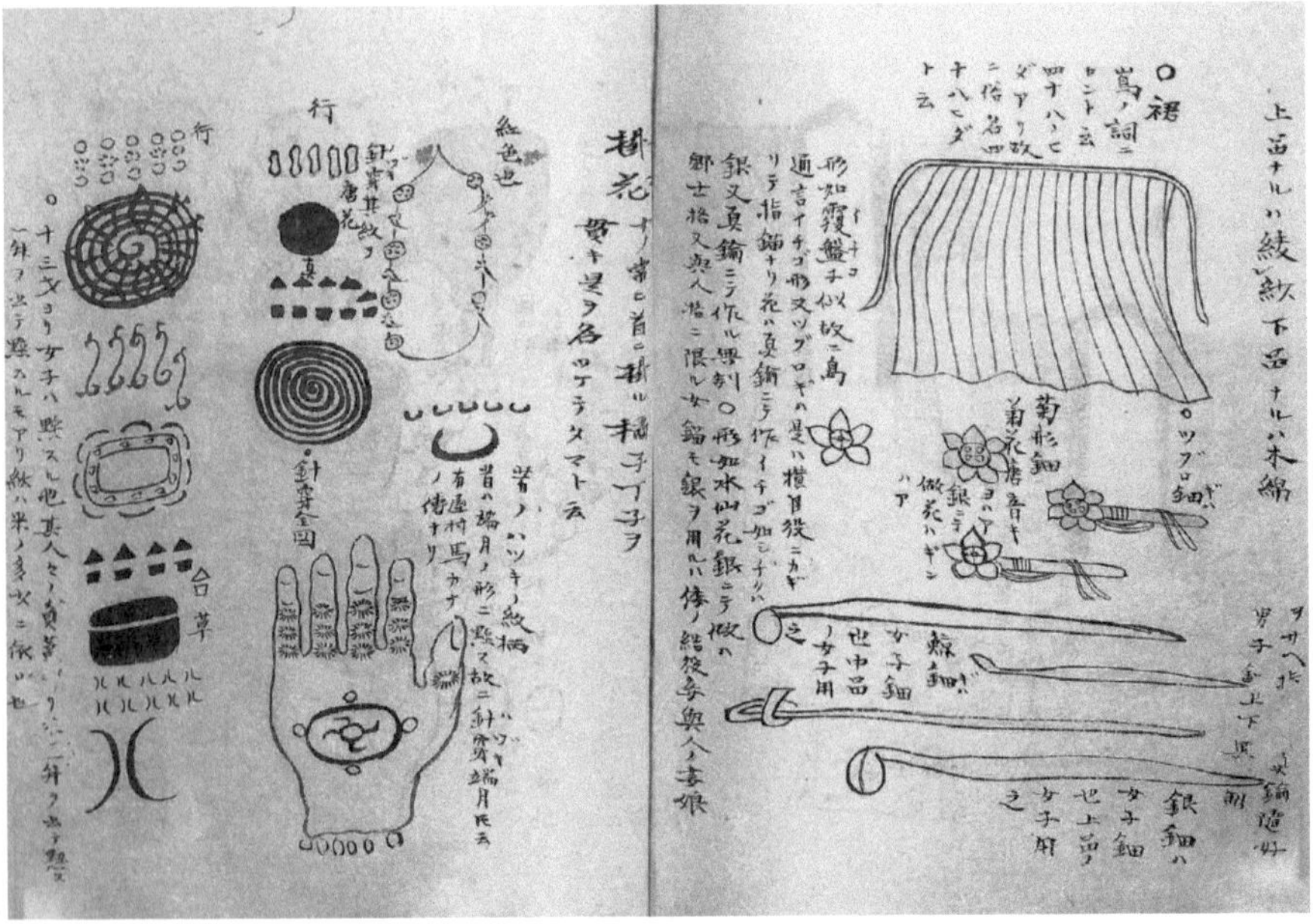

『南島雑話』に描かれたノロの祭祀具

ブリ」とか「マブイ」等と言い、家族や友人等の亡くなられた方の霊をユタが呼び出し、交信する「マブリワーシ」「マブリアワセ」と呼ばれる行為がある。現在は、マブリワーシができるユタは非常に少なくなっている。（高梨）

③神山・神社・教会

奄美では、薩摩藩統治時代に「寺」「神社」等の宗教施設が伝播する。本格的に「仏教」が伝来したのもこの時代であるが、本土のように多数のお寺が建てられ、檀家《だんか》制度ができたわけではない。墓制についても、本土様式の墓石も建てられているが、在地的な風葬墓《ふうそうぼ》も併用して使われ続けていた。日本本土のように、仏教が伝播した後、仏教が地域社会を覆い尽くしてしまったわけではない。

そのため、幕末にはキリスト教の宣教師活動が行われ、奄美大島・加計呂麻島には三四もの教会が建てられている。本格的な仏教圏にはならなかったため、新しい宗教が広がる土壌があったと判断され、明治時代以降、今日に至るまで、新興宗教の布教活動も盛んに行われている。宗教の教義を超えて、神を敬う気持ちを大切にする精神世界の豊かさが、奄美の人びとの中に息づいているとも言える。

薩摩藩が持ち込んだ寺や神社は、琉球国統治時代のノロ祭祀の聖地を踏襲して、神山に建てられている。そしてキリスト教の布教活動においても、寺や神社がある聖地の近くに教会がしばしば建てられているのである。聖地に祀られる神が移り変わりながら、聖地は重層していく様子が認められる。（高梨）

（5）奄美の集落

昭和四四年（一九六九）に刊行された『名瀬市誌』において、大山麟五郎《おおやまりんごろう》は、奄美の集落が成立する「道具だて」として、「聖林」「聖泉」「神道」「広場」「神屋」の五要素をあげている。

各集落の背後には、神山があり、これが「聖林」に当たる。その神山には「神道」があり、麓には「イジュンゴ」と呼ばれる湧水がある。これが「聖泉」に当たる。神道は集落の中に延びていき、集落の行事を行う「広場」

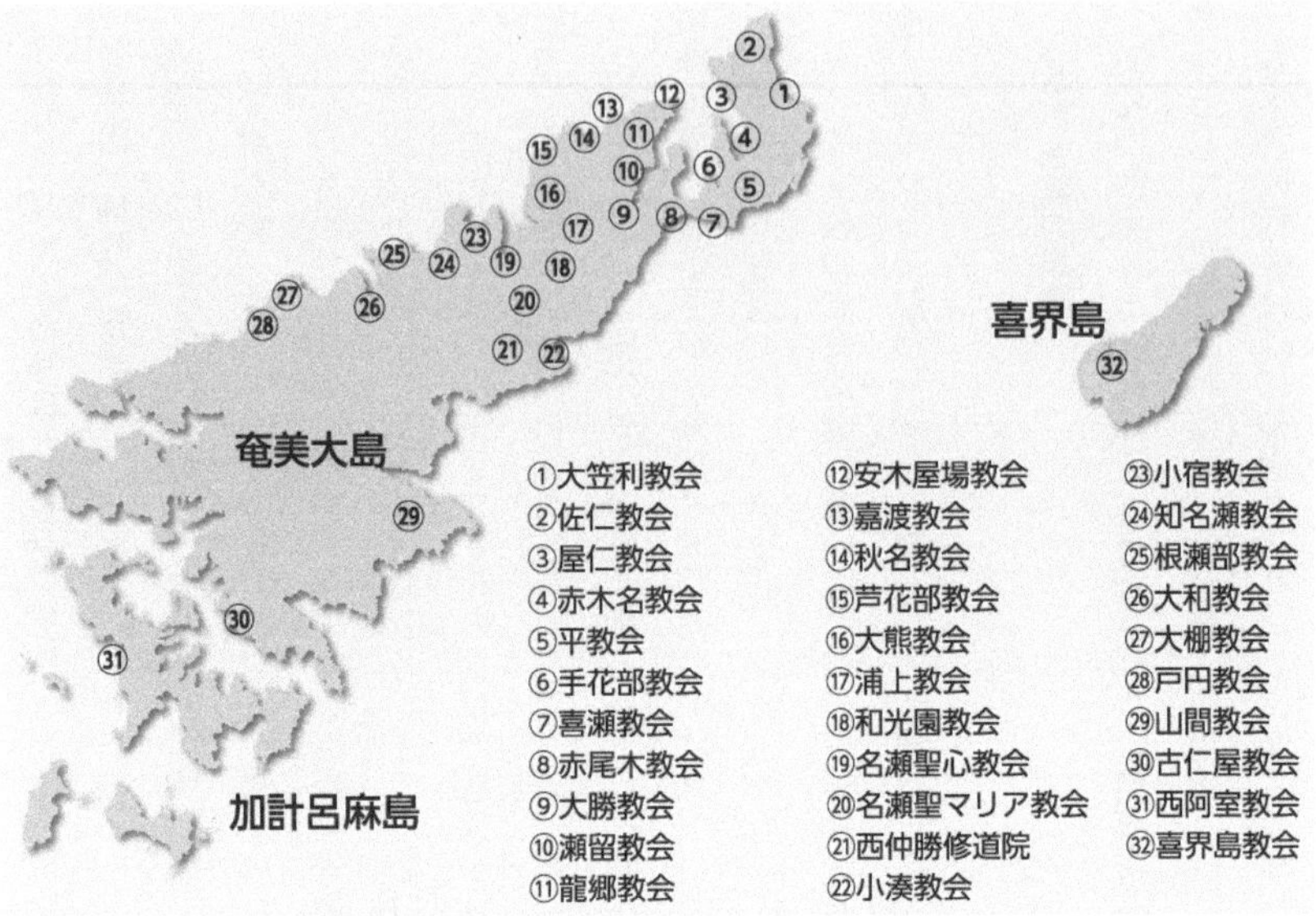

奄美群島北部の教会分布（名瀬聖心教会 HP より）

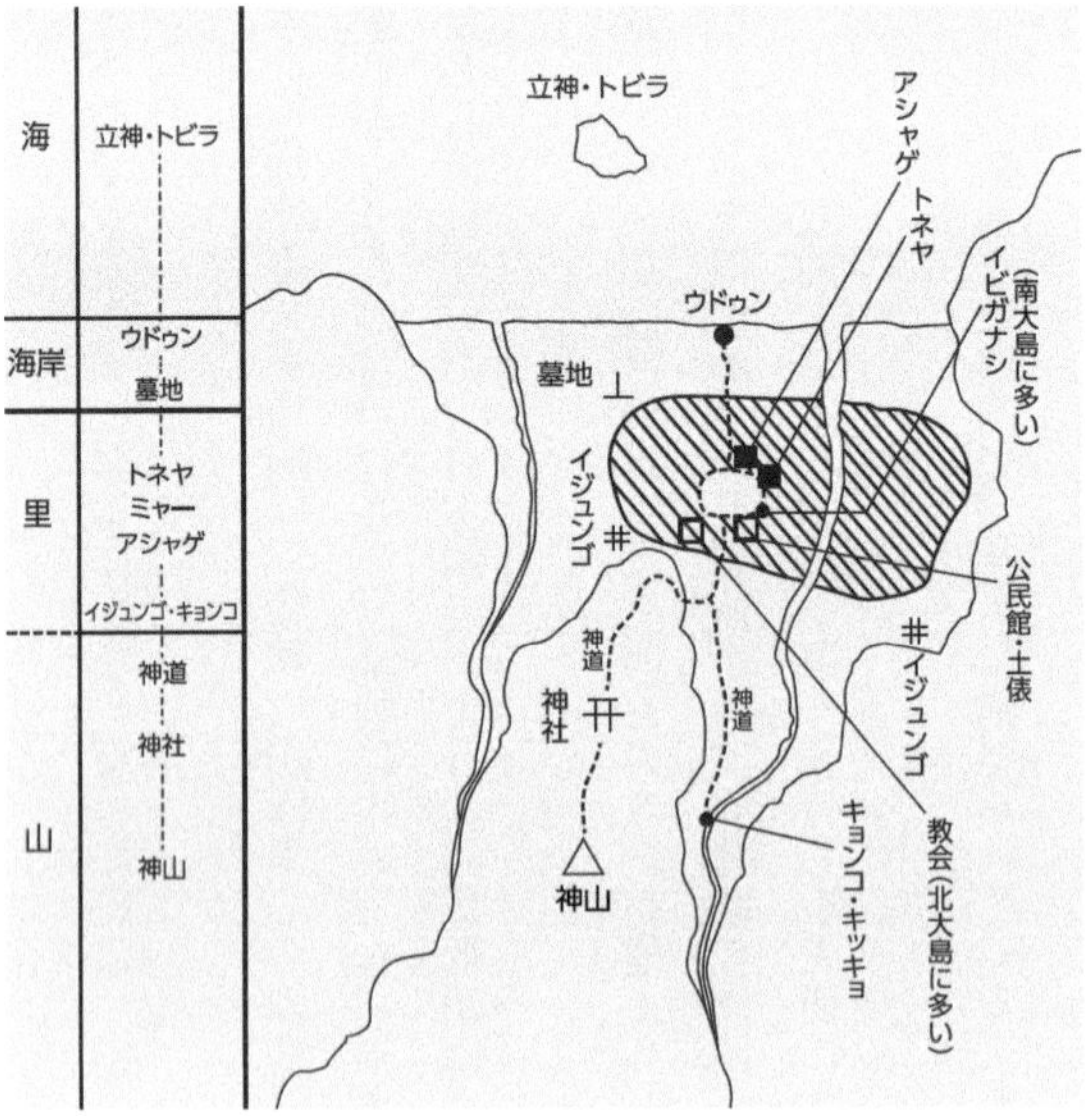

奄美大島のシマ（集落）の空間構造

『南島雑話』に描かれた山神

ウントネ・シャントネ（奄美市名瀬大熊）

カミヤマとタチガミ（龍郷町安木屋場）

アシャゲ（瀬戸内町芝）

キョンコ（住用町西仲間）

カミミチ（住用町西仲間）

ヒゴの水（龍郷町秋名）

タチガミ（大和村今里）

ミャーの広場（大和村志戸勘）

シマ（集落）の骨格となる空間構成要素

に繋がる。現在、各集落の広場には、だいたい集会所が建てられていて土俵がある。奄美大島中部から加計呂麻島の集落では、この広場を「ミャー」と呼ぶ事例が多い。その広場に隣接して、ノロの神役が住んでいた屋敷（屋敷跡）がある。その屋敷は「トネヤ」と呼ばれている。トネヤの近くには、「アシャゲ」と呼ばれる建物がある場合があり、壁がない柱だけの建物である。これらが「神屋」に当たる。神道はさらに広場から海の方に向かい、海岸に達する。その場所は「ウドゥン」等と呼ばれていて、神を送り迎える場所である。

奄美の集落は、自然地形に応じて、さまざまな形態に営まれている。しかし、どの集落にも神山があり、神道があり、祭りを行う広場があり、トネヤ・アシャゲの神屋がある。その広場は、現在でも八月踊りの打ち出しをする場所にだいたい決められている。そうした空間構造が、どの集落にも認められるという事実が重要な特徴である。それを大山麟五郎は、「古代集落の道具だて」と呼んだのである。

集落によっては、海の中に小さな岩があったり離れ小島があったりする。それらは「タチガミ」「タチガン」とか、「トビラ」「トンバラ」「トンパラ」等と呼ばれている。神が移動する際に宿る場所だと言われている。奄美大島の東シナ海側では「タチガミ」系の呼称が多く分布していて、太平洋側では「トンバラ」「トビラ」系の呼称が多く分布している。（高梨）

（6）奄美の相撲

奄美の相撲は、沖縄相撲のように組み合ってから始まり、相手を投げ倒すものだったと考えられている。『南島雑話』には、島民や数名の薩摩藩の役人と思われる人たちが、相撲を見物している様子が描かれている。力士がまわしを締め、相手の手首を掴み、押し合う相撲が取り組まれていたことが分かる。また、土俵が盛り土ではないので、本土で行われていた相撲（大和《やまと》相撲）ではなく、集落で行われていた相撲（島相撲）であると考えられる。

「琉球嶌真景」（名護博物館所蔵）に描かれた相撲（大和相撲）

『南島雑話』に描かれた
「嶋人相撲」

右：戦中戦後の名横綱・房親則氏の優勝トロフィー
左：大正・昭和初期の無敗の横綱・山下辰次郎氏の化粧まわし

奄美大島のほとんどの集落の広場には土俵がある（瀬戸内町油井）

奄美大島の相撲競技は、薩摩藩統治時代（江戸時代）に代官や役人が関与した間切《まぎり》（行政）対抗の相撲「間切相撲」や大正九年（一九二〇）に設立された「大島相撲協会」による「協会相撲」等を経て、昭和三一年（一九五六）から「若人《わこうど》の祭典」に引き継がれていく。昭和三三年（一九五八）の時点で、鹿児島県内で三本勝負をしていたのは奄美群島だけで、国体等の大会に出るためにはルールを変えていく必要があり、三本勝負（組み相撲）から一本勝負（立ち会い相撲）に変わっていったのだ。

昭和四六年（一九七一）に開催された鹿児島県民体育大会の相撲競技に初出場すると、それから一九連覇を成し遂げている。二〇連覇は逃したものの、その翌年からふたたび連覇を重ね、令和元年に二一連覇を達成した。

スポーツとしての相撲だけでなく、シマ（集落）で行われる豊年相撲も盛んに行われている。神社の境内や「ミャー」での広場に作られた土俵、ノロの祭祀場である「トネヤ」での祈願、力士の土俵入り、左縒《よ》りの綱、四本柱に供え付けるシイの木の枝、三本勝負等、古い形式を思わせるものがある。（久）

5　サンゴ礁の海の恵み―小湊フワガネク遺跡の世界―

（1）小湊集落が誇る地下博物館―遺跡の概要―

小湊フワガネク遺跡は、奄美市名瀬大字小湊《こみなと》の東海岸に面した標高約九mの海岸砂丘上に位置している。「奄美看護福祉専門学校」の施設拡張工事に伴い、平成九年（一九九七）に約七〇〇㎡が発掘調査された。その結果、六～七世紀ごろに位置づけられる夜光貝匙をはじめとする多量の貝製品とその製作関連遺物等が出土した。この調査成果を受け、平成一二～一四年（二〇〇〇～二〇〇二）に、遺跡の範囲確認発掘調査が一二カ所で実施され、約二五〇〇〇㎡に及ぶ遺跡の広がりが把握された。

遺跡は、弥生時代並行期から中世にわたる複合遺跡であるが、六～七世紀ごろの遺跡が中核を成す。検出された遺構は、掘立柱建物跡《ほったてばしらたてものあと》四棟、貝製品製作跡と考えられる遺物集中区五カ所等である。遺物は、土器、石器、鉄器、貝製品が多数出土したほか、食べかすの貝殻・魚骨・獣骨等が大量出土した。そのほか五世紀頃と考えられる墓坑《ぼこう》一基及び副葬品の玉類も確認されている。

遺跡は、平成二二年（二〇一〇）八月五日に一二六二一・一三㎡が国史跡に指定されている。そして平成二八年（二〇一六）八月一七日に、出土品一八九八点が国重要文化財（考古資料）に指定されている。

3 階展示「サンゴ礁の海の恵み―小湊フワガネク遺跡の世界―」

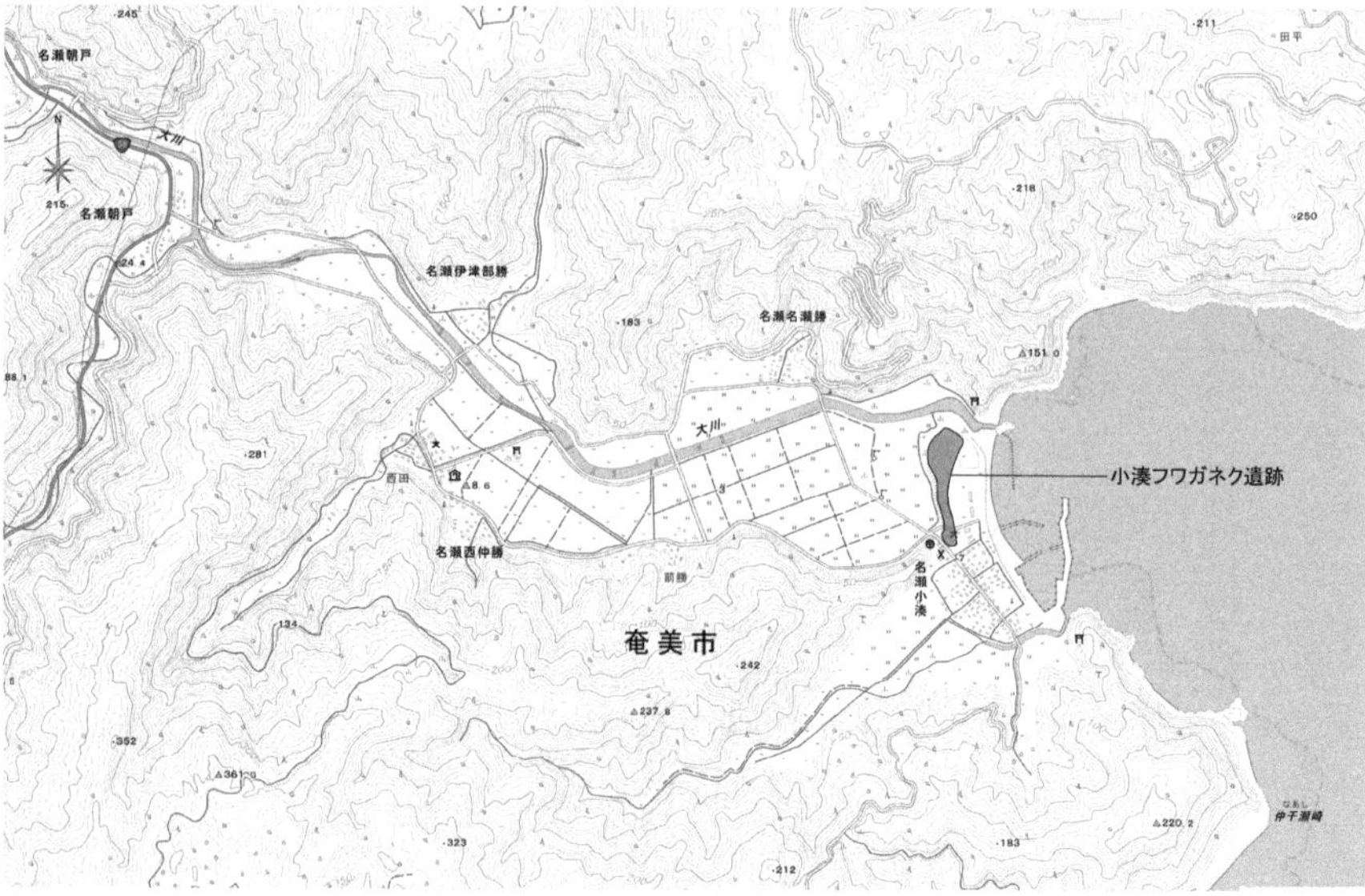
名瀬朝戸
大川
名瀬朝戸
名瀬伊津部勝
名瀬名瀬勝
小湊フワガネク遺跡
西田
名瀬西仲勝
朝勝
名瀬小湊
奄美市
田平
仲千瀬崎

小湊フワガネク遺跡の位置

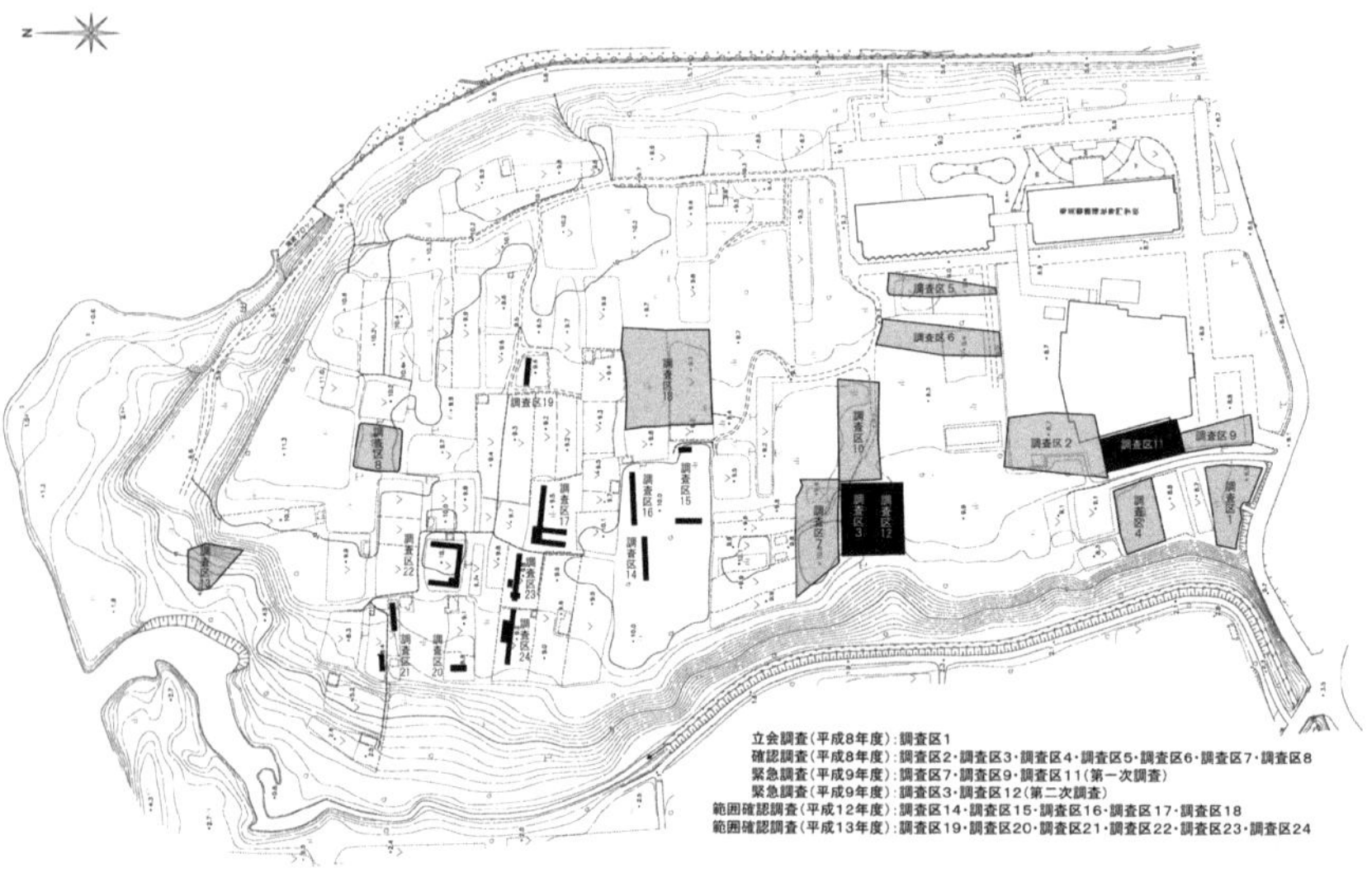
立会調査（平成8年度）：調査区1
確認調査（平成8年度）：調査区2・調査区3・調査区4・調査区5・調査区6・調査区7・調査区8
緊急調査（平成9年度）：調査区7・調査区9・調査区11（第一次調査）
緊急調査（平成9年度）：調査区3・調査区12（第二次調査）
範囲確認調査（平成12年度）：調査区14・調査区15・調査区16・調査区17・調査区18
範囲確認調査（平成13年度）：調査区19・調査区20・調査区21・調査区22・調査区23・調査区24
0
100m

小湊フワガネク遺跡の位置

小湊フワガネク遺跡が所在する小湊集落の海岸砂丘（城康弘氏撮影）

出土品内訳			点数	備考
夜光貝匙（やこうかいさじ）			83点	
貝製品	貝玉（かいだま）	6～7世紀頃	797点	
		5世紀頃	220点	墓壙出土
	貝　札（かいさつ）		34点	
	有孔製品（ゆうこうせいひん）		367点	
	夜光貝蓋敲打器（やこうがい・ふた・こうだき）		145点	
	その他貝製品		3点	
	小　計		1,566点	
土　器（どき）			18点	
石器	磨石・敲石（すりいし・たたきいし）		125点	
	台石・砥石（だいせき・といし）		74点	
	その他石製品		1点	
	小　計		200点	
ガラス小玉（ガラスこだま）			12点	墓壙出土
骨角製品（こっかくせいひん）			2点	
鉄製品（てつせいひん）			17点	
合　計			1,898点	

国指定重要文化財小湊フワガネク遺跡出土品一覧

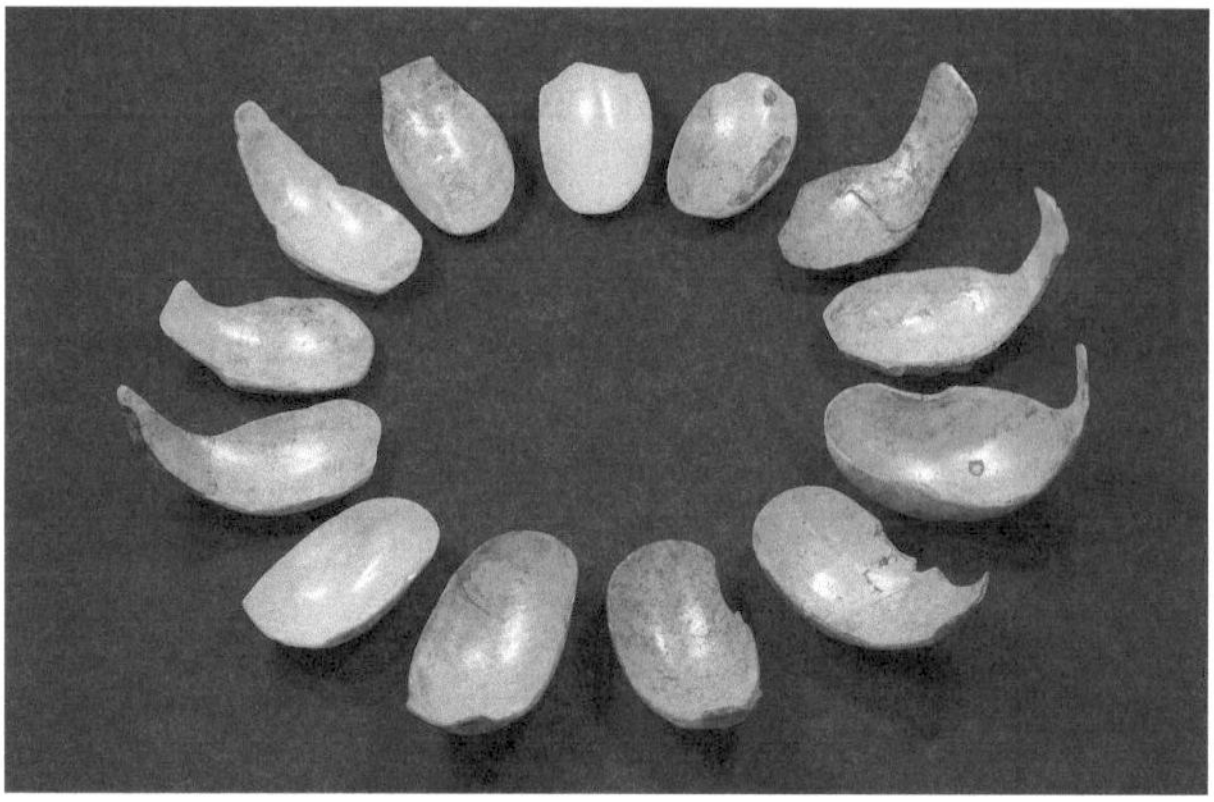

小湊フワガネク遺跡から出土した夜光貝匙

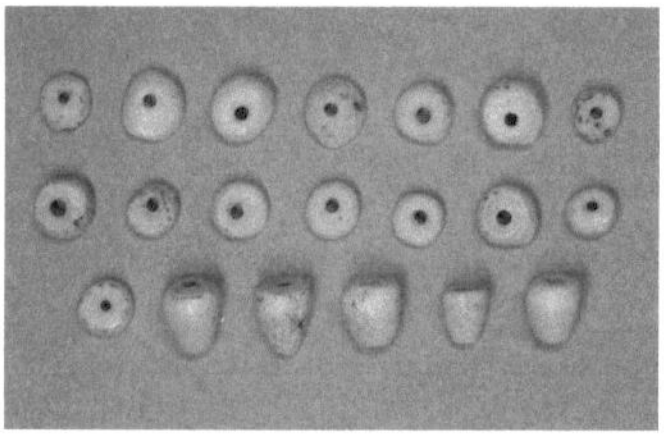

貝玉（調査区 3・12）

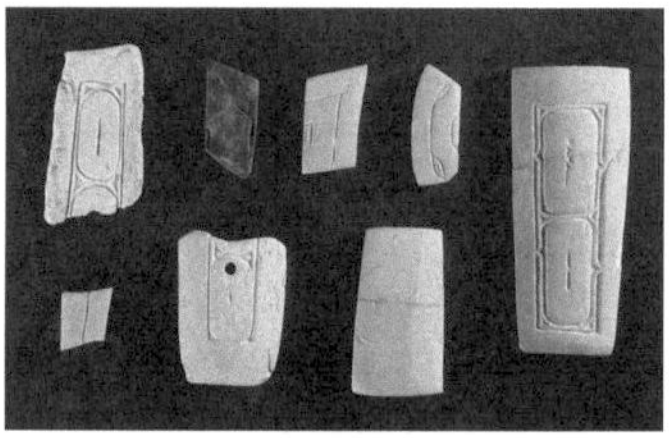

貝札（調査区 3・12）

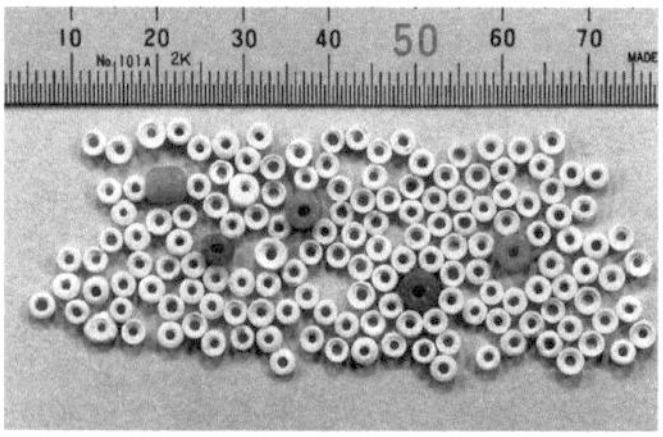

貝小玉（調査区 17）

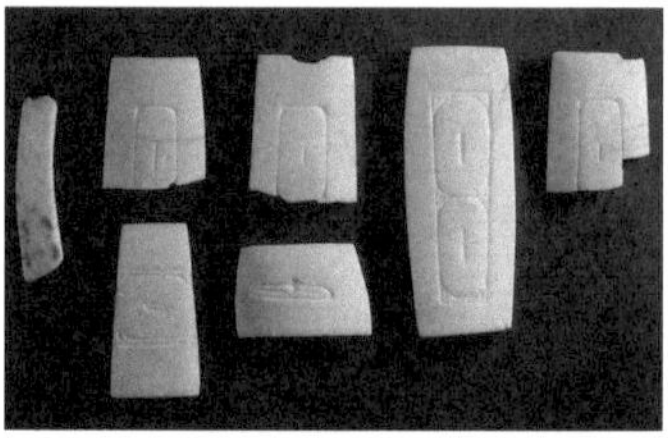

貝札（調査区 11）

二枚貝有孔製品（調査区 3・12）

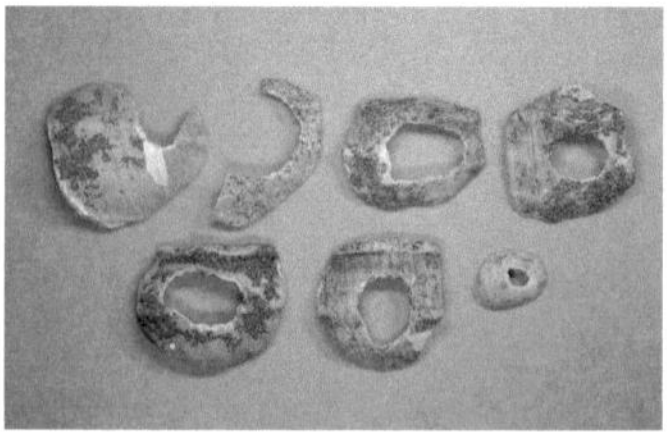

夜光製有孔製品（調査区 11）

（２）多彩な貝製品

小湊フワガネク遺跡から出土した四〇〇〇点を超える貝製品は、まず柄匙《えさじ》形に整形された夜光貝《やこうかい》匙《さじ》が代表的な資料である。成長した夜光貝の貝殻一個から一点しか製作できない大型の製品である。その用途は明らかではないが、酒器の可能性も推測されている。

その他の特徴的な貝製品として、貝玉《かいだま》・貝札《かいさつ》・有孔製品《ゆうこうせいひん》等がある。貝玉は遺跡全体の広い範囲から出土していて、その多くは自然穿孔《せんこう》がある小形巻貝の螺頭《らとう》部分を素材とし、その周縁に細かな研磨を加えたものである。特に小形の貝玉は、五世紀と考えられる墓壙《ぼこう》からガラス小玉とともに出土したもので、当時の葬送の一端をうかがわせる資料である。貝札は、広田遺跡（鹿児島県南種子町）の上層から出土した資料と類似する。有孔貝製品は、夜光貝やウミギクガイ・ウチワガイ等の二枚貝の貝殻に一カ所の小孔をあけたもので、漁網に取り付ける錘《おもり》等の用途が推定され、その集積遺構

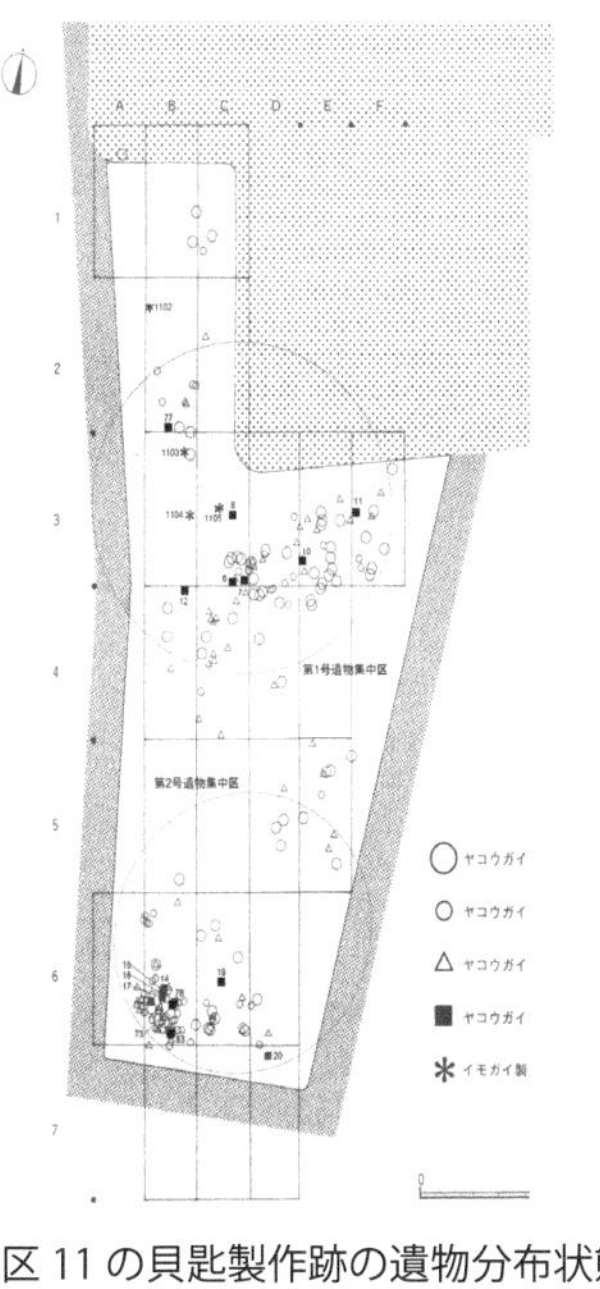

調査区 11 の貝匙製作跡の遺物分布状態

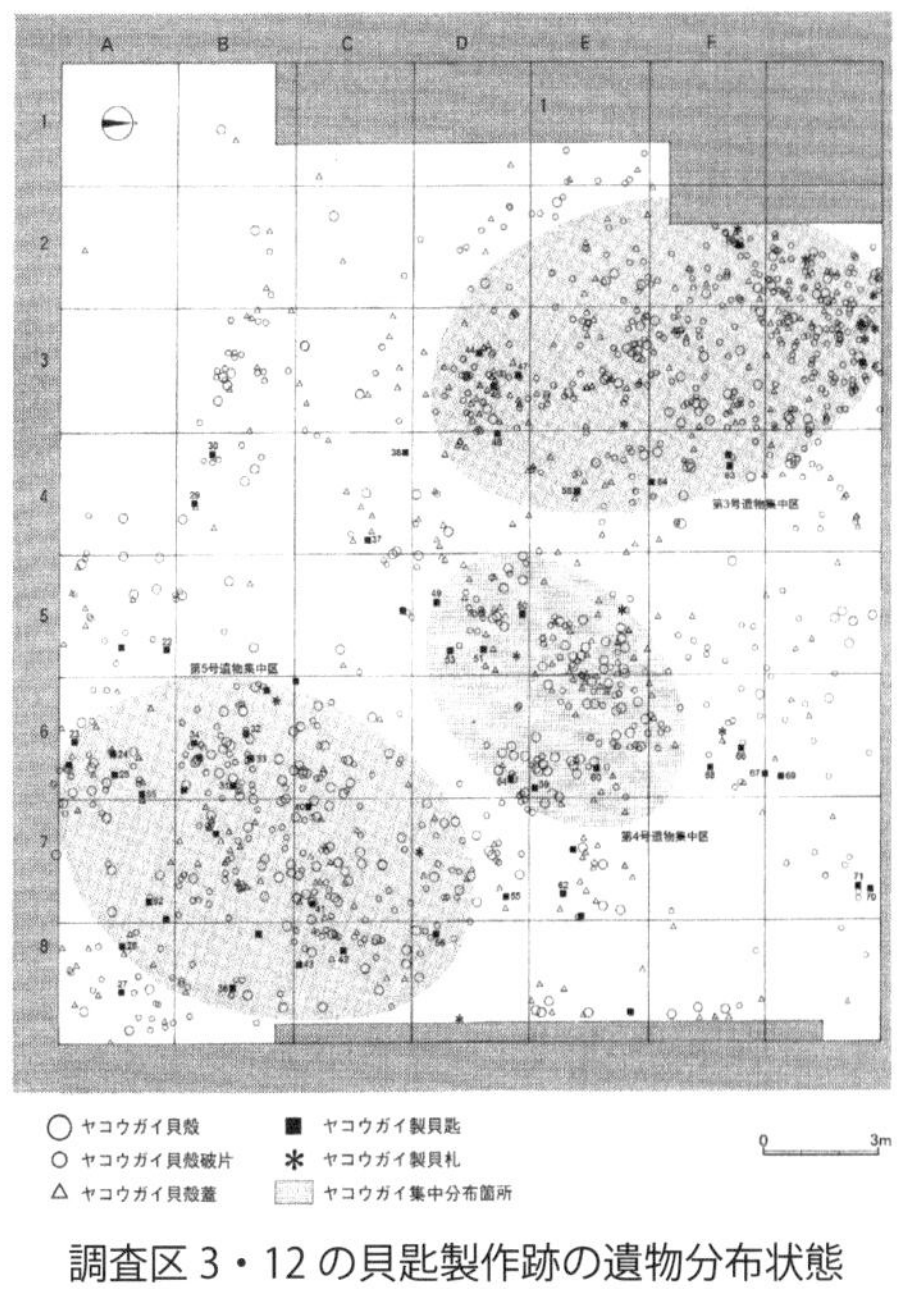

調査区 3・12 の貝匙製作跡の遺物分布状態

同じ部分が割りとられたヤコウガイ貝殻

夜光貝蓋敲打器（調査区 3・12）

磨石・敲石（調査区 3・12）

台石・砥石（調査区 3・12）

も確認されている。

（3）貝製品の生産遺跡

小湊フワガネク遺跡の発掘調査では、わずか七〇〇㎡の調査面積にもかかわらず、四〇〇〇点を超えるたくさんの貝製品が出土している。最も特徴的な資料は夜光貝匙で、大量の夜光貝と、夜光貝から貝匙を製作する各工程の資料が多数出土している。これに加えて、貝札《かいさつ》・貝玉《かいだま》・有孔《ゆうこう》製品等の多種多様な貝製品も出土していて、六～七世紀ごろにこの遺跡において集中的な貝製品の生産が行われていた様子がうかがえるのである。

貝製品の製作道具は、手に持ち使用する石器（磨石《すりいし》・敲石《たたきいし》）と下に置いて使用する石器（台石《だいせき》・砥石《といし》）の二種類が中心となり、ほかに夜光貝蓋製敲打器《こうだき》も使われている。そうした製作道具、製作の途上にある資料、完成品が一定の範囲に集中分布している場所が、製作跡と考えられる遺物集中区である。その多彩な貝製品の様相は、奄美大島に棲息する豊富な貝資源を用いた多様な貝製品の製作技術の存在をよく示している。

（４）注目される夜光貝大量出土遺跡

小湊フワガネク遺跡を特徴づける出土遺物として、大量出土した夜光貝の貝殻があげられる。夜光貝匙の加工工程がわかる資料や加工に伴う大量の貝殻破片が確認されたため、夜光貝の貝殻は単なる食べかすではなく、夜光貝匙を製作するための材料として、意図的に大量捕獲し、遺跡内に集積させていた様子が明らかにされたのである。

　こうした夜光貝の貝殻が大量出土する同時期の遺跡は、土盛マツノト遺跡や用見崎《ようみさき》遺跡（いずれも奄美市）

夜光貝匙製作跡（調査区 11）

夜光貝匙製作跡（調査区 11）

ヤコウガイ貝殻集積（調査区 3・12）

等が知られているが、いわゆる貝塚遺跡と区別するために最近では「夜光貝大量出土遺跡」等と呼ばれている。

　夜光貝は、日本では、南西諸島の温暖な海域のみに生息する大形の巻貝である。奈良時代以降、漆《うるし》工芸の装飾技法として発達する「螺鈿《らでん》」の材料としても知られている。平安時代後期からは、国産螺鈿製品が日宋《にっそう》貿易の主力輸出品にもなり、また中尊寺金色堂《ちゅうそんじこんじきどう》に代表されるように、平安時代の寺院でもよく螺鈿の装飾が行われ、南海産の夜光貝は大量に必要とされていた。そうした時代に先行して、既に奄美大島では夜光貝の大量捕獲が始まり、螺鈿装飾が流行した一一〜一二世紀ごろには、奄美群島に拠点的な中世遺跡が次々に出現する。それは、夜光貝交易と関係がある動きではないかと推測されている。小湊フワガネク遺跡の発掘調査を契機として、夜光貝の供

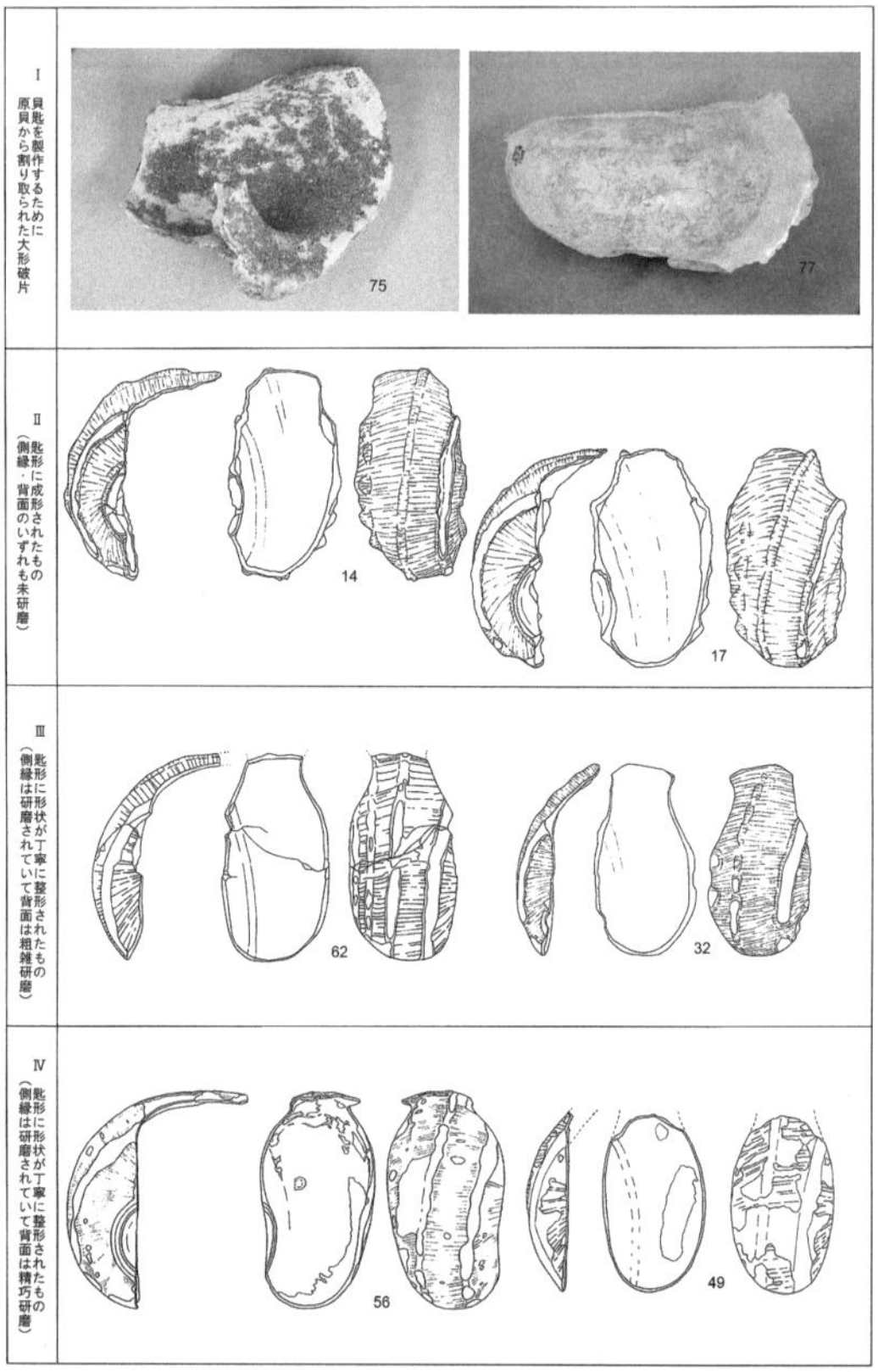

加工状態による夜光貝匙の分類

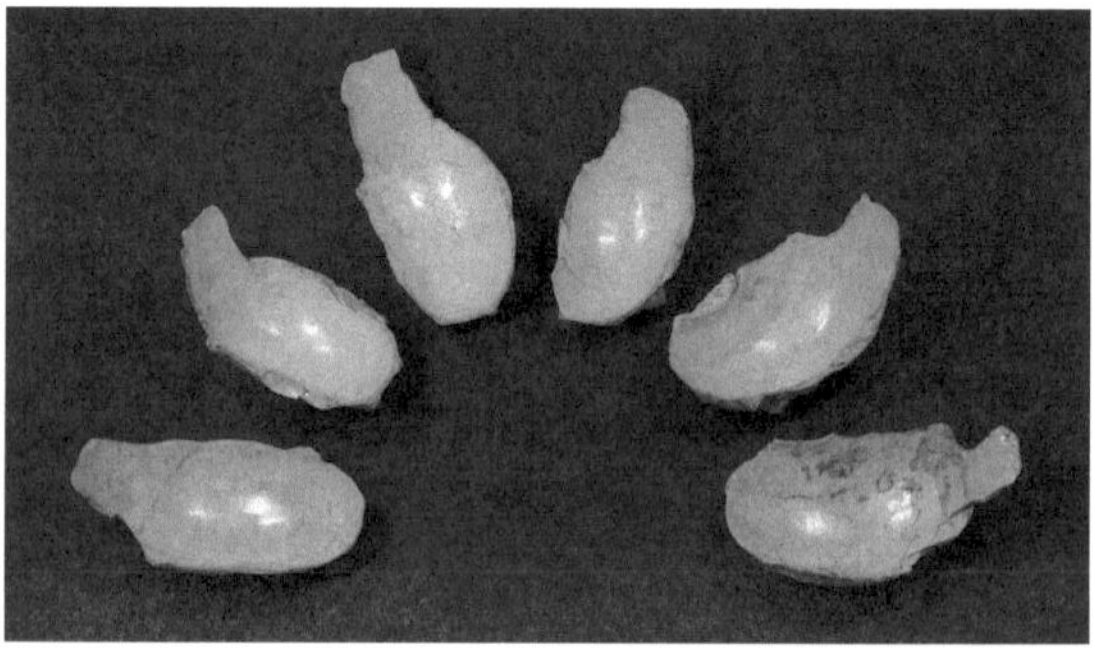
夜光貝匙の未製品（左側４点は一括出土）

給地域として奄美群島が注目されているのである。

（５）古代奄美社会を解明する鍵

奄美群島・琉球諸島の歴史は、いわゆる教科書的日本史とは異なる独自の歴史の歩みがある。本土地域の弥生・古墳時代から平安時代に当たる時期の奄美の人びとの暮らしは、まだわからない部分が非常に多い。

小湊フワガネク遺跡は、そうした歴史解明の鍵となる遺跡なのである。出土土器は「兼久式土器《かねくしきどき》」と呼ばれるもので、南西諸島の土器編年《へんねん》研究を考える上で重要な資料である。また釣針等の鉄製品が出土しており、当遺跡の生業活動や社会組織の実態を示すものとして重要である。沖縄諸島で鉄製品が普及するのは一二世紀前後なので、その時期に先行していたことを示す資料として注目されている。

そうした様子は、『日本書紀《にほんしょき》』『続日本紀《しょくにほんぎ》』の文献史料にみえる七～八世紀の南島人来朝《らいちょう》記事とも時代的に重なるところがあり、中央政府に社会の代表を派遣していた当時の奄美社会がどのような社会であったのか、その手がかりとなる重要な遺跡なのである。

兼久式土器破片（調査区３・12）

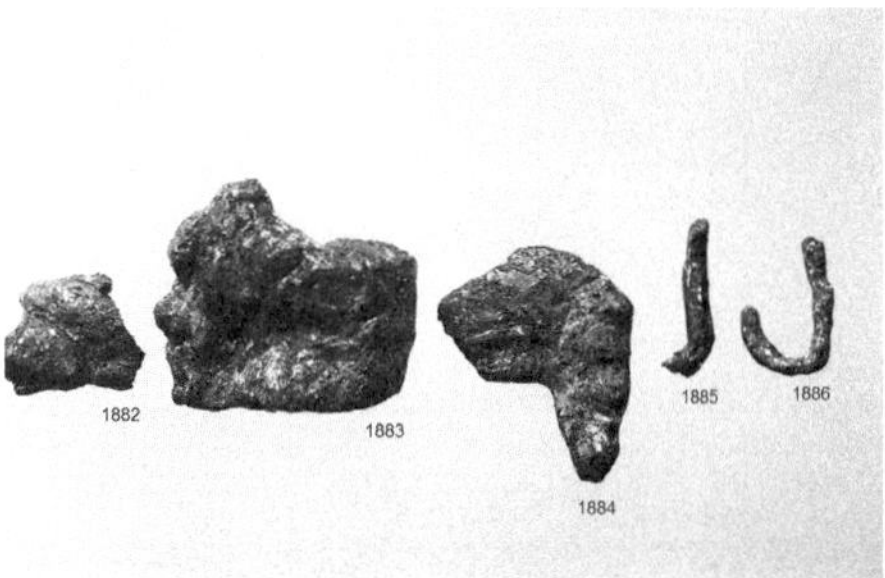

鉄製品（調査区３・12）

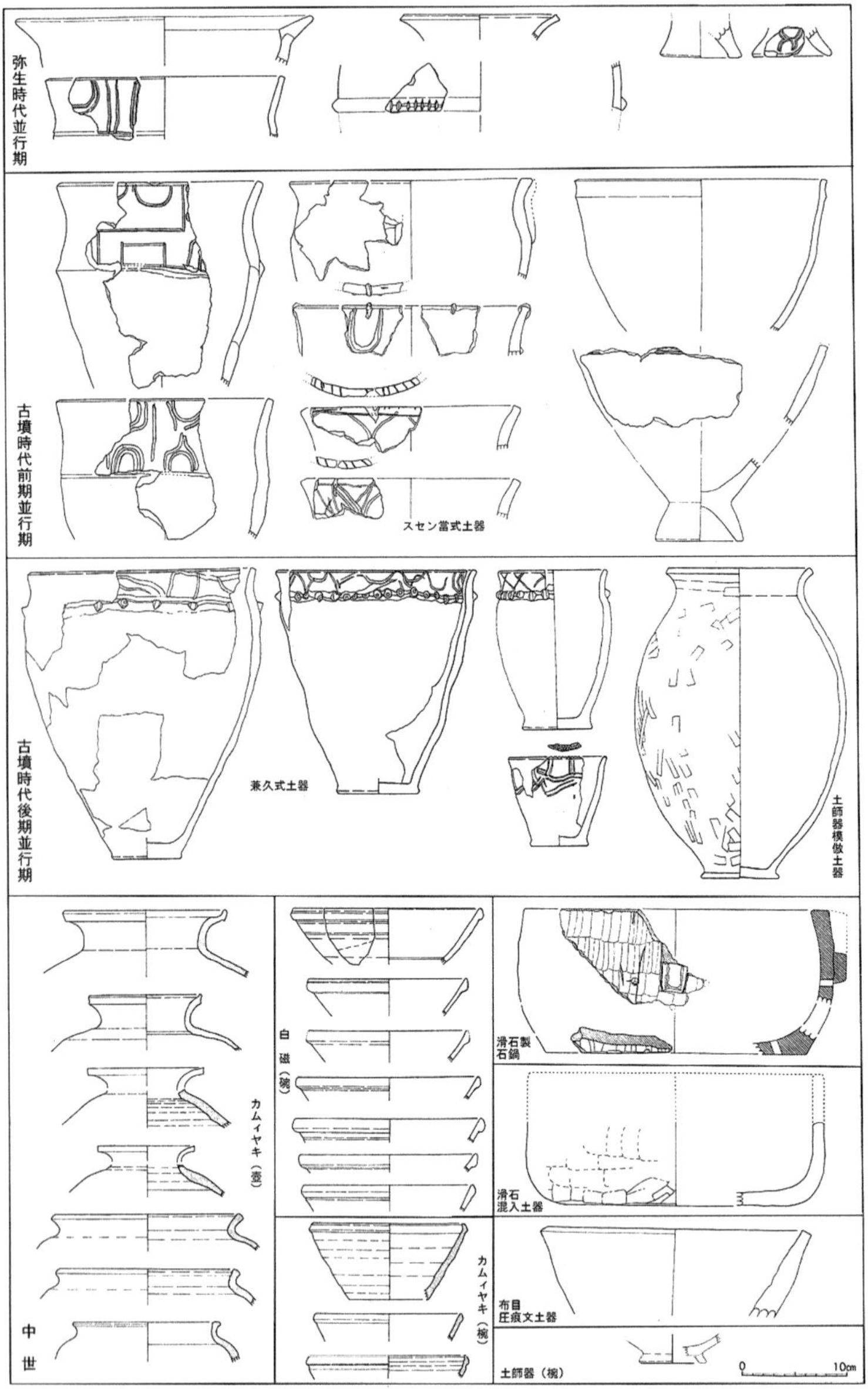

出土遺物からみる小湊フワガネク遺跡の変遷

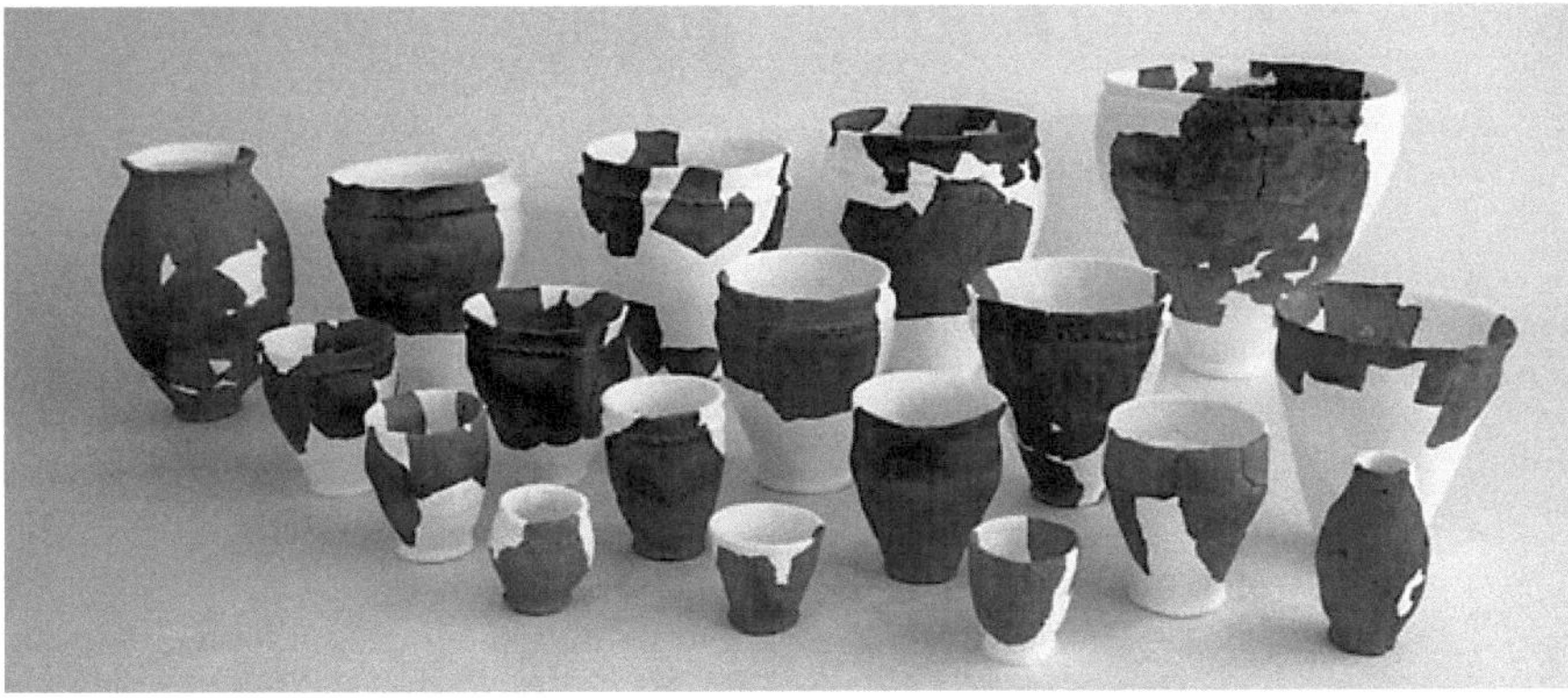

兼久式土器

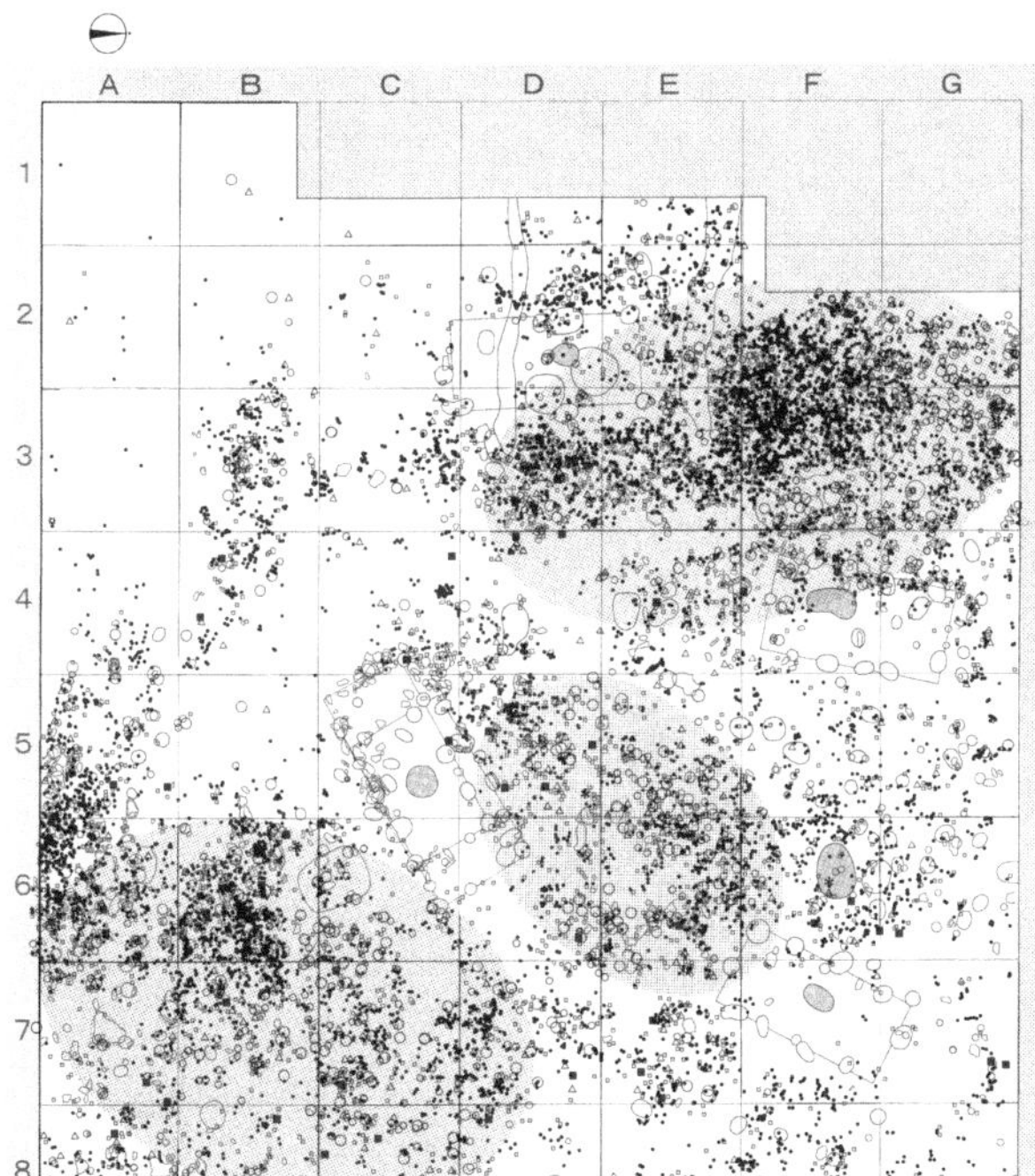

遺物集中区・建物跡と出土遺物の分布状態（調査区3・12）

（6）謎のホシレンコ釣漁―暮らしの季節性―

小湊フワガネク遺跡の発掘調査において、食べかすと考えられる多数の動物骨が二カ所で出土している。調査区一一は、ブダイ科を中心にサンゴ礁魚類が主体を占めているが、調査区三・一二は、沖合性のタイ科の魚種が四〇％近く占めていた。

この魚種は、奄美大島近海に生息する固有種「ホシレンコ」である。ふだんは水深二〇〇～三〇〇mの低層に生息しているが、繁殖期（冬季）には水深五〇～八〇m程度の浅瀬に移動して産卵するので、その場所を狙い釣漁が行われるのである。

奄美大島では、奄美市名瀬の小湊集落、奄美市住用町の和瀬《わせ》集落や市《いち》集落等で、冬季にこのタイ釣漁が行われてきた。大正九～一〇年（一九二〇～一九二一）に、奄美・沖縄を訪れた柳田國男《やなぎだくにお》（当時四六歳）は、奄美大島を訪れていた二月七日から三月一日の日記に「鯛をになひ山を越来る人、小湊は鯛のよくとれる所、除夜にたくさんとれしなり」と記していて（柳田二〇〇九）、この鯛はホシレンコであると考えられる。

小湊フワガネク遺跡の調査区三・一二区が営まれた時期は、冬季にしか釣れないホシレンコの骨が多数出土しているので、冬季と考えられる。亜熱帯の島じまを対象とする琉球考古学において、遺跡の営まれた季節が確認できたのは、

新種認定されたホシレンコ

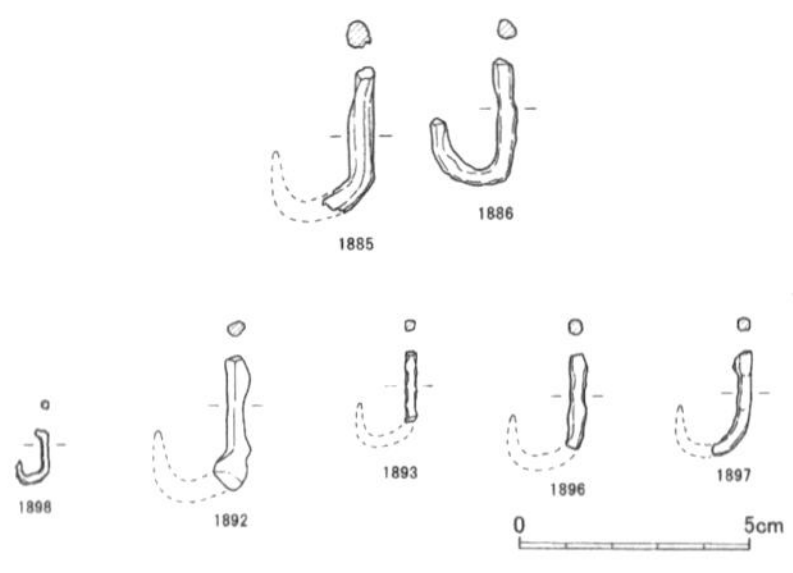

小湊フワガネク遺跡から出土した鉄製釣針

きわめて珍しい。

ホシレンコは、陸から捕獲できない深い場所に生息している。その事実は非常に重要で、捕獲する漁労技術は、ほぼ船釣りに限られる。ホシレンコの骨が多数出土した小湊フワガネク遺跡の調査区三・一二では、鉄製釣針五点も出土していて、当時から船釣り漁が行われていたと考えられるのである。サンゴ礁地域における伝統的漁労活動は、礁池や礁縁を中心に行われ、釣漁はあまり発達していない。小湊フワガネク遺跡で、なぜホシレンコ釣漁が行われていたのか、まだ解明できていない謎は多い。

（7）環境文化型遺跡としての小湊フワガネク遺跡

小湊フワガネク遺跡から出土した自然遺物は、ホシレンコ以外にも季節を推測できる資料がある。多数出土しているモクズガニのハサミ破片である。魚骨と同様、調査区一一では出土総数八二点であるが、調査区三・一二ではその約五〇倍に当たる出土総数四二七五点が出土している。モクズガニは、全国の河川等に生息しているカニ類で、秋から冬に産卵のために河口までおりてくるので、その時期に捕獲して食用にされている。調査区三・一二から出土しているモクズガニも、冬季に捕獲された可能性が高いと考えられ、ホシレンコの捕獲時期とも合致する。小湊フワガネク遺跡から出土した自然遺物の分析は、その大半が今後に委ねられている。遺跡形成の季節性がわかり、小湊フワガネク遺跡を営んでいた人びとは、周辺の環境利用を季節的に管理していた様子がうかがわれてくるのである。環境文化型遺跡として、今後の調査研究の進展が期待されている。

モクズガニのハサミ破片（調査区 3・12）

（8）ヤコウガイ（夜光貝）

小湊フワガネク遺跡を特徴づける出土遺物として「夜光貝匙《やこうかいさじ》」があり、その材料となるヤコウガイ貝殻が大量出土している。小湊フワガネク遺跡の発掘調査を契機として、南西諸島産のヤコウガイに関する歴史的情報の著しい更新が図られた。

ヤコウガイ（*Turbo* ［*Lunatica*］ *marmoratus*）は、殻径《かくけい》・殻高《かくこう》二〇cm前後、重量二kg前後にもなるリュウテンサザエ科の大型巻貝である。貝殻は真珠層から成り、体層《たいそう》を研磨すると美しい光沢が現れる。

その生息域は、インド洋・太平洋の熱帯域から亜熱帯域に限られている。日本では、基本的に種子島・屋久島以南の南西諸島全域に生息する。産業的多産地域として、フィリピン諸島（フィリピン）、アンダマン・ニコバル諸島（インド）、奄美群島・琉球諸島（日本）が知られている。

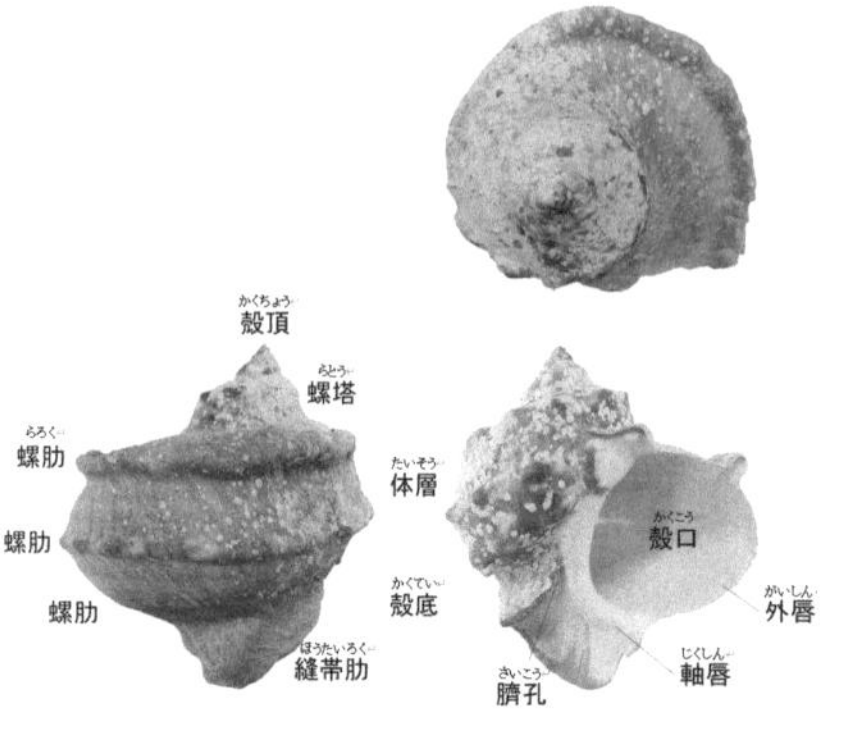

ヤコウガイ貝殻の部位名称

南西諸島は、黒潮に縁どられた「亜熱帯還流《かんりゅう》」の内側に大半が位置しているため、高緯度にもかかわらず、ヤコウガイの生息に適した環境条件を備えている。さらに高緯度に位置する種子島・屋久島等の大隅諸島は、「亜熱帯還流」の外側に位置しているため、海水温が下がり、ヤコウガイの生息域の実質的北限に当たる。

藻食《そうしょく》性であるため、岩礁等が発達した浅海に生息している。サンゴ礁の礁縁に形成されている礁斜面《しょうしゃめん》に好んで生息する。貝殻の中身（軟体部）は、先史時代以来、食用にされてきたが、近世期には軟体部の塩漬が特産品として、奄美群島は薩摩藩に、沖縄諸島は琉球王府に上納されていた。現在も、食用にされているが、日常的な食材というわけではない。

ヤコウガイの利用は、貝殻の利用に最大の特徴がある。真珠質の貝殻を持つヤコウガイは、古来より螺鈿・蒔絵《まきえ》等の美術工芸材料として用いられてきた。その利用は、古くは古墳時代までさかのぼり、三国《さんごく》時代の朝鮮半島では、伽耶《かや》や新羅《しらぎ》の王墓に夜光貝匙が副葬されていて（五世紀後半頃）、同じ頃、日本でも南西諸島の種子島・広田遺跡（南種子町）から墓壙《ぼこう》に副葬されている夜光貝匙が確認されている。夜光貝匙は、奄美・沖縄地域における特徴的な大型貝製品で、六〜七世紀頃から盛行し、九世紀頃から小型化、粗雑化して減少していく。

一方、本土地域では、平安時代に「唐物《からもの》」をはじめとする威信財《いしんざい》が宮廷貴族《きゅうていきぞく》に珍重され、列島周縁地域からもたらされる北方物産・南方物産も非常に好まれた。特にヤコウガイは、九世紀後半頃から「ヤクガイ」の名称でたびたび史料に現れるようになり、宮廷貴族から希求の品として認識されていた。

『枕草子』には、「公卿《くぎょう》、殿上人《てんじょうびと》、かはりがはり盃《さかずき》とりて、はてには屋久貝《やくがい》という物して飲みてたつ」という記載があり、特別の酒杯として使われていたようである。ヤコウガイ製酒杯を意味する「螺杯《らはい》」の用語も、同時期の史料に散見されるので、ヤコウガイ製酒杯は宮廷貴族層の間で珍重されていた様子がうかがわれる。また藤原実資《さねすけ》による『小右記《しょうゆうき》』には、大隅国の藤原良孝《よしたか》から「赤木《あかぎ》二切、檳榔《びろう》三百把、夜久貝《やくがい》五十口」等が届けられたと記載があり、貝殻が贈答品として使われていた様子もわかる。『宇津保物語』には、「白きところには、白きものには屋久貝をつきまぜて塗りたれば、きらきらとす」と記載されているので、貝殻が螺鈿以外にも工芸材料として使われていた事実がわかる。

さらに、真珠質のヤコウガイ貝殻は、平安時代以降における国産螺鈿の発達に伴い、螺鈿材料としても、需要は増大を続けたのである。日本列島における亜熱帯の最北限に当たる奄美群島北部では、既に古墳時代終末期には、小湊フワガネク遺跡等のヤコウガイの大量捕獲、集中的加工が行われており、そうした貝殻利用の歴史の上に、国産螺鈿の盛行期には、奄美群島北部がヤコウガイの産出地として機能していたと考えられている。

（9）夜光貝アクセサリー製作講座

国指定史跡「小湊フワガネク遺跡」は、ヤコウガイ貝殻やその加工製品が多数出土して、南方物産のひとつである夜光貝交易の様子を解明する遺跡として、平成九年（一九九七）の発掘調査以来、非常に注目されてきた遺跡である。

平成一四年（二〇〇二）、校区内に小湊フワガネク遺跡が所在している奄美市立大川中学校から、奄美市立奄美博物館に、小湊フワガネク遺跡に関する郷土学習の依頼があった。その時、奄美市立奄美博物館では、講話を聞いてもらうよりも、小湊フワガネク遺跡の価値を体感しながら理解してもらえるような、遺跡の特徴であるヤコウガイを生かした体験学習プログラムを実施したいと思案していた。

大川中学校の女子用講座作品

「夜光貝の神様」池村茂氏

小湊フワガネク遺跡の発掘調査の直後、徳之島民俗学の碩学・松山光秀先生から、ヤコウガイの専門家として徳之島町在住の工芸作家・池村茂氏を紹介していただいていたので、発掘調査を担当した高梨と池村氏で協議を重ね、ヤコウガイをカットした材料で、短時間に体験研磨ができるプログラムの共同開発を始めた。それが、奄美博物館オリジナルの「夜光貝アクセサリー製作講座」である。

中学校の郷土学習から始まったこの講座は、現在では、やり方も工夫改良が重ねられて、自分の好きな材料（貝殻）が選べるようになっている。まず学芸員が小湊フワガネク遺跡の概要説明等を行い、それから池村氏の指導に従い、自分で材料を研磨して豪華なアクセサリーを完成させていく。所要時間は約二時間。平安時代の豪華な螺鈿が残る「中尊寺金色堂」が所在する岩手県平泉町でも、講座を開催させていただいている。最近では、小湊フワガネク遺跡が所在する小湊集落でも、池村茂氏の指導を受けながら講座開催の取り組みが進められている。

「夜光貝アクセサリー製作講座」は、遺跡の啓発普及活動の一環として、奄美市立奄美博物館で定期的に開催されている。毎回、参加者でにぎわい、幅広い世代から支持されている大人気の講座に成長している。（高梨）

自分の好きな材料が選べます！

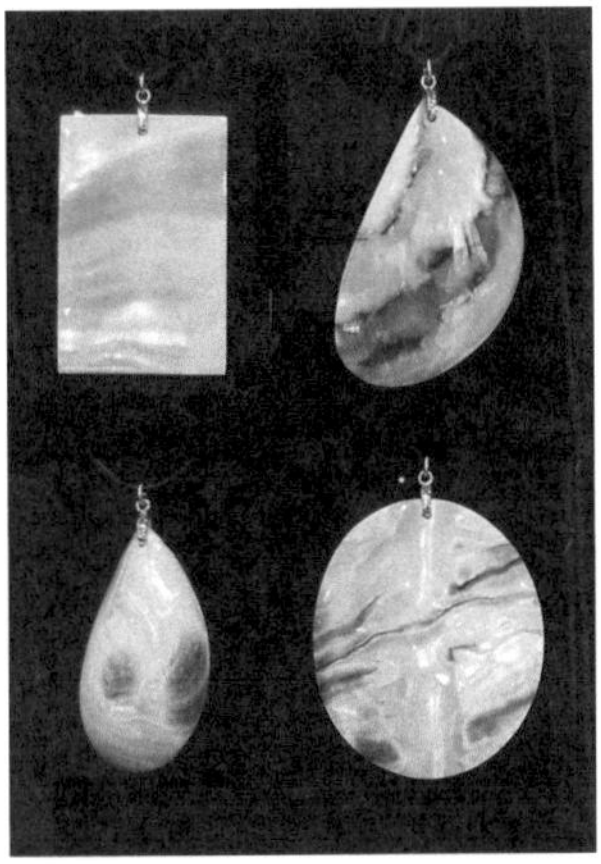

自分の好きな材料が選べます！

11枚のサンドペーパーで材料を磨きます

平泉町役場で開催された講座
（平成24年）

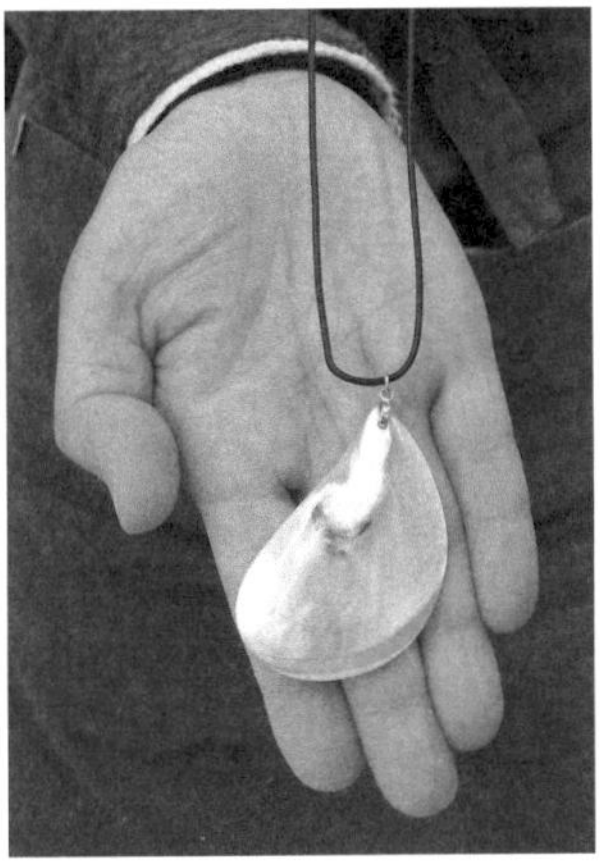

完成した夜光貝アクセサリー

6 奄美の環境文化

(1)「山の島」と「台地の島」の自然環境

南西諸島の島嶼は、人文地理学の分野において、その地形的特徴から「高島《こうとう》」と「低島《ていとう》」に大別されてきた。「高島」は堆積岩《たいせきがん》・火成岩《かせいがん》等から成る山地が優越する島であり、「低島」は石灰岩から成る平坦な台地が優越する島である。奄美群島では、奄美大島・加計呂麻島・請島・与路島・徳之島が「高島」に、喜界島・沖永良部島・与論島が「低島」に分類されている。独自の生物多様性を誇る世界自然遺産候補地の四島(奄美大島・徳之島・沖縄島北部・西表島)は、いずれも海中に沈んだことがない「高島」である。

「高島」と「低島」の島嶼分類は、島における自然と人の営みの関わりから、自然環境の相違を説明したところに特徴がある。その相違の指標として取り上げられている要素は、①河川の有無、②森林の有無、③耕作地の有無等である。これらが、南西諸島の「環境文化」の醸成にも関係してきた重要な自然条件である。

奄美群島における「高島」と「低島」の島嶼分類については、「高島」の奄美大島・加計呂麻島・請島・与路島、「低島」の喜界島・与論島は、それぞれ典型的な事例として理解できるが、徳之島と沖永良部島については、様相がやや異なるので、特に文化的理解に際して注意が必要である。

徳之島は、「高島」に分類されているが、島の西南部を中心に石灰岩台地が発達していて「低島」の特徴も備えている。特に、③山地が優越するため平坦地に恵まれないという特徴は該当しない。また沖永良部島は、「低島」に分類されているが、山地(大山《おおやま》)が分布していて「高島」の特徴も備えている。特に②山地がないので森林に恵まれず、燃料の薪《まき》さえも不足するという特徴は該当しない。徳之島・沖永良部島の二島については、従来の「高島」「低島」の島嶼分類では、地形的特徴の実態に即した説明ができない。

	山の島	山と台地の島	台地の島
①河川の有無	地表面は堆積岩・火成岩から成るので、降雨は表流水となり、河川が発達する（地表面が湿潤な島=ウェットの島）。	地表面は堆積岩・火成岩と石灰岩から成り、「山の島」と「台地の島」の特徴をあわせ持つ。	地表面は石灰岩から成るので、降雨は地下の洞穴に流れ込んでしまい、河川が発達しない（地表面が乾燥した島=ドライの島）。
②森林の有無	山地があるので、森林に恵まれ、林業が発達する（建築・造船の木材加工技術が発達してきた）。	山地と台地があり、「山の島」と「台地の島」の特徴をあわせ持つ。	山地がないので、森林に恵まれず、燃料の薪さえも不足する（山の島から木材を供給する交易が形成される）。
③耕作地の有無	山地に占有されているため、平坦地に恵まれず（土地の起伏が激しい）、耕作地が狭い。	山地はあるが、平坦地に恵まれ、広い耕作地が形成される。	山地がないため、平坦地に恵まれ（土地の起伏が小さい）、広い耕作地が形成される。

奄美群島における「山の島」と「台地の島」の分類

大分類	小分類	分類される島
山の島	山の島	奄美大島、加計呂麻島、請島、与路島
	山と台地の島	徳之島
台地の島	台地と山の島	沖永良部島
	台地の島	喜界島、与論島

「山の島」と「台地の島」における細分類

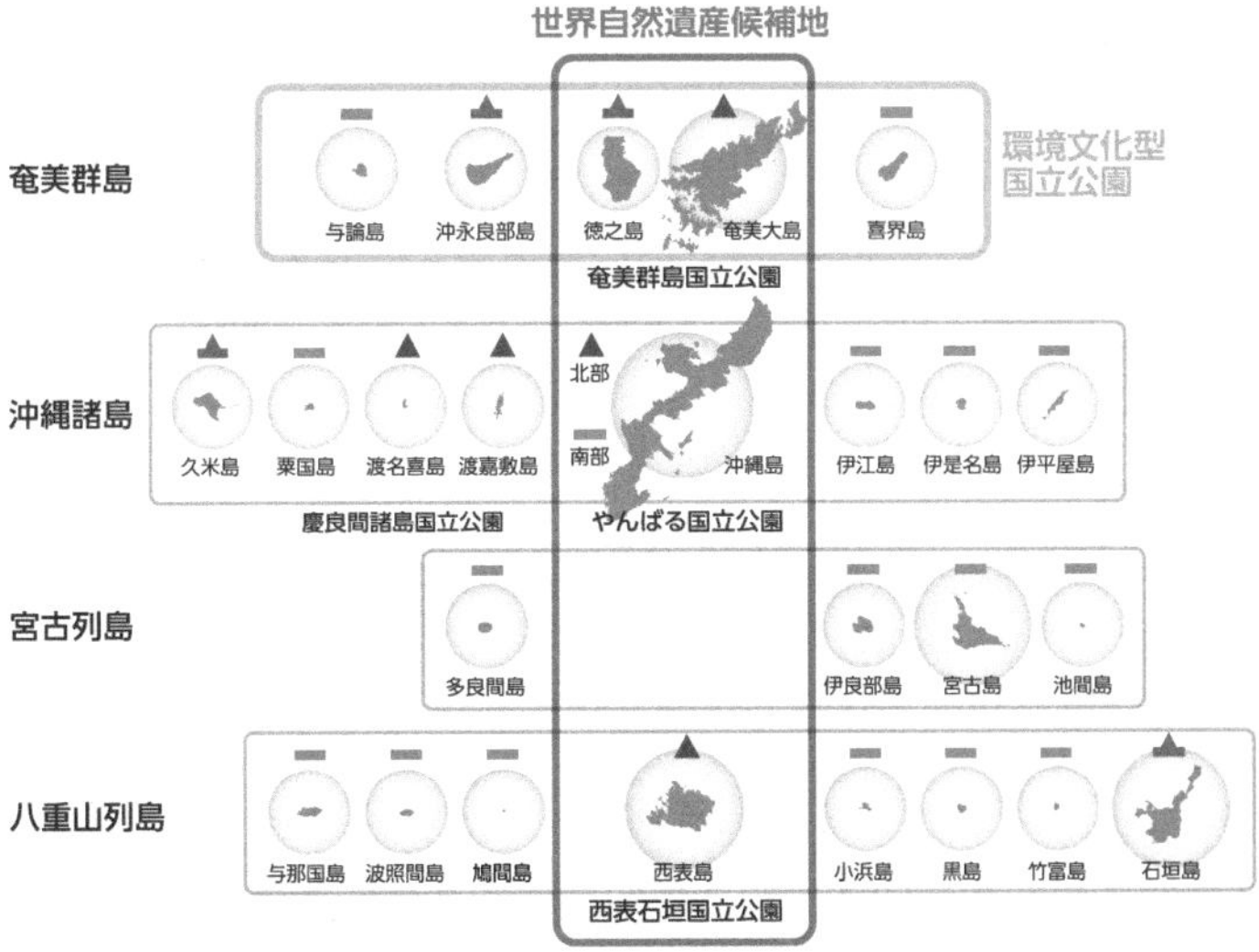

南西諸島における「山の島」と「台地の島」

「高島」「低島」の島嶼分類は、わかりやすい明快な分類ではあるが、分類概念が「標高」という高低の概念に収斂されているため、自然条件の構成要素まで説明ができていない。それよりも、自然条件の優越的要素を分類指標とした方が、地形的特徴を反映させた分類ができるようになる。そうした視点から、奄美群島の島嶼を再分類してみたい。

まず、従来の分類に従い、豊かな森林に覆われ山地から成る奄美大島・加計呂麻島・請島・与路島と、石灰岩の平坦な台地から成る喜界島・与論島に大別する。自然条件の優越的要素から、前者を「山の島」、後者を「台地の島」と分類しておく。

そして、山地があり周囲を石灰岩台地で囲まれた両方の特徴を備え持つ徳之島・沖永良部島については、自然条件の優越的要素から徳之島は「山の島」に、沖永良部島は「台地の島」に大分類し、これは従来の分類と同じであるが、さらに構成要素から徳之島は「山と台地の島」に、沖永良部島は「台地と山の島」に小分類しておく。

このように奄美群島の地形的特徴を整理、確認して、あらためて自然条件を確認してみよう。

①河川の有無

「山の島」と「台地の島」には、水文《すいもん》環境に大きな違いがある。簡単にいえば、「山の島」は、固い岩石の島な

「山と台地の島」徳之島

「台地と山の島」沖永良部島（前利　潔氏提供）

ので、雨水は地下に浸み込まず、地表を流れて河川が発達する。奄美大島や徳之島では、島とは思えない豊かな水量を湛《たた》えた河川がいくつも貫流している。それに対して、「台地の島」は、石灰岩の島なので、雨水は地下に浸み込み、鍾乳洞《しょうにゅうどう》の中を流れてしまう。つまり「台地の島」では、島を貫流する河川は発達せずに地下水系になるという相違がある。

徳之島は「山と台地の島」で、山から海まで貫流する河川が多数ある一方、石灰岩台地が西南部に発達しているので、途中で地下に潜り込み、河口まで連続しない河川も存在する。「山の島」は地表面が湿潤で「ウェットの島」、「台地の島」は地表面が乾燥しているので「ドライの島」とも呼ばれることもある。

こうした水文環境の相違は、飲料水や農業用水等の水利条件として、人の暮らしに大きく影響を与えてきた。「山の島」では、豊富な水量を利用して、水車動力による製糖が歴史的に発達してきたほか、近代以降は、水力製材や水力発電事業等も行われてきた。「台地の島」では、段丘崖やカルスト地形特有の溶蝕窪地《ようしょくくぼち》等にある湧水・地下水利用が中心となり集落が形成されてきた。そのため、集落は台地上に営まれ、海岸砂丘上に集落が営まれる「山

フナンギョの滝（奄美大島）

秋利神川（徳之島）池村茂氏撮影

滝川のウッカー（喜界島）

クラゴォー（沖永良部島和泊町）

の島」とは立地が異なり、集落景観にも相違が認められる。

②森林の有無

「山の島」と「台地の島」では、林地の環境も著しく異なる。山地の有無は、森林の有無に直結していて、野生生物の生態系が著しく異なるだけではなく、人の暮らしにも大きな関係がある。「山の島」は山地全体が樹木に覆われ深い森が形成されているので、歴史的に林業は基幹産業となり、大工・造舟等の手工業も発達してきたが、「台地の島」には深い森はないので、伝統的な木造住宅の建築や木造舟の建造等は「山の島」から材料を調達しなければならなかった。奄美群島が米軍占領統治下から日本復帰した直後の昭和三〇年代は、喜界島から奄美大島に薪を購入にくる光景が日常的に認められ、山がない「台地の島」では燃料の薪でさえも不足していた様子がうかがわれる。沖永良部島は、「台地と山の島」で、島の南側にある大山《おおやま》（標高二四〇m）は、山麓一帯にかなり大規模な森が形成されていて、少なくとも薪の自給は可能な状態が維持されてきた。木造住宅や高倉の木材は、沖縄島北部（山の島）から調達していたという。

居住地も狭い「山の島」（奄美市名瀬の市街地）

島全体が耕作地の「台地の島」（与論島）

③耕作地の有無

「山の島」と「台地の島」における地形条件は、文字どおり山か台地のどちらかの地形が発達しているということである。この地形的要素は、平坦地の有無と言い換えてもよいが、それぞれの島で農業が開始されてから（およそ一一世紀以降）、その展開に大きな影響を及ぼしてきた。特に、薩摩藩統治時代後半期には植民地的政策が強化され、サトウキビのプランテーション農業が拡大していくに際して、地形の起伏が少ない「台地の島」の喜界島、広大な台地が広がる「山と台地の島」の徳之島で、大規模な耕地開発が展開していった。続いて、沖永良部島と与論島にも、薩摩藩の政策が及んで、亜熱帯の島嶼は「サトウキビ農業の島」になっていったのである。

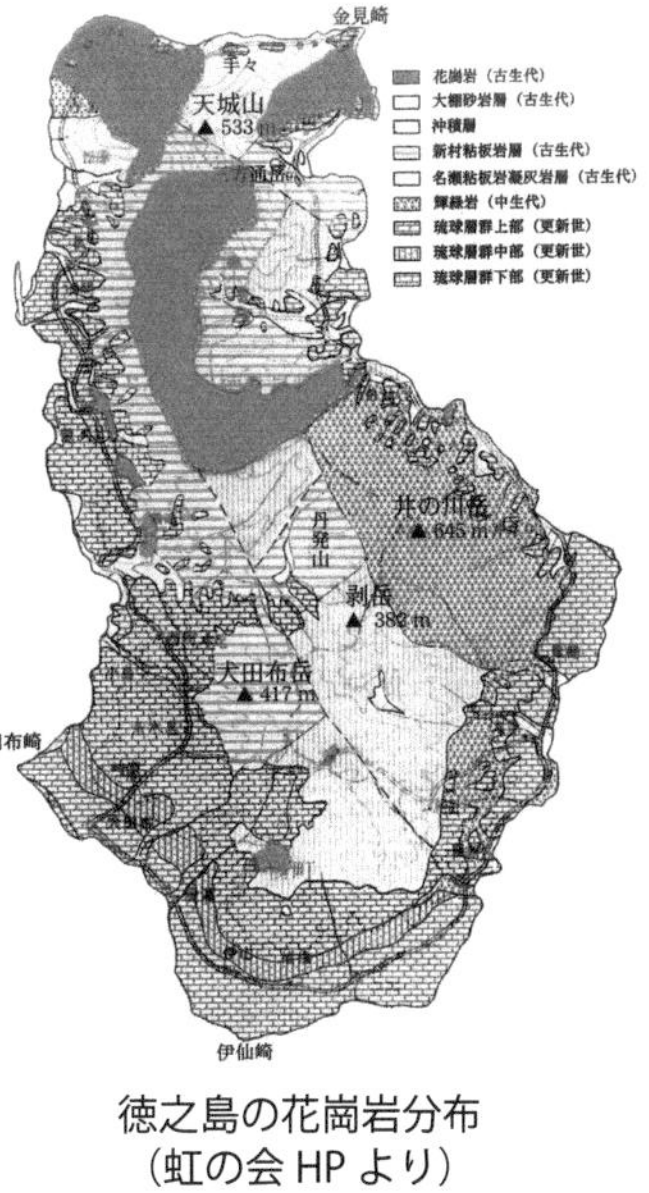

徳之島の花崗岩分布
（虹の会 HP より）

徳之島町山の
カジバマ（数浜）における砂鉄

　前項でも説明したように、起伏が少ない「台地の島」の平坦な地形は、耕地開発には好条件となり、日常的に必要となる燃料の薪さえも不足するほどバランスを欠いた過剰な耕地開発が進められてきた。一方、平坦地が少なく起伏が激しい「山の島」では、そもそも大規模な土地開発が困難で、昭和時代終末から平成時代初頭のいわゆるバブル全盛期にも、その険しい地形条件がゴルフ場開発をはじめとするリゾート開発等を阻む要因のひとつともなり、歴史的に振り返るならば、山地の存在自体が自然破壊の抑止力にもなってきたともいえる。

④岩石（鉱物）の有無

表には記載してないが、先史時代以来、南西諸島で人が暮らしていく際に、「山の島」と「台地の島」には、森林の有無だけではなく、重要な資源の有無の問題があった。鉄器が本格的に普及する以前、石器は長期間にわたり人類にとって欠かせない利器だった。石器の材料となる火成岩《かせいがん》・堆積岩《たいせきがん》等の岩石類は、石灰岩から成る「台地の島」には産出せず、「山の島」にしかない重要資源なのである。喜界島・与論島等の典型的な「台地の島」では、石器に使用する石材の自給は不可能であった。

また火成岩の存在は、鉱物資源の存在も意味している。特に花崗岩《かこうがん》・玄武岩《げんぶがん》・安山岩《あんざんがん》・閃緑岩《せんりょくがん》等の分布地域には、砂鉄が産出する可能性がきわめて高い。奄美・沖縄地域における砂鉄の存在は、長らく判然としなかったが、二〇二〇年三月に、徳之島町の山《さん》集落において製鉄炉（年代不詳）と思われる遺構と、「カジバマ（数浜）」と呼ばれる海岸一帯に多量の砂鉄が分布する事実が確認された（山集落の林美樹《はやしよしき》氏が発見、徳之島町文化財保護審議会委員、徳之島町教育委員会、琉球大学・池田榮史《いけだよしふみ》氏、奄美市立奄美博物館・高梨修で現地確認）。その後の調査で、徳之島は、全島の河川から砂鉄が産出する事実が判明した。また沖縄諸島の久米島においても、近年、砂鉄が産出する事実が明らかにされている（久米島博物館の山城勇人《やましろはやと》氏・砂川暁洸《すながわあきひろ》氏の教示による）。

徳之島・久米島における当該事実は、中世以降にかけて、自給できる砂鉄から製鉄が行われていた可能性を示唆するものであり、「カネ」「カジ」地名等の分布も含めて、今後の調査研究の進展が期待されるところである。

（2）奄美群島の歴史が醸成する環境文化

第二章「境界の歴史に育まれた奄美」で、奄美群島の歴史的変遷について概観してきた。奄美群島の環境文化を理解する上で、当該地域の歴史的把握をふまえた「風土」的理解は欠かせない。世界自然遺産候補地の奄美大島・徳之島・沖縄島北部・西表島の四島は、生物学的様相の相違はともかく、人が暮らすために利用している自然環境はきわめて類似した条件下にある。これらの四島に営まれている環境文化は、自然環境と人の関わりだけで考えるならば、奄美二島と沖縄二島は同じ環境文化になってもおかしくないわけで、しかし、実際には違う環境文化が営まれている。その最大の理由は、両地域の歩んだ歴史が違うからにほかならない。「琉球文化圏」として、これまで奄美・沖縄地域の亜熱帯島嶼は常にひと括りにされてきたが、そうした理解を前提として、琉球考古学や琉球史でも、最近は奄美・沖縄地域の時代区分を統一する動きが顕著である。

しかし、南西諸島に関する一九九〇年代以降の考古学・古代史・中世史の歴史学研究は、従来指摘されてきた「貝の道」は古墳時代で終息するという理解論に対して、律令国家成立以降、「列島最北の亜熱帯」に位置する奄美群島の北三島（喜界島・奄美大島・徳之島）を中心に、九州地域との交流・交易活動がさらに活発化するという研究成果を更新している。

第二章「4　境界の歴史―奄美史の特徴」で述べているように、奄美群島は、「境界領域」として国家の内外に所属を複雑に変えてきた歴史がある。中世まで本土地域からの文化的影響を強く受けてきた奄美群島は、琉球国の誕生後、一五世紀中頃から琉球国の統治下に置かれると、行政や祭祀制度、集落空間をはじめ暮らしに関わる諸文化等で強い影響を受けることになる。そして、一七世紀初頭から薩摩藩の統治下に置かれると、より直接的に鹿児島文化の強い影響を受けながら、サンゴ礁に縁どられた亜熱帯島嶼の環境文化は変容していくことになる。さらに、明治時代になり鹿児島県に編入された奄美群島は、交流人口の増大により伝統的文化の中に新来の文化がさまざまに浸潤していくのである。

奄美・沖縄をひと括りにして琉球文化地域として説明されることが多いが、実際には奄美と沖縄の文化的様相は、同質性と差異性が混在して認められ、それほど単純に説明できるわけではない。特に薩摩藩統治時代以降は、それぞれの歴史の相違が顕著になる歩みを加速させていくので、その歴史の相違による文化的影響を視野に入れておかなければ、奄美群島と沖縄県の文化的様相の複雑な差異性は理解できない。歴史的環境という時間軸の変化も、環境概念として認識しておく必要がある。

（3）「環境文化」とは何か

最後に「環境文化」という概念について、あらためて整理しておきたい。奄美群島は、「山の島」と「台地の島」に分類できる異なる地形的特徴を持つ、自然環境も景観も異なる島嶼である。「山の島」と「台地の島」には、それぞれの島で、自然環境に適応しながら歴史的風土によって醸成されてきた「環境文化」が息づいている。「山の島」と「台地の島」では、たとえば、八月踊りや集落空間等、類似の伝統的文化が営まれている一方で、本節（1）で説明したような対立的様相をみせる環境文化の事例も認められるのである。日本列島における六八五二島（有人島四一六島）を見渡してみる時、人が暮らしている島の自然環境を対立的に理解できる島嶼はきわめて特殊な地域である事実に気づく。この島嶼における文化的様相は、「環境決定論」的であるともいえる。

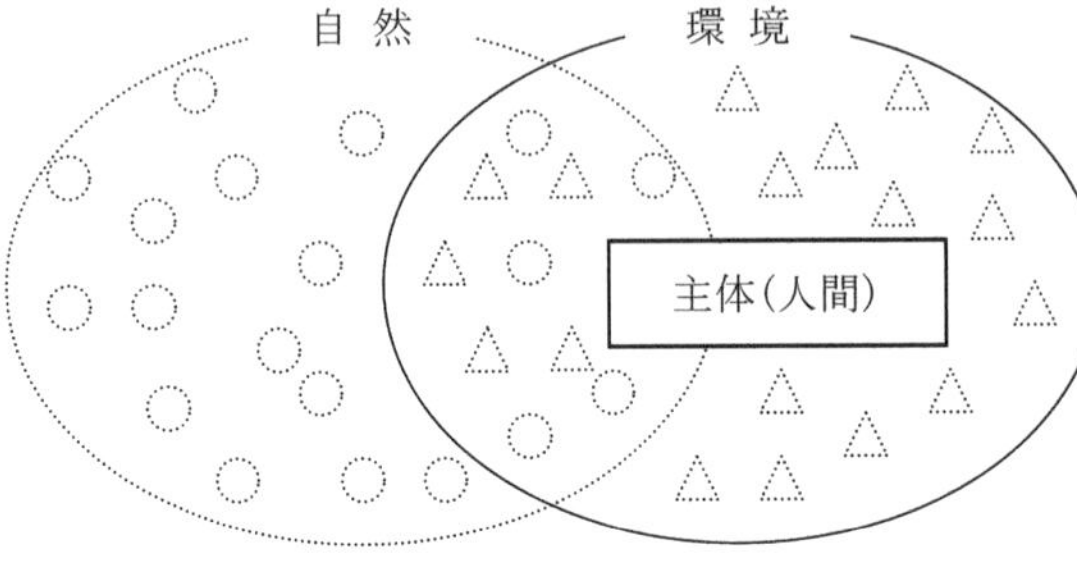

○＝自然の“要素”　△＝人工的（人為的）な“要素”

自然を要素として認識したモデル（宮本 2006）

　世界自然登録をめざした自然保全の事前措置として、平成二九年三月七日、「奄美群島国立公園」が登録されている。この国立公園は、奄美群島の島嶼全域を対象とするもので、自然景観の保護等という方向ではなく、そこに生息する希少野生動植物の保護に重点を置く「生態系管理型」の国立公園となっている。また、保護するべき希少野生動植物等の分布範囲が、人びとの居住地域と非常に近接していて、これまで営まれてきた伝統的暮らしを維持していくことこそが共生的であり、希少種の保全にも繋がるという考え方から、国内で初めてとなる「環境文化型」という概念を与えられた国立公園にもなっている。

この「環境文化」概念については、環境省により「固有の自然環境の中で、歴史的につくり上げられてきた自然と人間のかかわりの過程と結果の総体、つまり、島の人々が島の自然とかかわり、相互に影響を加え合いながら形成、獲得してきた意識及び生活・生産様式の総体である。屋久島環境文化村構想（鹿児島県）で提唱された」と説明されている。「環境」という概念は、「自然」と同義に理解されがちであるが、文字の意味が示すとおり、人のまわりをとり囲むものである。原生的自然のみに限定されるのではなく、人の営みによる人工物等も含めた広範囲の空間を括る概念である。そこには、居住や農業・林業等により、人と自然の相互作用が認められる二次的あるいは人工的な自然環境も含まれている。「環境文化」とは、そうした人と自然の密接な営みを積極的に評価しようとする考え方である。その際には、本節（２）でも説明しているように、歴史的風土が人と自然のさまざまな営みを生み出すのであり、「境界領域」となる奄美群島の歴史的環境の理解なくして環境文化は語れない。

（4）奄美の「環境文化」を学ぶ

最後に、奄美群島の環境文化の理解を深めるために、参考になると思われる書籍を何冊か紹介しておきたい。

まず民俗学の分野から、芳賀《はが》日出《ひで》

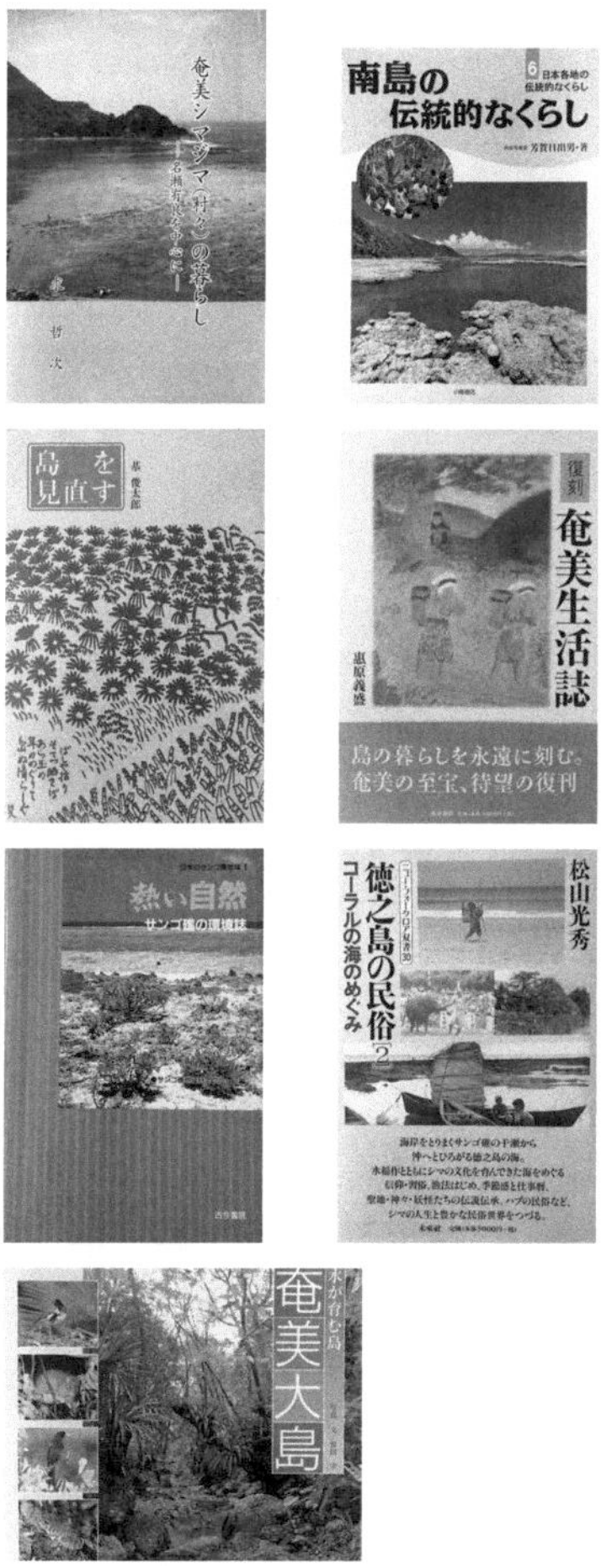

3-6-15 奄美の環境文化がわかる書籍７冊

男《お》氏の『南島の伝統的なくらし』、恵原義盛《えばらよしもり》氏の『奄美生活誌』、松山光秀氏の『徳之島の民俗2コーラルの海のめぐみ』、求哲次《もとめてつじ》氏の『奄美シマジマの暮らし―名瀬有良《ありら》を中心に―』の四冊。民俗写真家の芳賀氏の書籍は、暮らしと自然環境の関わりに注意しながらまとめられた概説である。恵原・松山・求の各氏は奄美出身の郷土研究者で、いずれも自分の「マレジマ（生育集落）」を中心に叙述された民俗誌である。暮らしに関わる集落周辺の自然環境について詳しく記述されているところに特徴がある。

次に、奄美出身の彫刻家の基俊太郎《もといしゅんたろう》氏の『島を見直す』も、暮らしと自然環境の関わりが多角的に考察された奄美文化論となっている。

そして、サンゴ礁地域研究グループ編の『日本のサンゴ礁地域1　熱い自然　サンゴ礁の環境誌』、常田守《つねだまもる》氏の『水が育む島　奄美大島』は、暮らしに関わる奄美の自然環境の特徴がまとめられたものであり、生活基盤を理解する参考となるものである。（高梨）

終　章　シマに育まれた奄美

1　奄美の郷友会

シマ（集落）を離れて移住した人びとは、同郷の出身者が大勢暮らしている地域で、しばしば「郷友会」と呼ばれる組織を結成していて、そこで生まれた二世・三世等の人たちまで含めて会員となり、出身地域と会員の親睦が図られ、絆が深められている。郷友会は、奄美群島各地の出身者が集まる奄美市名瀬にも多数認められる。また明治時代以降、奄美群島から本土へ移住した人びとも大勢いるので、東京・大阪等の大都市を中心に、全国の都市部に奄美群島各地の多彩な郷友会がある。

奄美独特のものではなく、明治時代以降、郷里を離れて都市部で働く同郷の人々により組織されていたものであるが、奄美出身者による郷友会は、全国でも比類のない組織化が認められ、その組織数や活動規模等には大きな特徴がある。奄美では「ごうゆうかい」と発音されている。

郷友会の組織は、最も大規模なものとして、それぞれの地域の奄美群島出身者を対象とした「東京奄美会」や「中部奄美会」、「関西奄美会」等があげられる。その次に、島ごとの出身者対象のものがあり、市町村出身者対象のものがあり、さらに集落出身者を対象とする組織となる。郷友会は、そうした出身地に関わる地域的なまとまりに所属していた人々の集まりであり、小学校や中学校、高等学校出身者を対象とした組織もある。

それぞれの組織では、会員の親睦を図るとともに、出身地域に思いを寄せ、発展を願い、新たな会員の加入や支援、後進の育成等にも尽力している。また、会員同士の家族や親族、友人、知人たちとの関係性等の確認の場にもなっており、会員同士の団結力や連帯意識、絆がさらに深まるのである。このような組織は、ともすれば大都市の中での孤独や自分を見失いそうな感覚に陥っている出身者たちにとって、大きな支えとなっている。（久）

奄美大島のシマ（集落）

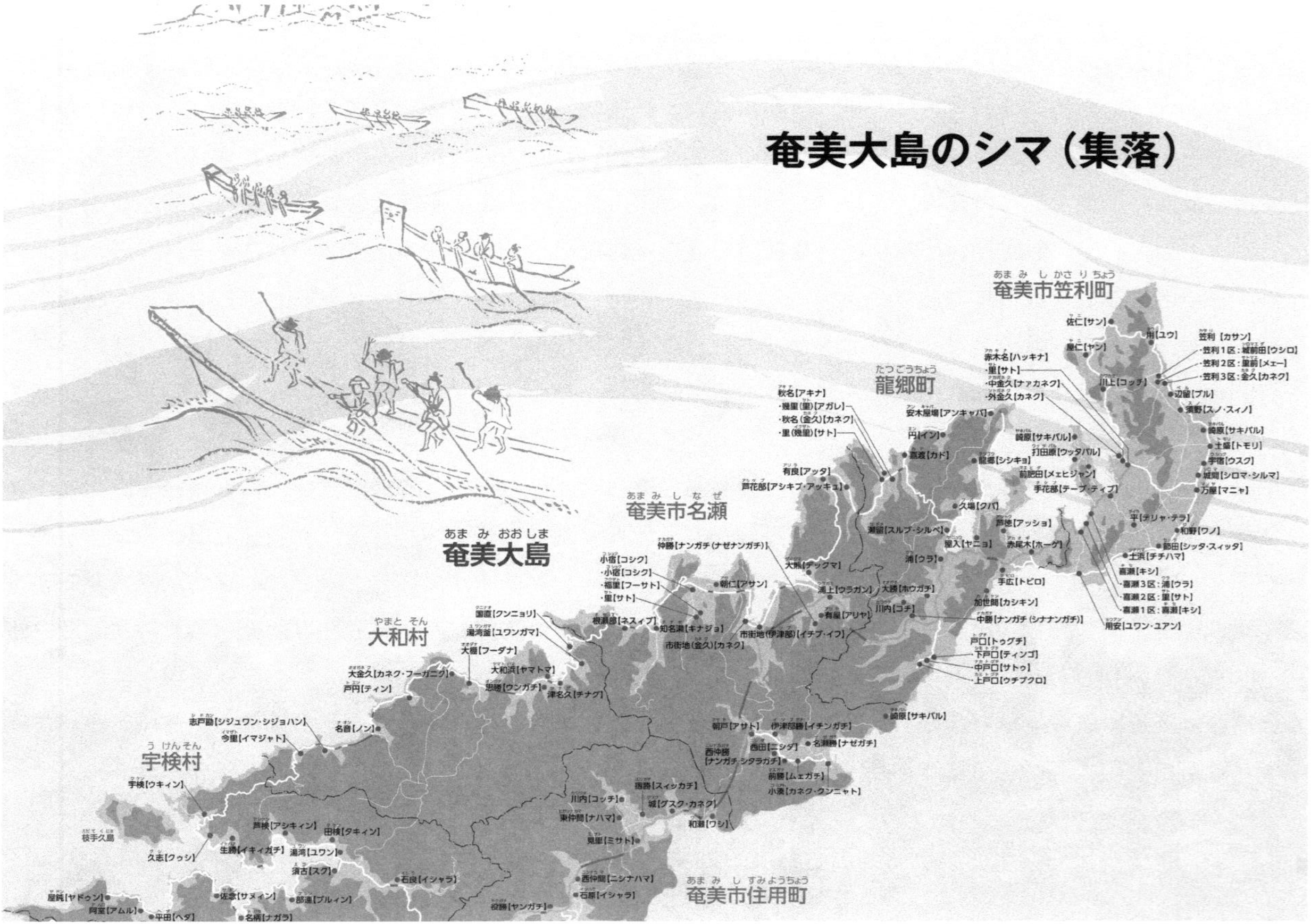
奄美大島《あまみおおしま》
奄美市笠利町《あまみしかさりちょう》
龍郷町《たつごうちょう》
奄美市名瀬《あまみしなぜ》
大和村《やまとそん》
宇検村《うけんそん》
奄美市住用町《あまみしすみようちょう》
佐仁【サン】
屋仁【ヤン】
用【ユウ】
笠利【カサン】
・笠利1区：城前田【ウシロ】
・笠利2区：里前【メェー】
・笠利3区：金久【カネク】
川上【コッチ】
辺留【ブル】
須野【スノ・スィノ】
崎原【サキバル】
土盛【トモリ】
宇宿【ウスク】
城間【シロマ・シルマ】
万屋【マニャ】
赤木名【ハッキナ】
・里【サト】
・中金久【ナァカネク】
・外金久【カネク】
平【テリャ・テラ】
和野【ワノ】
節田【シッタ・スィッタ】
土浜【チチハマ】
喜瀬【キシ】
・喜瀬3区：浦【ウラ】
・喜瀬2区：里【サト】
・喜瀬1区：喜瀬【キシ】
用安【ユワン・ユアン】
秋名【アキナ】
・幾里（里）【アガレ】
・秋名（金久）【カネク】
・里（幾里）【サト】
安木屋場【アンキャバ】
円【イン】
嘉渡【カド】
崎原【サキバル】
打田原【ウッタバル】
龍郷【シシキョ】
前肥田【メェヒジャン】
手花部【テーブ・ティブ】
有良【アッタ】
芦花部【アシキブ・アッキュ】
久場【クバ】
瀬留【スルブ・シルベ】
屋入【ヤニョ】
芦徳【アッショ】
赤尾木【ホーゲ】
浦【ウラ】
手広【トビロ】
加世間【カシキン】
中勝【ナンガチ（シナナンガチ）】
戸口【トゥグチ】
・下戸口【ティンゴ】
・中戸口【サトゥ】
・上戸口【ウチブクロ】
仲勝【ナンガチ（ナゼナンガチ）】
大熊【デックマ】
浦上【ウラガン】
大勝【ホウガチ】
川内【コチ】
有屋【アリヤ】
小宿【コシク】
・小宿【コシク】
・福里【フーサト】
・里【サト】
朝仁【アサン】
根瀬部【ネスィブ】
知名瀬【キナジョ】
市街地（伊津部）【イチブ・イフ】
市街地（金久）【カネク】
崎原【サキバル】
国直【クンニョリ】
湯湾釜【ユワンガマ】
大棚【フーダナ】
大和浜【ヤマトマ】
思勝【ウンガチ】
津名久【チナグ】
大金久【カネク・フーガニク】
戸円【ティン】
名音【ノン】
志戸勘【シジュワン・シジョハン】
今里【イマジャト】
宇検【ウキィン】
枝手久島
久志【クゥシ】
生勝【イキィガチ】
芦検【アシキィン】
田検【タキィン】
湯湾【ユワン】
須古【スグ】
石良【イシャラ】
屋鈍【ヤドゥン】
阿室【アムル】
平田【ヘダ】
佐念【サヌィン】
部連【ブルィン】
名柄【ナガラ】
役勝【ヤンガチ】
朝戸【アサト】
伊津部勝【イチンガチ】
西田【ニシダ】
名瀬勝【ナゼガチ】
西仲勝【ナンガチ・シタラガチ】
前勝【ムェガチ】
小湊【カネク・クンニャト】
摺勝【スィッカチ】
川内【コッチ】
城【グスク・カネク】
東仲間【ナハマ】
和瀬【ワシ】
見里【ミサト】
西仲間【ニシナハマ】
石原【イシャラ】

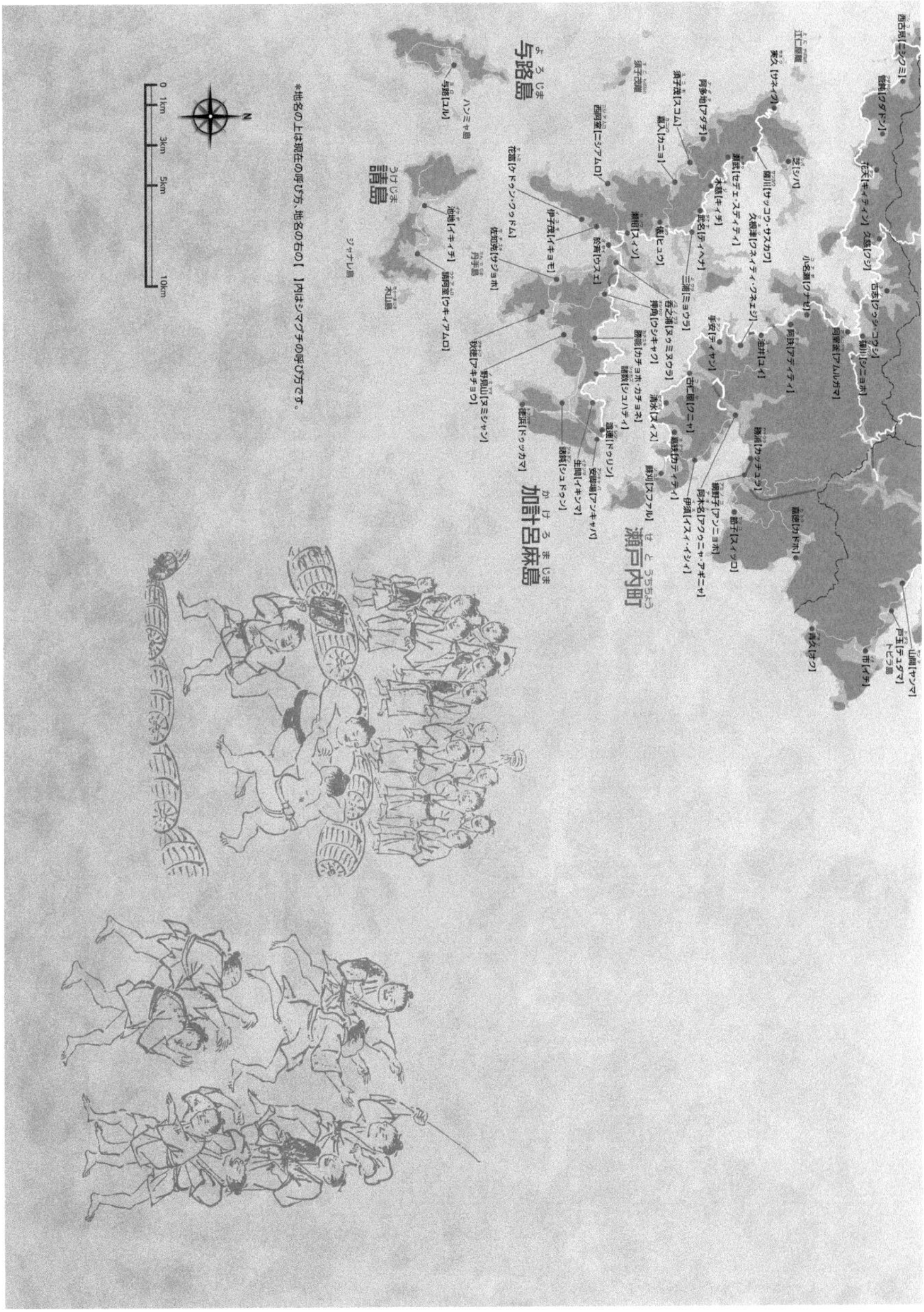
与路島《よろじま》
請島《うけじま》
加計呂麻島《かけろまじま》
瀬戸内町《せとうちちょう》
※地名の上は現在の呼び方、地名の右の【 】内はシマグチの呼び方です。

2　現代日本と奄美社会

（1）写真家がみた奄美社会

奄美社会には、戦後、日本社会が劇的な復興を遂げていく過程で失ってきた人の営みの枢要が現在も残っている。しかし、昭和三〇年代、四〇年代頃までは、日本全国でもそういう社会は普通に営まれていたのだ。

①芳賀日出男がみた奄美社会

日本を代表する民俗写真家の芳賀日出男《はがひでお》氏は、慶応大学文学部卒業後に写真家として活動しはじめた頃、日本復帰直後に行われた「九学会連合《きゅうがっかいれんごう》」の奄美共同調査に参加し、記録カメラマンとして調査に帯同された。伝統的行事等の季節的な暮らしの営みをすべて写真に収めるため、単独でも奄美通いを続けられた。

奄美群島が日本復帰五〇周年の節目を迎えた平成一五年、芳賀氏が来島された。その際、博物館は芳賀氏の写真展を開催させていただき、奄美群島写真

奄美群島日本復帰50周年の年に奄美博物館を訪れた芳賀日出男氏
（奄美博物館企画展「芳賀日出男写真展　昭和30年の奄美の暮らしと心」）

協会主催でシンポジウム「写真が語る昭和の奄美」が開催された。芳賀氏は、基調講演「四八年前の奄美」で調査当時の想い出を振り返りながら、昭和三〇年代の奄美社会について語られた。

「日本に復帰してまもない当時の奄美群島は、どの島に行っても、経済的には決して豊かではない印象が強かった。食糧事情も良くなく、みんなが日々の生活を精一杯すごしているような状況だった。それでも、どの島を訪れても住民の表情に曇りはなく、誰もがすばらしい笑顔をしていた。人の暮らしにおける心の豊かさが経済にあるのではないことは明らかであった」

シンポジウムの最後に、芳賀氏は、会場の聴講者に「人の幸せとは何か？」と問いかけられ、昭和三〇年代の奄美群島が教えてくれたのは、物質的な豊かさや貧しさは人の幸せと直接的に繋がるものではないという真実だと語られ、「人の幸せとは何か？　それは家族の絆だ！」と大きな声で力強く言われたのだった。

②菅洋志がみた奄美社会

「市美展」の名称で親しまれている「奄美市美術展覧会」の審査員（写真部門）を務められていた菅洋志《すがひろし》氏は、毎年のように奄美通いを続けられていた。写真集『奄美—シマに生きて』（新潮社）を刊行されるほど、奄美に熱い想いを寄せてくださっていた。写真界の直木賞とも言われる「土門拳賞《どもんけんしょう》」を受賞し、公益社団法人日本写真家協会常務理事、ニッコールクラブ顧問、日本大学芸術学部写真学科客員教授等の要職も兼務され、活躍されている最中の平成二五年（二〇一三）、六七歳で急逝された。

市美展の審査員を務められていた平成二〇年、菅氏は、写真教室を開催した盲学校の生徒さんたちの作品集『キッズ・フォトグラファーズ　盲学校の一三人が撮った！』を出版して、マスコミでも話題になっていた。そんな菅氏のご提案で、奄美市でもフジフィルムの写真教室が開催されることになり、その写真教室のお手伝いを博物館がさせていただいた。一〇〇人を超える小中学生が集まり、奄美振興会館大ホールで写真教室が開催された。菅氏は、またたく間にその子供達を惹きつけてしまった。笑顔が弾け続けた写真教室だった。子供たちには「街

子供たちに呼びかける菅洋志氏

菅氏の呼びかけに反応する子供たち

の大人を撮る」という課題が与えられ、インスタントカメラが手渡された。後日、その作品展を博物館企画展示室で開催したのであるが、その時の菅氏の講評が忘れられない。

「奄美ということで、ある程度、予想はしていたが、やっぱり奄美は凄い。写真に写っている大人が全員笑顔で応えている。大人と子供のコミュニケーションが成立する社会が今も機能しているんだ、ここは！」

東京では、外出した際、知り合いに会うことはほとんどない。しかし、奄美では、外出した際、知り合いに会わないことはほとんどない。島のみなさんは、驚くほど知り合いが多い。知り合いに会えば、年齢を超えて楽しい会話を交わしていく。そうした異年齢コミュニケーションの可能的社会がある。

都会と奄美では、対人機会の次元が圧倒的に違う。それを「生涯コミュニケーション回数」と呼ぶならば、都会と奄美でその回数は天と地ほどの差がある。その回数こそが、島のみなさんの豊かな表情、素敵な笑顔の秘密に違いない。

奄美通いを続けられた二人の写真家は、時を隔てて、ファインダーから奄美社会の同じ姿をみつめ、撮影されていた。それが、二人の写真家から教えていただいた幸せの方程式だ。（高梨）

（2）変貌する奄美社会

戦後の日本は、米国やヨーロッパ諸国をモデルに、自由や平等、民主主義、個人主義等の理念を取り入れ、高度成長期を経て経済大国になった。奄美群島も八年間の米軍占領統治を経て、日本復帰後は、社会環境が大きく変化していった。

日本復帰の翌年から、奄美群島復興特別措置法により復興事業や振興事業、振興開発事業が継続導入され、日本本土との格差是正や沖縄振興開発計画との均衡、奄美群島の自律的な発展と福祉の向上を目的に、各分野の基盤整備の事業が展開されてきた。道路の新設や舗装化、拡幅工事、バイパスの整備、各島々の港湾整備、空港の開港・整備、保健衛生の向上や無医地区解消、上水道や簡易水道の設置・普及、小・中学校の校舎の整備や屋内運動場（体育館）・教員住宅の整備、土地改良事業等の農業振興策等々。復興事業や振興事業、振興開発事業、そして各市町村による社会基盤整備事業によって、自律的な発展を支える基礎的な条件が整備されてきたのである。

人々の暮らしにおいても、茅葺き屋根からトタンや瓦葺《かわらぶ》き、木造建築から鉄筋コンクリート建築、薪からガスや電気、ランプから蛍光灯、着物から洋服へ等と、街並みや地域の風景・景観、人々の生活様式は大きく変わり、住民の生活は便利になってきた。しかし、経済性や効率性、便利さと引き換えに、地域の伝統行事や方言（シマグチ）が消滅の危機に瀕し、人と人の絆や温もり、連帯意識、価値観といったものも大きく変貌した。

それは、偏った合理主義につながり、わずらわしいことはすべて排除しようという流れともなり、親戚や近所付き合い、家族間の関わり、人間関係の希薄化をおこし、地域における互助・扶助・共助活動の沈滞や停滞化を招き、冠婚葬祭や年中行事の簡略・省略化が進行、地域行事や慣習等の衰退・消滅へとつながっていった。

奄美の先人たちは、地理的な要因と複雑な歴史変遷の中で、他地域から様々な文化を取り入れながら、祖先崇拝や自然への畏敬の念を基に生活をしてきた。仏壇や墓の前に家族や親族が集まり、先祖との命のつながりや絆を感じながら、生命の連続を意識・実感してきたが、現代の奄美社会では、そのことも急速に希薄になりつつある。

令和元年度の奄美市名瀬地区の町内会・自治会連合総会において、本来ならば一〇〇余団体あるべき町内会・自治会が、実際の登録数は六〇余団体、さらに活発な活動をしている団体ともなれば約三〇団体と、地域コミュニティーの著しい衰退を表す報告がなされた。近年、全国各地で豪雨災害や地震、津波等の甚大な自然災害が多発しており、人命救助と住民の安全・安心の確保、ライフラインの早期復旧等が最優先して行われてきた。その際には、「地域コミュニティー」の力、人と人の「絆」の力の重要性が指摘され、各地で被災地の事例に学びながら、改めて見直す取り組みも積極的に行われている。

地域にはそれぞれ生活や季節の節目に、脈々と受け継がれてきた伝統文化がある。それは家族や地域の絆を深める最も大事なものではないかと考えられているが、簡単に築くことはできない。常日頃からの地域活動をとおして、長い年月をかけて築き上げていかなければならないものである。

そうした意味で、シマ（集落）に伝わる伝統行事や生活文化を継承保存し、地域の自然・歴史・文化を学び、体験する活動は、今後の地域活性化における大きな一助になっていくものと考える。しかし、全国の地方で問題となっている少子高齢化・過疎化の波は、奄美群島内でも深刻な問題となっており、地域の伝統行事や文化の継承についても大きな課題となっている。

宇検村では、共同納骨堂の設立が進み、お盆の日程については、名瀬在住者や島外在住者が帰省しやすい新暦のお盆（新盆）にあわせて実施している。豊年祭においても、近隣の集落が協力して実施できるように、夏休み期間から約二カ月の間で日程を調整しながら実施している。その際、青年団が各集落を巡回して豊年相撲への参加等の協力をしている。こうしたさまざまな工夫が行われている宇検村の取り組みは、地域社会が直面している課題解決の可能性があるのではないだろうか。（久）

[コラム10] 人生儀礼イジャシハジメ

奄美大島では、人生の節目で様々な儀礼や儀式が行われている。この世に生を受け、生後七日目に初めて戸外に出して、親族や知人たちとともに子供の誕生を祝い、健やかな成長を願う「イジャシハジメ」という人生儀礼がある。

イジャシハジメの語源は、「出し初め」と考えられ、乳児に着せる衣装は、成長を止めない、大きく成長するようにとの意味合いから、袖口や裾は縫い付けない。また、襟元には三角の布(ハブラ・ハベラ)を縫い付ける。ハブラ・ハベラ(蝶・蛾をさすシマグチ)は、魂の象徴と言われていて、その子に魂が入って欲しいとの願いを込めて縫い付けられるのである。

イジャシハジメの儀礼は、まず、家の庭にムシロを敷いて、祖母あるいは伯母(叔母)が乳児を抱いて座り、指先ほどの小さなカニを乳児の額に這わせる。乳児の額に這わせるカニは、川の清流あるいは海岸で捕獲して準備しておく。カニを這わせるのは、カニみたいに早く這うように、子宝に恵まれるように(子孫繁栄)等の願いがあると言われている。

次に、鍋の底についた墨を指先で取り、乳児の額につける。これは、火の神様に健康を祈り、邪悪なものがつかないように、汚れがないように等の意味があると言われている。逆に、既に汚れているので、悪霊にねらわれない、という言い方もある。

それから、男子の場合は、丸箕《まるみ》(サンバラ)を的に仕立てて、乳児を抱いた祖母あるいは伯母(叔母)が弓に矢をつがえて丸箕の的《まと》を三回射る。女子の場合は、糸を紡ぐ真似をする。最後に、「ウブミシ(産飯)」といって、お祝いのご飯を三度返してイジャシハジメの儀礼は終了する。このとき、桑やカラムシ、ハマユウ等を植える地域もあった。

この後の人生儀礼としては、「初節句」や「七歳の祝い」、「一三歳の祝い」、十干と十二支の巡りで行う「歳の祝い」等、多種多様な儀礼が人生の節目として続く。近年は、毎年の誕生日を祝ったり、「七五三」や「入学・卒業祝い」、「半成人式」、「成人式」等もある。

人生を歩んでいく上において、節目を大切にしたい。子どもや孫、親戚や友人等、近しい人たちが集まり、成長を喜び、健康や成長を願い祈るとともに、その人たちとの絆を感じ、確認しあい、さらにはその関係性を深めていく機会だからである。子供には、さまざまな体験を積み重ねながら成長・成熟して欲しいと願うものである。（久）

「イジャシハジメ」の衣装（再現）

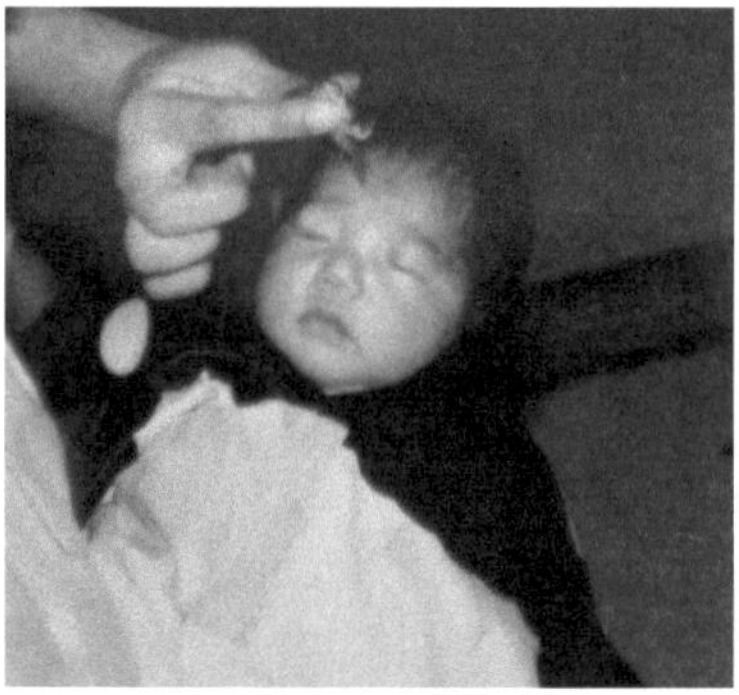

乳児の額にカニを這わせる

弓を射る

(3) 現代日本における奄美社会の位置づけ

平成時代の日本列島は、「阪神・淡路大震災」、「東日本大震災」をはじめ、集中豪雨や大型台風、さらには火山噴火等、記録的な自然災害に見舞われた。奄美群島でも、平成二年（一九九〇）九月一七日・一八日に通過した「台風一九号」や平成二二年（二〇一〇）一〇月二〇日に発生した「奄美豪雨災害」等、未曽有の自然災害を経験した。災害復興の現場から湧きあがるように溢れてきたのは、助け合う人々の絆であった。

令和時代に入り、コロナ禍という脅威にさらされ、世界経済の統合、画一化が進む二一世紀の人類社会は、かつてない規模の危機に直面している。奄美群島もその猛威から逃れることはできず、ほとんどの島から感染者が確認され、与論島と徳之島ではクラスター（集団感染）も発生した。両島におけるクラスター発生では、幅広い世代にわたる家族・親族等の感染も特徴的であった。その事実は、視点を変えてみれば、そうした人間関係が営まれている地域社会の存在をうかがわせるものでもある。クラスター発生後は、危急の事態の収束に向け、地域社会が結束力を発揮して取り組んでいた。抑制がよく効いた地域社会であり、人間関係が弾力性に富んでいる奄美社会は、ヒステリー社会にならないというのも重要な特徴ではないかと思われる。

奄美社会では、個人の人間関係における家族・親戚・友人等の数が著しく多く、常に対面で会話を交わしながらコミュニケーションが図られている。シマ（集落）社会は、知らない人がほとんどいない「信頼型社会」であるし、「異年齢コミュニケーション可能社会」でもある。そうした濃密な人間関係を快適に持続させていくために、常に相手の存在が意識された「気くばり型社会」が機能しているし、狭い地域社会はいろいろな意味で逃げ場がないので、よい意味で曖昧で弾力的な人間関係が機能している「許容型社会」でもある。

シマ（集落）における行事は、全世代の住民が協力して運営されているが、実は奉仕的労働をあたりまえに実践しているのであり、人と人が支えあう精神が息づき、仕組みが機能している。伝統的行事こそは、シマ（集落）

大勢の出身者・関係者で賑わう郷友会の様子

社会を維持するための重要な装置なのである。

郷友会の組織化等にも現れているように、奄美社会は結束力が非常に強い。日本全国の島社会が、どこでもこうした特徴を備えているのかといえば、明確な根拠は示しえないが違うように思う。奄美社会の結束力とは、その困難な歴史が他の地域社会よりも「社会連帯」を強く必要とさせ、醸成されてきたものではないかとも推察する。家族・親戚・友人の「絆」が強い社会とは、大切な人は誰なのかをよく知る社会ということであり、奄美に通われた二人の写真家が奇しくも同様の指摘をされたように、豊かに機能する人間関係に支えられた地域社会こそ、現代日本における奄美社会の特筆すべき価値であるように思われる。（高梨）

［引用参考文献］

序章　奄美へのいざない

1　環境文化博物館として歩む奄美博物館

久　伸博・高梨　修・山下　和・平城達哉、二〇一九、「深化する島々　奄美博物館リニューアルに寄せて」①～⑥、『南海日日新聞』二〇一九年一二月一七日～一二月二二日、南海日日新聞社

2　奄美のシマグチ・シマウタ

［シマグチ］

長田須磨・須山名保子、一九七七、『奄美方言分類辞典』上巻、笠間書院
長田須磨・須山名保子、一九八〇、『奄美方言分類辞典』下巻、笠間書院
柴田　武編、一九八四、『奄美大島のことば―分布から歴史へ―』、秋山書店
飯豊毅一・日野資純・佐藤亮一編、一九八四、講座方言学10『沖縄・奄美の方言』、国書刊行会
寺師忠夫、一九八五、『奄美方言、その音韻と文法』、根元書房
惠原義盛、一九八七、『奄美の方言さんぽⅠ』、海風社
惠原義盛、一九八七、『奄美の方言さんぽⅡ』、海風社
倉井則雄、一九八七、『トン普通語処方箋―シマの標準語をすっきりさせる法―』、私家版
三石泰子、一九九三、『名瀬市の方言』、秋山書店
木部暢子編、一九九七、日本のことばシリーズ46『鹿児島県のことば』、明治書院

［シマウタ］

文　潮光、一九三三、『奄美大島民謡大観』、南島文化研究社
内田るり子、一九八三、『奄美民謡とその周辺』、雄山閣
小川学夫、一九八一、『奄美の島唄―その世界と系譜―』、根元書房
小川学夫、一九九九、『奄美シマウタへの招待』、春苑堂出版
惠原義盛、一九八七、『奄美の島唄　定型琉歌集』、海風社
惠原義盛、一九八八、『奄美の島唄　歌詞集』、海風社
酒井正子、一九九六、『奄美歌掛けのディアローグ　あそび・ウワサ・死』、第一書房
酒井正子、二〇〇四、「シマウタから元ちとせまで―奄美の歌文化のうねり」、現代のエスプリ別冊『奄美復帰五〇年　ヤマトとナハのはざまで』、至文堂
中原ゆかり、一九九七、『奄美の「シマの歌」』、弘文堂
籾　芳晴、二〇〇一、『奄美島唄ひと紀行』、南海日日新聞社
指宿良彦監修、二〇一一、『奄美民謡総覧』、南方新社
木部暢子・狩俣繁久監修、二〇一一、『島唄から学ぶ奄美のことば』、奄美市教育委員会

第一章　黒潮に育まれた奄美

1　奄美のサンゴ礁と人

河名俊男、一九八八、シリーズ沖縄の自然③『琉球列島の地形』、新星図書出版
サンゴ礁地域研究グループ編、一九九〇、『日本のサンゴ礁地域1　熱い自然　サンゴ礁の環境誌』、古今書院
サンゴ礁地域研究グループ編、一九九二、『日本のサンゴ礁地域2　熱い心の島　サンゴ礁の風土誌』、古今書院

2　奄美の舟

川崎晃念、一九七六、『薩南諸島の刳舟製作習俗聞書』、南島民俗研究会

第二章　境界の歴史に育まれた奄美

1　島尾敏雄とヤポネシア

島尾敏雄、一九六九、『琉球弧の視点から』、講談社
島尾敏雄、一九七七、『名瀬だより』、農山漁村文化協会

島尾敏雄、一九七七、『ヤポネシア考　島尾敏雄対談集』、葦書房
島尾敏雄、一九九二、『新編・琉球弧の視点から』、朝日新聞社
島尾ミホ・志村有弘編、二〇〇〇、『島尾敏雄事典』、勉誠出版
藤井令一、一九七九、『ヤポネシアのしっぽ　島尾敏雄の原風景』、批評社
藤井令一、二〇〇一、『島尾敏雄と奄美』、まろうど社
藤井令一、二〇〇四、「島尾敏雄のみた奄美」、現代のエスプリ別冊『奄美復帰五〇年　ヤマトとナハのはざまで』、至文堂
岡本惠徳、一九九〇、『「ヤポネシア論」の輪郭　島尾敏雄のまなざし』、沖縄タイムス社
松下志朗、二〇〇二、「島尾敏雄と奄美郷土史の研究」、松下志朗・下野敏見編『鹿児島の湊と薩南諸島』街道の日本史五五、吉川弘文館
柳原敏昭、二〇〇六、「東北と琉球弧―島尾敏雄「ヤポネシア論」の視界」、シンポジウム「東北像再考―地域へのまなざし、地域からのまなざし」、東北大学大学院文学研究科東北文化研究室
高梨　修、二〇一三、「島尾敏雄の歴史学的視点―最近の歴史学研究からみたヤポネシア論の再評価―」、『島の根』第四九号、鹿児島県立奄美図書館
弓削政己、二〇一七、「歴史学・奄美諸島史における島尾敏雄の位置」、『島の根』第五二号、鹿児島県立奄美図書館

2　重層する歴史の島―奄美通史―

（1）通史概説

坂口徳太郎編、一九二九、『奄美大島史』、三州堂書店
昇　曙夢、一九四九、『大奄美史　奄美諸島民俗誌』、奄美社
昇　曙夢、一九六五、『奄美の島々・文化と民俗』、奄美社
金久　正、一九六三、『奄美に生きる日本古代文化』、刀江書院
茂野幽考、一九七八、『奄美大島民族誌』、歴史図書社
谷川健一・大山麟五郎・高良倉吉、一九八六、『沖縄・奄美と日本』、同成社
原口　泉・永山修一・日隈正守・松尾千歳・皆村武一、一九九九、県史46『鹿児島県の歴史』、山川出版社
松下志朗・下野敏見編、二〇〇二、『鹿児島の湊と薩南諸島』街道の日本史五五、吉川弘文館
山下文武、二〇〇四、「奄美史研究と大山麟五郎」、現代のエスプリ別冊『奄美復帰五〇年　ヤマトとナハのはざまで』、至文堂
石上英一、一九九二、「古奄美諸島社会史研究の試み」、南日本文化研究所叢書一八『奄美学術調査記念論文集』、鹿児島短期大学付属南日本文化研究所
石上英一、一九九八、「古奄美諸島社会史料研究の予備的考察」、『日本古代の国家と村落』、塙書房
石上英一、一九九九、「古奄美諸島社会研究の視角」、『國文学』第四四巻一一号、学燈社
石上英一、二〇〇一、「奄美諸島史を学ぶ」『史学雑誌』第一一〇編第三号、史学会
石上英一、二〇〇四、「歴史と素材」、石上英一編『歴史と素材』日本の時代史30、吉川弘文館
石上英一、二〇一二、「奄美遺産から日本列島史を見直す」、『情報処理学会研究報告』vol.2012-CH-93 No.8　情報処理学会

（2）時代区分

高梨　修、二〇〇七、「琉球弧をめぐる歴史認識と考古学研究　「奄美諸島史」の位相を中心に」、吉成直樹編『琉球孤・重なりあう歴史認識』、森話社

（3）旧石器～古代並行期（奄美世）

[考古学]

高宮広衛・知念　勇編、二〇〇四、『考古資料大観』12貝塚後期文化、小学館
鹿児島県教育委員会編、二〇〇六、『先史・古代の鹿児島』通史編、鹿児島県教育委員会

古代文化研究会編、二〇〇七、『東アジアの古代文化』第一三〇号、大和書房
高宮広士編、二〇一八、『奄美・沖縄諸島先史学の最前線』、南方新社
里山勇廣、一九八九、「奄美諸島・古代概観」、『新沖縄文学』八一号「特集　奄美から見た沖縄」、沖縄タイムス社
池畑耕一、一九九〇、「貝の道」、海と列島文化5『隼人世界の島々』、小学館
白木原和美、一九九二、「琉球弧の考古学」、海と列島文化6『琉球弧の世界』、小学館
木下尚子、一九九六、『南島貝文化の研究　貝の道の考古学』、法政大学出版局
木下尚子、一九九九、「貝交易の考古学―貿易立国への前史として―」『季刊沖縄』第一二号、財団法人沖縄協会
木下尚子、二〇〇三、「銭貨からみた琉球列島の交流史」、『古代文化』第九四三号、古代学協会
木下尚子、二〇〇四、「南島と大和の貝交易」、高宮広衞・知念　勇編『考古資料大観』12貝塚後期文化、小学館
池田榮史、一九九五、「南島と古代の日本」、古代王権と交流八『西海と南島の生活・文化』、名著出版
池田榮史、二〇〇四、「類須恵器と貝塚時代後期」、高宮広衞・知念　勇編『考古資料大観』12貝塚後期文化、小学館
中山清美、一九九一、「奄美諸島の先史時代文化」、坪井清足・平野邦雄監修『新版［古代の日本］③九州』、角川書店
中山清美、二〇〇四、「奄美考古学の成果から」、［現代のエスプリ別冊］松本泰丈・田畑千秋編『奄美復帰五〇年　ヤマトとナハのはざまで』、至文堂
中山清美、二〇一二、「奄美歴史遺産データベースによる地域歴史文化遺産の保全と活用」、『情報処理学会研究報告』vol.2012-CH-93 No.8情報処理学会
高梨　修、二〇〇〇、「ヤコウガイ交易の考古学―奈良～平安時代並行期の奄美諸島・沖縄諸島における島嶼社会―」、小川英文編『交流の考古学』シリーズ「現代の考古学」第五巻、朝倉書店
高梨　修、二〇〇三、「貝をめぐる交流史」赤坂憲雄・中村生雄・原田信男・三浦佑之編シリーズいくつもの日本Ⅲ『人とモノと道と』
高梨　修、二〇〇四、「奄美諸島の土器」、高宮広衞・知念　勇編『考古資料大観』12貝塚後期文化、小学館
高梨　修、二〇〇五、『ヤコウガイの考古学』、同成社
高梨　修、二〇〇六、「古代の南島」、鹿児島県教育委員会編『先史・古代の鹿児島』通史編、鹿児島県教育委員会
高梨　修、二〇〇七、「「南島」の歴史的段階」、古代文化研究会編『東アジアの古代文化』第一三〇号、大和書房
高梨　修、二〇〇八、5「城久遺跡群とキカイガシマ　琉球弧と喜界島勢力圏」、谷川健一編『日琉交易の黎明　ヤマトからの衝撃』、森話社
高梨　修、二〇〇九、「土器動態から考える「日本文化の南漸」」、高梨　修・阿部美菜子・中本　謙・吉成直樹『沖縄文化はどこから来たか　グスク時代という画期』、森話社
高梨　修、二〇一一、「弥生・古墳時代並行期の南方文化」、広瀬和雄・和田晴吾編『古墳時代（上）』講座日本の考古学7、青木書店
高梨　修、二〇一一、「南方世界への広がり―律令国家と琉球弧―」、荒野泰典・石井正敏・村井章介編『律令国家と東アジア』シリーズ日本の対外関係2、吉川弘文館
高梨　修、二〇一七、「南方史―南島と律令国家」、鈴木靖民・金子修一・田中史生・李成市編『日本古代交流史入門』、勉誠出版

【文献史学】

鈴木靖民、一九八七、「南島人の来朝をめぐる基礎的考察」、田村円澄先生古希記念委員会編『東アジアと日本』歴史編、吉川弘文館
中村明藏、一九九三、『隼人と律令国家』、名著出版

中村明蔵、二〇〇三、「古代東アジアと奄美・沖縄諸島―南島論・交易論への接近―」、『鹿児島国際大学文学部論集』第三巻第四号、鹿児島国際大学
山里純一、一九九五、「南島赤木の貢進・交易」、古代王権と交流八『西海と南島の生活・文化』、名著出版
山里純一、一九九八、「日本古代史料にみえる南島」、『史料編集室紀要』二三、沖縄県教育委員会
山里純一、一九九九、『古代日本と南島の交流』、吉川弘文館
山里純一、二〇一二、『古代の琉球弧と東アジア』、吉川弘文館
永山修一、一九八五、「天長元年の多褹嶋停廃をめぐって」、『史学論叢』第一一号、東京大学
永山修一、一九九三、「キカイガシマ・イオウガシマ考」、笹山晴生先生還暦記念会編『日本律令制論集』下巻、吉川弘文館
永山修一、一九九五、「『小右記』に見える大隈・薩摩からの進物記事の周辺」、『鹿児島中世史研究会報』五〇、鹿児島中世史研究会
永山修一、二〇〇七、「文献から見るキカイガシマと城久遺跡群」、古代文化研究会編『東アジアの古代文化』一三〇号、大和書房
永山修一、二〇〇八、「文献から見たキカイガシマ」、池田榮史編『古代中世の境界領域』、高志書院
永山修一、二〇〇九、『隼人と古代日本』、同成社
田中史生、二〇〇五、「七〜一一世紀の奄美・沖縄諸島と国際社会―交流が生み出す地域―」、関東学院大学経済学部総合学術論集『自然・人間・社会』第三八号、関東学院大学
田中史生、二〇〇七、「九〜一一世紀東アジアの交易世界と奄美諸島」、古代文化研究会編『東アジアの古代文化』一三〇号、大和書房
山内晋次、二〇〇九、日本史リブレット七五『日宋貿易と「硫黄の道」』、山川出版社

（４）中世（アジ世）

[考古学]

池田榮史編、二〇〇八、『古代・中世の境界領域』、高志書院
ヨーゼフ・クライナー・吉成直樹・小口雅史編、二〇一〇、『古代末期・日本の境界』、森話社
吉岡康暢、二〇〇二、「南島の中世須恵器―中世初期環東アジア海域の陶芸交流―」、『国立歴史民俗博物館研究報告』第九四集、国立歴史民俗博物館
池田榮史、二〇一二、「琉球国以前―琉球・沖縄史研究におけるグスク社会の評価をめぐって―」、鈴木靖民編『日本古代の地域社会と周縁』、吉川弘文館
赤司善彦、一九九一、「朝鮮製無釉陶器の流入―高麗期を中心として―」、『九州歴史資料館研究論集』一六、九州歴史資料館
赤司善彦、二〇〇二、「カムィヤキと高麗陶器」、平成一四年度奄美群島交流推進事業『カムィヤキ古窯跡群シンポジウム』、伊仙町教育委員会
中山清美、一九八六、「奄美の城」、『笠利町歴史民俗資料館館報』第三号、笠利町教育委員会
中山清美、一九八八、「グスク「龍郷町」」、『奄美考古』創刊号、奄美考古学会
中山清美、一九九七、「奄美グスク考―万屋グスクの発掘調査から―」、熊本大学文学部考古学研究室創設二五周年記念論文集『先史学・考古学論究』I、龍田考古学会
中山清美、一九九八、「かたちから見た奄美のグスク」、『日本考古学協会一九九八年度大会研究発表要旨』、日本考古学協会
中山清美、一九九九、「発掘された奄美のグスク」、白木原和美先生古希記念献呈論文集『先史学・考古学論究』Ⅲ、龍田考古学会
中山清美、二〇〇一、「奄美大島のグスク」、今帰仁城跡世界遺産登録記念特別講演会資料集『今帰仁グスクとその世界』、今帰仁村教育委員会
上野堯史、一九八四、「名瀬市における中世城館について」、『大島紀要』

第一号、鹿児島県立大島高等学校
高梨 修、一九九七、「奄美におけるグスク研究のパースペクティヴ」、『南日本文化』第三〇号、鹿児島短期大学付属南日本文化研究所
高梨 修、一九九九a、「サンゴ礁の島に築かれた城郭（前編）—奄美大島名瀬市の城郭遺跡群」、『南九州城郭談話会会報』第一一号、南九州城郭談話会
高梨 修、一九九九b、「サンゴ礁の島に築かれた城郭（後編）—奄美大島名瀬市の城郭遺跡群」、『南九州城郭談話会会報』第一二号、南九州城郭談話会
高梨 修、二〇一二、「鎌倉幕府成立期前後における南海島嶼海域の様子—南海島嶼海域をめぐる政治的動態の考察—」、安斎正人・入間田宣夫監修『北から生まれた中世日本』、高志書院
高梨 修、二〇一四、「琉球史の南北—喜界島城久遺跡群からみた琉球—」、島村幸一編『琉球交叉する歴史と文化』、勉誠出版
高梨 修、二〇一五、補論2「中世奄美の城郭遺跡」、吉成直樹・高梨 修・池田榮史『琉球史を問い直す 古琉球時代論』、森話社

[文献史学]

三木 靖、一九九二、「奄美におけるグスク調査の報告」、南日本文化研究所叢書一八『奄美学術調査記念論文集』、鹿児島短期大学付属南日本文化研究所
三木 靖、一九九七、「第三部 中世の城郭」、三木靖編『鹿児島の歴史—縄文期、戦国期、藩政期を中心に—』、鹿児島城西ロータリークラブ
三木 靖、一九九九、「奄美の中世城郭について」、『南九州城郭研究』創刊号、南九州城郭談話会
名嘉正八郎、一九九三、『琉球の城』、アドバイザー
名嘉正八郎、一九九四、南日本文化研究所叢書二〇『グスク（城）の姿』、鹿児島短期大学付属南日本文化研究所
柳原敏昭、二〇一一、『中世日本の周縁と東アジア』、吉川弘文館

（5） 琉球国統治時代（那覇世）

石上英一、二〇〇〇、「古琉球時代の奄美諸島」、『南日本文化』第三三号、鹿児島短期大学付属南日本文化研究所
石上英一、二〇〇一、『古奄美諸島社会史—一四世紀〜一六世紀の奄美—』『黎明館調査研究報告』第一四集 鹿児島県歴史資料センター黎明館
石上英一編、二〇一四、『奄美諸島編年史料 古琉球期編上』、吉川弘文館
石上英一編、二〇一八、『奄美諸島編年史料 古琉球期編下』、吉川弘文館
村井章介、二〇一九、『古琉球 海洋アジアの輝ける王国 角川選書』
弓削政己、二〇〇八、「奄美島嶼の大あむについて—継承・人数・管轄・地域について—」、『奄美郷土研究会報』第四〇号、奄美郷土研究会
弓削政己、二〇一〇、「中山政権と奄美」、『沖縄県史』各論編三古琉球、沖縄県教育委員会
石井嘉生・弓削政己、二〇一四、「奄美大島戸円集落貞岡家・坂元家祭祀関係文書」、『沖縄民俗研究』第三三号、沖縄民俗学会
弓削政己、二〇一五、「徳之島における三平所と手々村神役の継承システム」、『沖縄文化研究』第四一号、法政大学沖縄文化研究所
吉成直樹・福 寛美、二〇〇七、『琉球王国誕生—奄美諸島史から』、森話社
吉成直樹・高梨 修・中本 謙・阿部美菜子、二〇〇九、『沖縄文化はどこから来たか グスク時代という画期』、森話社
吉成直樹、二〇一一、『琉球の成立』、南方新社
吉成直樹・高梨 修・池田榮史、二〇一五、『琉球史を問い直す 古琉球時代論』、森話社
吉成直樹、二〇一八、『琉球王権と太陽の王』、七月社
吉成直樹、二〇二〇、『琉球王国は誰がつくったのか 倭寇と交易の時代』、七月社

（6）薩摩藩統治時代（大和世）

福岡大学研究所編、一九六九、福岡大学研究所資料叢書第一冊『道之島代官記集成』、福岡大学研究所

琉球新報社・南海日日新聞社編、二〇一一、『薩摩侵攻四〇〇年未来への羅針盤』、琉球新報社

知名町教育委員会編、二〇一一、『江戸期の奄美諸島「琉球」から「薩摩」へ』、南方新社

山田尚二、一九六六、「中世ノロ文書の紹介」、『奄美郷土研究会報』第八号、奄美郷土研究会

木原三郎、一九七七、『愛加那記』、龍郷町

亀井勝信、一九八〇、『奄美大島諸家系譜集』、国書刊行会

松下志朗、一九八三、『近世奄美の支配と社会』、第一書房

山下文武、一九八八、『嘉永六年の奄美　解説『嶋中御取扱御一冊』』、ひるぎ社

山下文武、一九九四、『奄美の歴史さまざま　歴史手帖抜書き』奄美文化財団

先田光演、一九九九、『奄美の歴史とシマの民俗』、まろうど社

弓削政己、一九八九、「奄美から視た薩摩支配下の島嶼群」、『新沖縄文学』八一号「特集　奄美から見た沖縄」、沖縄タイムス社

弓削政己、一九九四、「近世奄美船の砂糖樽交易と漂着」、『琉球王国評定所文書』第一〇巻、浦添市教育委員会

弓削政己、一九九四、「近世奄美の通手形」、『地域総合研究』第二二巻第一号、鹿児島経済大学

弓削政己、二〇〇二、「近世期の奄美―沖縄の交通～人と物資の移動の舟・船～」、『第四回沖縄研究国際シンポジウム世界に拓く沖縄研究』、沖縄県第四回沖縄研究国際シンポジウム実行委員会

弓削政己、二〇〇四、「近世の奄美について」、「現代のエスプリ別冊」松本泰丈・田畑千秋編『奄美復帰五〇年　ヤマトとナハのはざまで』、至文堂

弓削政己、二〇〇四、「奄美から見た薩摩と琉球―近世奄美はどのように位置づけられたか」、鹿児島純心女子大学国際文化研究センター編、『新薩摩学　薩摩・奄美・琉球』、南方新社

弓削政己、二〇〇五、「奄美島嶼の貢租システムと米の島嶼間流通について」、『沖縄県史』各論編四近世、沖縄県教育委員会

弓削政己、二〇一一、「薩摩による直轄支配と冊封体制下の奄美諸島」、沖縄大学地域研究所編『薩摩藩の奄美琉球侵攻四百年再考』、芙蓉書房出版

弓削政己、二〇一一、「近世奄美諸島の砂糖専売制の仕組みと島民の諸相」、『和菓子』一八号、虎屋文庫

弓削政己、二〇一一、「薩摩藩琉球侵攻時の琉球尚寧王の領土認識について」、知名町教育委員会編『江戸期の奄美諸島「琉球」から「薩摩」へ』、南方新社

弓削政己、二〇一二、「奄美群島歴史文書の概要と歴史像の再構築について」、『情報処理学会研究報告』vol.2012-CH-93 No.8　情報処理学会

弓削政己、二〇一二、「奄美諸島の系図焼棄論と『奄美史談』の背景―奄美諸島史把握の基礎的作業―」、『沖縄文化研究』第三八号、法政大学沖縄文化研究所

弓削政己・岩多雅朗・飯田　卓・中山清美、二〇一二、『名瀬のまちいまむかし　絵地図から地籍図まで』、南方新社

弓削政己、二〇一三、「薩摩藩勧農・開墾政策におけるノロ・ユタと怪異ケンモンについて」、『沖縄民俗』第三一号、沖縄民俗学会

山下　和・弓削政己、二〇一五、「白尾伝右衛門による『幕末（嘉永）の赤木名』絵図」、『鹿児島県奄美市史跡赤木名城跡保存管理計画書』、奄美市教育委員会

山下　和・弓削政己、二〇一六、「奄美大島大和村今里のノロ「子神」継承文書等について：途絶えたノロ祭祀の資料と神道具の紹介と若干の検討」、『沖縄民俗研究』第三四号、沖縄民俗学会

郵便はがき

料金受取人払郵便

鹿児島東局
承認
105

差出有効期間
2025年2月
24日まで
切手を貼らずに
お出し下さい

892-8790
168

鹿児島市下田町二九二―一

図書出版
南方新社 行

ふりがな 氏　名		年齢　　歳	
住　所	郵便番号　　－		
Eメール			
職業又は 学校名		電話（自宅・職場） （　　）	
購入書店名 （所在地）		購入日	月　日

書名　(　　　　　　　　　　　　　　　　　)愛読者カード

本書についてのご感想をおきかせください。また、今後の企画についてのご意見もおきかせください。

本書購入の動機 (○で囲んでください)

A　新聞・雑誌で　(紙・誌名　　　　　　　　　　　)

B　書店で　C　人にすすめられて　D　ダイレクトメールで

E　その他　(　　　　　　　　　　　　　　　　　)

購読されている新聞, 雑誌名

新聞　(　　　　　　　　)　雑誌　(　　　　　　　　)

直接購読申込欄

本状でご注文くださいますと、郵便振替用紙と注文書籍をお送りします。内容確認の後、代金を振り込んでください。(送料は無料)

書名		冊
書名		冊
書名		冊
書名		冊

箕輪　優、二〇一八、『近世・奄美流人の研究』、南方新社
水田　丞、二〇一七、『幕末明治初期の洋式産業施設とグラバー商会』、九州大学出版会
銀座文化史学会編、二〇一七、『謎のお雇い外国人ウォートルスを追って―銀座煉瓦街以前・以後の足跡』、秦川堂書店
丸山雅子、「ウォートルス伝」、『ファインスチール』連載中、一般社団法人日本鉄鋼連盟

（7）近代（明治・大正・昭和）

東　喜望校注、一九八二・一九八三、笹森儀助『南島探験1・2』、平凡社
池野幸吉、一九八四、『名瀬大正外史』、私家版
皆村武一、一九八八、『奄美近代経済社会論―黒砂糖と大島紬経済の展開―』、晃洋書房
西村富明、一九九三、『奄美群島の近現代史―明治以降の奄美政策―』、海風社
林蘇喜男、一九九四、『史伝丸田南里』、大島新聞社
堂前亮平、二〇〇三、「近代期，奄美大島名瀬における商業空間の特性」、『久留米大学文学部紀要情報社会学科編』創刊号、久留米大学文学部情報社会学科
弓削政己、一九九九、「明治前期黒糖自由売買運動（勝手世運動）の検証―今日の到達―」、『鹿児島県立短期大学地域総合研究所編』
弓削政己、二〇〇二、「鹿児島民間人の川上精一と明治の官僚笹森儀助」、松下志朗・下野敏見編『鹿児島の湊と薩南諸島』街道の日本史五五、吉川弘文館
弓削政己、二〇〇二、「薩南諸島の行政官僚と鹿児島人」、松下志朗・下野敏見編『鹿児島の湊と薩南諸島』街道の日本史五五、吉川弘文館
弓削政己、二〇〇六、「初期明治政府の奄美島嶼に対する政策について」、『沖縄民俗研究』第二四号、沖縄民俗学会
弓削政己、二〇〇八、「絵地図からみる名瀬の移り変り―近世末・近代前期を中心として―」、創刊五周年記念保存版『東京名瀬町会会報』、東京名瀬町会
弓削政己、二〇一三、「奄美諸島近代初期の県商社による砂糖独占販売の諸問題―主体形成と時代性を反映した歴史叙述と史観―」、『沖縄文化研究』第三九号、法政大学沖縄文化研究所
松田　修、二〇一四、『我、遠遊の志あり―笹森儀助風霜録』、ゆまに書房

（8）米軍占領統治時代（アメリカ世）

奄美郷土研究会編、一九八三、日本復帰三〇周年記念誌『軍政下の奄美』、奄美郷土研究会
名瀬市教育委員会、一九九三、復帰四〇周年記念『戦後の奄美教育誌』、名瀬市教育委員会
泉　芳朗、一九五九、『泉芳朗詩集』、泉芳朗詩集刊行会
水野　修、一九九三、『炎の航跡　奄美復帰の父・泉芳朗の半生』、潮風出版社
村山家国、一九七一、『奄美復帰史』、南海日日新聞社
皆村武一、一九九五、『戦後日本の形成と発展　占領と改革の比較研究』、日本経済評論社
里原　昭、一九九四、『琉球弧奄美の戦後精神史　アメリカ軍政下の思想・文化の軌跡』、五月書房
ロバート・D・エルドリッヂ、二〇〇三、『奄美返還と日米関係　戦後アメリカの奄美・沖縄占領とアジア戦略』、南方新社
間　弘志、二〇〇三、『全記録　分離期・軍政下時代の奄美復帰運動、文化運動』、南方新社

（9）現代（昭和・平成・令和）

加藤晴明・寺岡伸吾、二〇一七、『奄美文化の近現代史―生成・発展の地域メディア学―』、南方新社
田畑洋一編、二〇一九、『奄美の復帰運動と保健福祉的地域再生』、南方新社

３「南島雑話」に見る奄美

原口虎雄、一九六八、「南島雑話解題」、宮本常一・原口虎雄・比嘉春潮編『日本庶民生活史料集成』第一巻［探検・紀行・地誌　南島篇］、三一書房

國分直一・恵良　宏校注、一九八四、名越左源太『南島雑話１・２』、平凡社

小川学夫、一九九二、「『南島雑話』所出の民謡と唄の場」、『沖縄文化研究』第一九号、法政大学沖縄文化研究所

内村八紘、二〇〇〇、「名越左源太と長男・時成（第一回薩摩英国留学生の消息）」、『鹿児島史談』四号、『鹿児島史談』編集委員会

名越　護、二〇〇二、『南島雑話の世界　名越左源太の見た幕末の奄美』、南日本新聞社

河津梨絵、二〇〇四、「南島雑話の構成と成立背景に関する一考察」、『史料編集室紀要』第二九号、沖縄県教育委員会

内倉昭文、二〇〇五、「黎明館所蔵「奄美史談」（写本）をめぐる一考察―特に「南島雑話」との関わりを中心に―」、『黎明館調査研究報告』第一八集、鹿児島県歴史資料センター黎明館

今村規子、二〇一〇、『名越左源太の見た幕末奄美の食と菓子』、南方新社

國分直一、二〇一一、「近世知識人の地方民俗発見」、『日本民俗文化誌―古層とその周辺を探る』、国立臺灣大學圖書館

４　境界の歴史―奄美史の特徴

岩田孝三、一九五三、『境界政治地理学―わが国、国界藩界に就いての政治地理学的研究―』、帝国書院

村井章介、一九九七、「中世国家の境界と琉球・蝦夷」、『境界の日本史』、山川出版社

村井章介、二〇〇八、「中世日本と古琉球のはざま」、池田榮史編『古代中世の境界領域　キカイガシマの世界』、高志書院

村井章介、二〇一〇、「古代末期の北と南」、ヨーゼフ・クライナー・吉成直樹・小口雅史編『古代末期・日本の境界　城久遺跡群と石江遺跡群』、森話社

村井章介、二〇一一、「見直される境界空間」、『此君』第三号、根津美術館

村井章介、二〇一四、『境界史の構想』、敬文舎

高橋公明、一九九二、「中世の海域世界と済州島」、網野善彦編『東シナ海と西海文化』海と列島文化４、小学館

高橋公明、二〇〇〇、「文学空間のなかの鬼界ヶ島と琉球」、立教大学日本学研究所第２回研究会

柳原敏昭、一九九七、「西の境界領域と万之瀬川」、『境界の日本史』、山川出版社

高梨　修、二〇〇一、「知られざる奄美諸島史のダイナミズム―奄美諸島の考古資料をめぐる新しい解読作業の試み―」、『沖縄文化研究』第二七号、法政大学沖縄文化研究所

高梨　修、二〇一〇、「古代・中世の境界領域と琉球考古学」、『東北学』第二二号、東北芸術工科大学東北文化研究センター

高梨　修、二〇一〇、「列島南縁における境界領域の様相―古代・中世の奄美諸島をめぐる考古学的成果―」、ヨーゼフ・クライナー・吉成直樹・小口雅史編『古代末期・日本の境界』、森話社

高梨　修、二〇一一、「「キカイガシマ」海域の考古学―「境界領域」としての奄美群島」、村井章介・三谷　博編『琉球からみた世界史』、山川出版社

高梨　修、二〇一五、捕論１「行政分離地域の考古学」、吉成直樹・高梨　修・池田榮史『琉球史を問い直す　古琉球時代論』、森話社

高梨　修、二〇一七、「琉球史はどう語られてきたか」、安斎正人編『理論考古学の実践』、同成社

高梨　修、二〇一八、「〈薩南諸島の古代・中世遺跡〉列島南縁における古代・中世の境界領域」、『學士會会報』第九三一号、学士会

並松信久、二〇〇六、「謝花昇の農業思想—沖縄と近代農学の出会い—」、『京都産業大学論集』人文科学系列第三五号、京都産業大学

改訂名瀬市誌編纂委員会、一九九六、『改訂名瀬市誌編纂委員会資料集（三）大島喜界両島史料編纂』、改訂名瀬市誌編纂委員会

南日本新聞社、一九六九、『郷土人系　上』、春苑堂書店

南日本新聞社、一九六五、「郷土人系（四九七）実業界⑤山田・宮里」、『南日本新聞』一九六五年九月三日、南日本新聞社

林蘇喜男、二〇一〇、「薩摩末期〜明治前期の医師「加勇田藤良」物語」、奄美郷土研究会第三二二回例会発表資料

内村八紘、二〇〇一、「名越左源太と長男・時成（変名・三笠政之介）」、私家版

第三章　亜熱帯雨林に育まれた奄美

1　奄美群島の自然

（1）奄美群島の自然

鹿児島県大島支庁総務企画課、二〇二〇、「奄美群島の気候」、『奄美群島の概況』、鹿児島県大島支庁

琉球大学理学部「琉球列島の自然講座」編集委員会、二〇一六、『琉球列島の自然講座—サンゴ礁・島の生き物たち・自然環境』、（有）ボーダーインク

（2）奄美群島の成り立ち—遺存固有種・新固有種・遺存固有かつ新固有種—

服部正策、二〇一七、第一章「宇検村の陸棲生物—第二節　陸棲脊椎動物」、宇検村誌編纂委員会編『宇検村誌　自然・通史編』、宇検村教育委員会

一般社団法人奄美群島観光物産協会編、二〇一四、［専門家に聞く奄美大島］服部正策「奄美の自然とハブ」、『奄美ガイドブック二〇一四　もっともわかる奄美大島』、奄美市紬観光課

水田　拓、二〇一六、「奄美　その自然の概要」、水田拓編『奄美群島の自然史学　亜熱帯島嶼の生物多様性』、東海大学出版部

（3）黒潮とモンスーンがもたらす湿潤な気候

鹿児島県大島支庁総務企画課、二〇二〇、「奄美群島の気候」、『奄美群島の概況』、鹿児島県

水田　拓、二〇一六、「奄美　その自然の概要」、水田拓編『奄美群島の自然史学　亜熱帯島嶼の生物多様性』、東海大学出版部

（4）世界自然遺産の登録を目指す奄美大島

環境省・林野庁・鹿児島県・沖縄県、二〇一九、『奄美大島、徳之島、沖縄島北部及び西表島世界遺産一覧表記載推薦書』、日本政府

平城達哉・木元侑菜・岩本千鶴、二〇一七、「奄美大島におけるアマミノクロウサギ pentalagus furnessi のロードキル」、『哺乳類科学』第五七巻第二号、日本哺乳類学会

服部正策、二〇〇〇、「第一部　マングース」、服部正策・伊藤一幸『マングースとハルジオン　』、岩波書店

亘　悠哉、二〇〇九、「マングースは何を食べているのか？—外来生物の食性分析の正しい見方」、『森林技術』八〇三、日本森林技術協会

亘　悠哉、二〇一六、「外来哺乳類の脅威—強いインパクトはなぜ生じるのか？」、水田拓編著『奄美群島の自然史学』、東海大学出版部

塩野﨑和美、二〇一六、「好物は希少哺乳類—奄美大島のノネコの話」、水田拓編著『奄美群島の自然史学』、東海大学出版部

鹿児島大学鹿児島環境学研究会編著、二〇一九、『奄美のノネコ—猫への問いかけ—』、株式会社南方新社

（5）日本初の「環境文化型国立公園」

2　奄美大島を代表する動物

（1）哺乳類

石井信夫、二〇〇八、「兎目（ウサギ目）LAGOMOURPHA—アマミノクロウサギ」、阿部永監修『日本の哺乳類［改定二版］』、東海大学出版会

環境省、二〇二〇、「哺乳類のレッドリスト」、『環境省レッドリスト

二〇二〇』、環境省

平城達哉・伊澤雅子・中西　希・小林峻・金城輝雄・大宜見こずえ・新城あかり・並里　忍・二又川杏奈・比嘉源和、二〇一七、「絶滅危惧種ケナガネズミの飼育下における日周活動」『動物園水族館雑誌』第五九巻第一号、日本動物園水族館協会

谷口祥平・平城達哉・小林　峻・伊澤雅子、二〇一九、「二〇〇九年および二〇一二-二〇一五年に沖縄島北部においてルートセンサス法により観察されたケナガネズミ」『沖縄生物学会誌』第五三号、沖縄生物学会

Sugimura.K,and Yamada.F, 二〇〇四、「Estimating population size of the Amami rabbit Pentalagus furnesi based on fecal pellet counts on Amami Island, Japan.」Acta Zoologica Sinica 50 S.D.Ohdachi, Y.Ishibashi, M.A.Iwasa, D.Fukui, T.Saitoh, eds、二〇一五、『The wild mammals of Japan second edition』、SHOUKAIDOH Book Sellers

山田文雄、二〇一七、『ウサギ学―隠れることと逃げることの生物学』、東京大学出版会

城ヶ原貴通、二〇一六、「琉球列島のネズミ類―トゲネズミとケナガネズミ」本川雅治編著『日本のネズミ―多様性と進化』、一般財団法人東京大学出版会

Kuroiwa.A, S.Handa,C.Nishiyama,E.Chiba,F.Yamada,S.Abe and Y.Matsuda、二〇一一、Additional copies of CBX2 in the genomes of males of mammals lacking SRY, the Amami spiny rat (Tokudaia osimensis) and the Tokunoshima spiny rat (Tokudaia tokunoshimensis). Chromosome Research 19

(2) 鳥類

NPO法人奄美野鳥の会編、二〇〇九、『奄美の野鳥図鑑』、文一総合出版

真木広造・大西敏一・五百澤日丸、二〇一四、『決定版日本の野鳥六五〇』、平凡社

環境省、二〇二〇、「鳥類のレッドリスト」、『環境省レッドリスト二〇二〇』、環境省

関　伸一、二〇一八、「アカヒゲがつなぐ琉球の島々―アカヒゲの渡りと系統地理―」水田拓・高木昌興編『島の鳥類学　南西諸島の鳥をめぐる自然史』、海游社

水田拓　、二〇一六、『フィールドの生物学二三　「幻の鳥」オオトラツグミはキョローンと鳴く』、東海大学出版部

(3) 両生類

内山りゅう・前田憲男・沼田研児・関慎太郎、二〇〇二、『決定版　日本の両生爬虫類』、平凡社

環境省、二〇二〇、「別添資料三―両生類のレッドリスト」、環境省

松井正文、二〇一六、『ネイチャーウォッチングガイドブック分類と生活史～全種の生態、卵、オタマジャクシ　日本のカエル』、誠文堂新光社

(4) 爬虫類

内山りゅう・前田憲男・沼田研児・関慎太郎、二〇〇二、『決定版　日本の両生爬虫類』、平凡社

一般社団法人奄美群島観光物産協会編、二〇一四、専門家に聞く「奄美大島」服部正策「奄美の自然とハブ」、奄美ガイドブック二〇一四『もっともわかる奄美大島』、奄美市紬観光課

(5) 昆虫類

中峯浩司、二〇〇九、「クワガタムシ科」「カミキリムシ科」、福田晴夫ほか『増補改訂版　昆虫の図鑑　採集と標本の作り方』、南方新社

(6) その他

3　シマの一年―受け継がれる自然と暮らし―

[自然]

大野隼夫、一九八二、『奄美の四季と植物考』、道の島社

大野隼夫、一九九五、『奄美群島植物方言集』、奄美文花財団

［行事・暮らし］
鹿児島民俗学会編、一九七〇、『奄美の島かけろまの民俗』、第一法規
小野重朗、一九七二、『十五夜綱引の研究』、慶友社
小野重朗、一九七七、『神々の原郷　南島の基層文化』、法政大学出版局
小野重朗、一九九四、南日本の民俗文化6『南島の祭り』、第一書房
恵原義盛、一九七三、『奄美生活誌』、木耳社
村田　熙、一九七五、『46日本の民俗　鹿児島』、第一法規
田畑英勝、一九七六、『奄美の民俗』、法政大学出版局
島尾敏雄編、一九七六、『奄美の文化』、法政大学出版局
上野和男・大越公平、一九八一、現代のエスプリ『奄美の神と村』、至文堂
古典と民俗学の会、一九八五、『奄美大和村の年中行事』、白帝社
鹿児島民具学会編、一九九一、『かごしまの民具　鹿児島民具博物誌』慶友社
田畑千秋、一九九二、『奄美の暮らしと儀礼』、第一書房
登山　修、一九九六、『奄美民俗の研究』、海風社
久　伸博、二〇〇〇、「名瀬市古見方地区（小湊・西田）における綱引行事報告」、『奄美博物館研究紀要』第五号、名瀬市立奄美博物館
下野敏見、二〇〇五、『奄美、吐噶喇の伝統文化　祭りとノロ、生活』、南方新社
津波高志、二〇一二、『沖縄側からみた奄美の文化変容』、第一書房
植松明石監修、民俗文化研究所奄美班編、二〇一六、『奄美の人・くらし・文化　フィールドワークの実践と継続』、論創社

［自治体誌・集落誌］
名瀬市誌編纂委員会編、一九六八、『名瀬市誌』上巻、名瀬市役所
名瀬市誌編纂委員会編、一九七一、『名瀬市誌』中巻、名瀬市役所
名瀬市誌編纂委員会編、一九七三、『名瀬市誌』下巻、名瀬市役所
名瀬市誌編纂委員会編、一九六八、名瀬市誌資料第一輯『鹿児島県史（奄美関係抜粋）』、名瀬市誌編纂委員会
原口虎雄監修、一九六四、名瀬市大熊壮年団編『大熊誌』、名瀬市大熊壮年団
福山勇義、一九七〇、『芦花部誌』、私家版
隣　重俊、一九九三、『小湊むんがたり』、私家版
根瀬部誌編纂委員会編、二〇〇六、『根瀬部誌』、根瀬部町内会
浦上誌編纂委員会編、二〇一七、『浦上誌』、浦上町内会
笠利町誌執筆編集委員会編、一九七三、『笠利町誌』、笠利町
龍郷町誌民俗編編纂委員会編、一九八八、『龍郷町誌民俗編』、龍郷町教育委員会
龍郷町誌歴史編編纂委員会編、一九八八、『龍郷町誌歴史編』、龍郷町教育委員会
しなナンガチ編纂委員会編、一九九四、『しなナンガチ誌』、しなナンガチ編纂委員会
喜界町誌編纂委員会編、二〇〇〇、『喜界町誌』、喜界町
住用村誌編集委員会編、二〇〇五、『わきゃぬシマぬあゆみ　住用村の歴史と暮らし』、住用村誌編集委員会
大和村誌編纂委員会編、二〇一〇、『大和村誌』、大和村
大和村誌編纂委員会編、二〇〇五、大和村誌資料集2『大和村の民俗』、大和村
宇検村誌編纂委員会編、二〇一七、『宇検村誌』、宇検村教育委員会
向　實盛、一九八五、『ふるさと屋鈍の譜』、にらい社出版部
瀬戸内町誌編集委員会編、一九七七、『瀬戸内町誌民俗編』、瀬戸内町
瀬戸内町誌歴史編編纂委員会編、二〇〇七、『瀬戸内町誌歴史編』、瀬戸内町
西古見慰霊碑建立実行委員会編、一九九四、『西古見集落誌』、西古見慰霊碑建立実行委員会
屋崎　一、二〇〇二、『与路島誌』、私家版

4　奄美の衣食住・信仰・集落・相撲

（1）奄美の衣

金原達夫、一九八五、『大島紬織物業の研究』、多賀出版
鹿児島県立短期大学地域研究所編、一九八六、『大島紬の研究―経済・科学・デザイン―』、鹿児島県立短期大学地域研究所
辻合喜代太郎・橋本千栄子、一九九一、『琉球服飾の研究』、関西衣生活研究会
赤塚嘉寛、一九九六、『本場奄美大島つむぎ―技術ノート―』、私家版

（2）奄美の食
藤井つゆ、一九八〇、『シマヌジュウリ　奄美の食べものと料理法』、道の島社
「日本の食生活全集鹿児島」編集委員会編、一九八九、日本の食生活全集46『聞き書鹿児島の食事』、農山漁村文化協会
久留ひろみ・ホライゾン編集室、二〇一二、『奄美の食と文化』、南日本新聞社
泉　和子、二〇一五、『心を伝える奄美の伝統料理』、南方新社
三上絢子、二〇一六、『奄美の長寿料理―手しおにかけた伝統食―』、南方新社
鯨本あつこ・石原みどり、二〇一六、『くじらとくっかるの島めぐり　あまみの甘みあまみの香り　奄美大島・喜界島・徳之島・沖永良部島・与論島と黒糖焼酎をつくる全25蔵の話』、西日本出版社

（3）奄美の住
鶴藤鹿忠、一九七二、『琉球地方の民家』、明弦書房
鹿児島県教育委員会、一九九〇、鹿児島県文化財調査報告書第36集『鹿児島県の民家（離島編）』、鹿児島県教育委員会
宮澤智士、一九九三、日本列島民家の旅①沖縄・九州『南国の住まい』、図書出版社
宮澤智士編、一九九六、『奄美大島笠利町の民家調査報告』、日本ナショナルトラスト

（4）奄美の信仰―ノロ・ユタ・カトリック―
住谷一彦・クライナー・ヨーゼフ、一九七七、『南西諸島の神観念』、未来社
仲松弥秀、一九九二、「琉球弧の信仰」、海と列島文化6『琉球弧の世界』、小学館
山下欣一、一九九二、「琉球弧の信仰」、海と列島文化6『琉球弧の世界』、小学館
小野重朗、一九九四、南日本の民俗文化6『南島の祭り』、第一書房
廣瀬敦子、二〇〇四、『よみがえる明治の宣教師ハルブ神父の生涯』、サンパウロ
安渓遊地監修、A・ハルプ神父『奄美・沖縄カトリック宣教史［パリ外国宣教会の足跡］』、南方新社

（5）奄美の集落
谷川健一編、一九八七、『日本の神々　神社と聖地』13南西諸島、白水社
仲松弥秀、一九九〇、『神と村』、梟社
仲松弥秀、一九九〇、『古層の村・沖縄民俗文化論』、沖縄タイムス社
石原清光、二〇〇六、『奄美与路島の「住まい」と「空間」』、第一書房
松山光秀、二〇〇九、『徳之島の民俗文化』、南方新社

（6）奄美の相撲
泉　和香、二〇〇八、「相撲形態からみた琉球弧の文化変差」、『玉川大学リベラルアーツ学部研究紀要』第一号、玉川大学
津波高志、二〇一四、『現場の奄美文化論―沖縄から向かう奄美―』、おきなわ文庫
津波高志、二〇一八、『奄美の相撲―その歴史と民俗―』、沖縄タイムス社

5　サンゴ礁の海の恵み―小湊フワガネク遺跡の世界―
奄美市教育委員会、二〇一六、『鹿児島県奄美市史跡・小湊フワガネク遺跡総括報告書』、奄美市教育委員会
奄美市教育委員会、二〇一九、『鹿児島県奄美市史跡・小湊フワガネク遺跡保存活用計画書』、奄美市教育委員会

柳田国男（酒井卯作編）、二〇〇九、『南島旅行見聞記』、森話社
小島瓔禮、一九九〇、「海上の道と隼人文化」、海と列島文化五『隼人世界の島々』、小学館
木下尚子、一九八一、「貝製容器小考」、『南島考古』第七号、沖縄考古学会
木下尚子、二〇〇〇、「開元通宝と夜光貝―七～九世紀の琉・中交易試論―」、高宮広衛先生古希記念論集『琉球・東アジアの人と文化』（上巻）
木下尚子、二〇〇三、「正倉院と夜光貝―南島螺殻交易開始論―」、『文学部論叢』第七八号、熊本大学文学部
島袋春美、二〇〇〇、「貝製品からみた奄美・沖縄地域の交流史」、『古代文化』第五二巻第三号、古代学協会
高梨　修、二〇〇〇、「ヤコウガイ交易の考古学―奈良～平安時代並行期の奄美諸島・沖縄諸島における島嶼社会―」、シリーズ現代の考古学5小川英文編『交流の考古学』、朝倉書店
高梨　修、二〇〇五、『ヤコウガイの考古学』、同成社
高梨　修、二〇〇六、「古代～中世におけるヤコウガイの流通」小野正敏・萩原三雄編『鎌倉時代の考古学』、高志書院
高梨　修、二〇〇八、8「ヤコウガイ交易　琉球弧と古代国家」、谷川健一編『日琉交易の黎明　ヤマトからの衝撃』、森話社
高梨　修、二〇一二、「「キカイガシマ海域と日宋貿易―「古代～中世におけるヤコウガイの流通」再論―」、鈴木靖民編『日本古代の地域社会と周縁』、吉川弘文館
高梨　修、二〇一八、「タイ釣りをする古代人」、高宮広土編『奄美・沖縄諸島先史学の最前線』、南方新社

6　奄美の環境文化

（1）「山の島」と「台地の島」の自然環境

目崎茂一、一九八五、『琉球弧をさぐる』、、あき書房
小林　茂、二〇〇三、『農耕・景観・災害―琉球列島の環境史―』、第一書房
高梨　修、二〇〇一、「知られざる奄美諸島史のダイナミズム―奄美諸島の考古資料をめぐる新しい解読作業の試み―」、『沖縄文化研究』第二七号、法政大学沖縄文化研究所

（2）奄美群島の歴史が醸成する環境文化

水間忠光、二〇〇〇、『奄美の風土と人と心』、私家版

（3）「環境文化」概念について

環境省那覇自然環境事務所、二〇〇八、『奄美地域の自然資源の保全・活用に関する基本的な考え方（案）』、環境省那覇自然環境事務所
小野寺浩、二〇〇九、「「文化環境論」という考え方―奄美という地域について」、『スタディレポート』第一四号、プレック研究所
鈴木秀夫、一九七五、『風土の構造』、大明堂
鈴木秀夫、一九七八、『森林の思考・砂漠の思考』、日本放送出版協会
宮本佳範、二〇〇六、「「環境・自然」概念の再検討―環境問題及び自然保護への視点から―」、名古屋市立大学大学院人間文化研究科『人間文化研究』第6号、名古屋市立大学大学院
高野　宏、二〇一〇、「和辻風土論の再検討―地理学の視点から―」、『岡山大学大学院社会文化科学研究科紀要』第三〇号、岡山大学大学院社会文化科学研究科
高野　宏、二〇一一、「千葉徳爾「科学的風土論」の再検討」、『岡山大学大学院社会文化科学研究科紀要』第三一号、岡山大学大学院社会文化科学研究科
高野　宏、二〇一三、「鈴木秀夫の風土論」、『岡山大学文学部紀要』第五九号、岡山大学文学部
木岡伸夫、二〇一一、『風土の理論―地理哲学への道―』、ミネルヴァ書房

（4）奄美の「環境文化」を学ぶ

恵原義盛、一九七三、『奄美生活誌』、木耳社
基俊太郎、一九九三、『島を見直す』、南海日日新聞社

登山　修、二〇〇〇、『奄美民俗雑話』、春苑堂出版
常田　守、二〇〇一、『水が育む島　奄美大島』、文一総合出版
松山光秀、二〇〇四、『徳之島の民俗［1］シマのこころ』、未来社
松山光秀、二〇〇四、『徳之島の民俗［2］コーラルの海のめぐみ』、未来社
芳賀日出男、二〇〇六、『南島の伝統的なくらし』、小峰書店
求　哲次、二〇〇七、『奄美シマジマの暮らし―名瀬有良を中心に―』、私家版

終　章　シマに育まれた奄美

1　奄美のシマ（集落）

津波高志他、一九八二、『沖縄国頭の村落』（上巻）（下巻）、新星図書出版
芳　即正・五味克夫監修、一九九八、日本歴史地名大系47『鹿児島県の地名』、平凡社

2　奄美の郷友会

弓削政己、二〇〇二、「就学の東京と就業の関西」、松下志朗・下野敏見編『鹿児島の湊と薩南諸島』街道の日本史五五、吉川弘文館

3　現代日本と奄美社会

九学会連合奄美調査委員会編、『奄美　自然・文化・社会』、弘文堂
松原治郎・戸谷　修・蓮見音彦編、一九八一、『奄美農村の廣造と変動』、御茶の水書房
築島富士夫、一九八九、「琉球弧の経済的方向性を考える」、『新沖縄文学』八一号「特集　奄美から見た沖縄」、沖縄タイムス社
吉田慶喜、一九九五、『奄美の振興開発―住民からの検証―』、本処あまみ庵
稲野　慎、二〇〇八、『揺れる奄美、その光と陰』、南方新社
冨澤公子、二〇二〇、『長生きがしあわせな島〈奄美〉』、かもがわ出版

おわりに

奄美群島の自然・歴史・文化については、その地理的な要因や複雑な歴史の変遷から、基礎的な理解が難しいものがあります。加えて、大学等の研究機関が存在しない状況等もその一因ではないかと考えます。奄美博物館には、これらを補い、その魅力や情報を正しく伝えなければならない役割があります。また、市民や来館者の期待と知的要望の満足、充実化を図っていくために、それぞれの分野における資料等を収集、保存・整理、調査研究していかなければなりません。

昭和六二年（一九八七）の開館以来、これらのことを念頭に置きながら、博物館活動を積み重ねて、今回の展示リニューアル事業及びガイドブックの刊行の運びとなりました。

これは、職員の日頃からの活動の集大成として実施したものではありますが、職員だけでできたものでは決してありません。また、一朝一夕にできたものでもなく、先人や先輩たちの長い年月をかけた地道な調査研究とその成果の積み重ね、資料や情報の蓄積、多くの研究者や関係団体との協力があってこその成果の賜物であると、厚く感謝を申し上げます。

昭和五〇年代後半、博物館建設計画が具体的になると、教育委員会社会教育課内に文化係が創設され、水間忠光教育長の下、境賢勇文化係長及び資料収集調査員の里山勇廣氏を中心に資料収集が開始されました。奄美考古学会員であった里山勇廣氏は、植物にも造詣が深く、考古資料から植物標本まで幅広い収集活動をしていただきました。現在、大野隼夫氏の植物標本資料とともに、奄美博物館の植物標本資料は貴重な資料群となっています。

また、元文化財保護審議会委員の楠田豊春氏や恵原義盛氏、亀井勝信氏を中心として、建設準備室委員会及び資料収集委員会が設置され、本格的な資料の収集活動も始まりました。特に、楠田豊春氏は、昭和五九年（一九八四）

に福岡県太宰府市から出土した「椈美嶋」木簡のレプリカ作成や、奄美研究のバイブルといわれ永井昌文氏が所蔵していた『南島雑話』（写本5冊）の当館への寄贈に御尽力を賜りました。また、多数の日本復帰運動関係資料を御寄贈いただきました。これらの資料は、いずれも各コーナーの柱となる展示資料として多くの方々に閲覧していただいています。リニューアル後の展示を最も見ていただきたかったお一人でしたが、リニューアルオープンの翌月、令和元年（二〇一九）九月御逝去されました。

昭和六〇年（一九八五）、主任学芸員として田畑千秋氏が採用され、奄美群島全域を巡って資料収集活動が行われました。開館までの二年間に各地から収集された膨大な数の衣食住や農業・林業・漁業関係等の民具資料は、当館の基礎となる所蔵資料であり重要なものとなっています。博物館の運営活動の礎を築いていただきました。

当館の運営活動の手本としたのが、旧笠利町の歴史民俗資料館でした。奄美群島の中で二番目となる昭和五七年（一九八二）に開館し、奄美群島初めての学芸員として活動をしていたのが中山清美氏です。考古学を専門としながらも、自然や文化にも造詣が深く、あらゆる困難にも立ち向かい、難局を解決していく姿勢は、誰にも真似できない万能人間のようで、数多くの事を学ばせていただきました。平成一八年（二〇〇六）の笠利町・住用村・名瀬市の合併以降は、名瀬に御勤務され、私どもの上司として直接御教示いただきました。

歴史分野におきましては、山下文武氏と弓削政己氏の存在を欠かすことができません。

山下文武氏は、米軍政府統治時代の「奄美博物館」に勤務経験がある方で、『名瀬市誌』編纂にも携わり、奄美群島各地で収集、書写された古文書は、当館にも多数収蔵されており、貴重なものとなっています。博物館の建設準備委員や資料収集委員、文化財保護審議会会長、古文書解読講座講師を長年にわたり務めていただきました。

弓削政己氏は、ご退職後に文化財保護審議会長をしていただきながら、たくさんの御教示いただくとともに、全国各地の大学等の研究機関に所蔵されている奄美関係史料の調査を行われ、その調査資料のご寄贈もいただきました。また、原口家から御寄贈いただいた「原口虎男文庫童虎山房《どうこさんぼう》」の膨大な史料群をはじめ、博物館所蔵史料群の整理作業及び史料目録作成等もしていただき、研究者等の利活用に役立てることが可能となりました。

魚貝類については有馬三男・康文氏親子、植物については田畑満大氏に、リニューアル前の展示指導や標本の寄贈を賜りました。博物館収蔵資料として充実したものとなっています。また、博物館運営委員会委員や文化財保護審議会委員等も務めていただき、数多くの御教示を賜りました。

リニューアル展示で使用している画像の多くは、学芸員が撮影したものですが、昭和三〇年代に九学会連合共同調査団のカメラマンとして同行した芳賀日出男氏の写真を、御子息の芳賀日向氏から御提供いただきました。

展示リニューアルにあたり、前年度から膨大な量の資料の整理やリスト作成作業を泉茜子さんに担当してもらいました。彼女は、作業途中で重大な病が発覚した後も病魔と闘いながら最後まで作業を続けられ、リニューアルオープンの二カ月前に御逝去されました。順調にリニューアル展示作業や解説ガイドブック作成ができたのも、彼女の作業のおかげと感謝しています。一緒にリニューアルオープンを迎えたかったお一人です。

展示リニューアル事業に際しては、（株）学研プラスにお世話になりましたが、本書にも収録されている展示解説文については、同社の西島博子・栗山佳恵の両氏に校正でお世話になりました。

他にも、巻末に収録した奄美関係書籍・論文の著・編者の方々等、感謝と御礼を申し上げなければならない方々は、奄美群島内外に多数いらっしゃいますが、紙面の都合で割愛させていただきます。

奄美博物館は、職員一同、博物館建設・運営に関わった方々や資料等の寄贈・寄託いただいた皆様の熱意や思いを受けとめながら、これからも資料収集や調査研究の蓄積を継続してまいります。今後とも皆様方の御指導と御鞭撻をお願いするとともに、博物館情報が皆様方の地域、シマ（集落）の発展や活性化に繋がっていきますよう、御祈念を申し上げまして、御挨拶といたします。

文化財政策調整監兼文化財課長　久　伸博

著者プロフィール

久　伸博（ひさし　のぶひろ）

奄美市教育委員会文化財課　文化財政策調整監兼課長（学芸員）。一九六〇年生まれ。喜界町荒木出身。当博物館の開設準備室時代から勤務する。博物館では環境文化分野を中心に全分野を統括。専門分野は民俗学、博物館学。

高梨　修（たかなし　おさむ）

奄美市教育委員会文化財課　博物館長兼課長補佐兼係長（学芸員）。一九六〇年生まれ。東京都国分寺市出身。博物館では考古・歴史分野、環境文化分野を中心に、調査研究・教育普及を担当。専門分野は考古学、境界領域論、環境文化論、博物館学。

山下　和（やました　のどか）

奄美市税務課滞納整理室　主査。一九八八年生まれ。前文化財課主事（学芸員）。奄美市名瀬出身。博物館では歴史分野を中心に、展示及び広報を担当。専門分野は、近世史・近代史（『南島雑話』研究）。

平城達哉（ひらぎ　たつや）

奄美市教育委員会文化財課　主事（学芸員）。一九九一年生まれ。奄美市名瀬出身。博物館では、自然分野を中心に、調査研究・教育普及を担当。専門分野は動物行動学（鳥類・哺乳類）。

＊役職等は、第一刷発行当時のものです。